MINERVA
人文・社会科学叢書
214

近現代日本における政党支持基盤の形成と変容

―「憲政常道」から「五十五年体制」へ―

手塚雄太著

ミネルヴァ書房

近現代日本における政党支持基盤の形成と変容――「憲政常道」から「五十五年体制」へ

目次

凡　例

表　愛知県公文書館寄託加藤鐐五郎関係資料中の加藤日記

第Ⅱ部 代議士の支持基盤からみた戦前と戦後の連続と断絶——加藤鐐五郎にみる関係性の変容

凡例

・史料の引用にあたっては、適宜漢字を常用漢字に改めたほか、句読点や濁点を補った。また史料引用中の〔 〕内は引用者の注である。引用した史料を中略した箇所については「……」で示した。

・帝国議会議事速記録については主に国立国会図書館帝国議会会議録検索システムを用いた。引用にあたっては東京大学出版会から刊行されている『帝国議会衆議院議事速記録』などからも参照しやすくするため、議事速記録名、発行年月日、号数等を記した。

・第Ⅱ部では愛知県公文書館寄託「加藤鐐五郎関係資料」のなかにある加藤鐐五郎の日記を中心的に用いることから、その一覧を次に掲げる。引用にあたっては煩雑を避けるため、原則（○年○月○日条）と本文中に略して表記し適宜年月も省略した。注として用いる場合も「加藤日記○年○月○日条」の形で出典を示した。

表　愛知県公文書館寄託加藤鐐五郎関係資料中の加藤日記

愛知県公文書館目録での件名標記	元号	西暦	請求番号	マイクロフィルム番号
当用日記	昭和11年	1936	W16-2364	W2009-0067
当用日記	昭和14年	1939	W16-2365	W2009-0068
朝日日記	昭和16年	1941	W16-2366	W2009-0068
朝日日記	昭和17年	1942	W16-2367	W2009-0068、W2009-0069
朝日日記	昭和18年	1943	W16-2368	W2009-0069
昭和十九年用家庭生活日記	昭和19年	1944	W16-2369	W2009-0069
昭和二十年日誌	昭和20年	1945	W16-2370	W2009-0070
昭和二十一年日誌	昭和21年	1946	W16-2486	W2009-0075
昭和二十二年日誌	昭和22年	1947	W16-2492	W2009-0076
昭和二十三年日誌	昭和23年	1948	W16-2483	W2009-0075
自由日誌	昭和24年	1949	W16-2384	W2009-0074
医師日記	昭和24年	1949	W16-2494	W2009-0076
当用日記	昭和25年	1950	W16-2371	W2009-0070
博文館当用日記	昭和26年	1951	W16-2372	W2009-0070
博文館当用日記	昭和27年	1952	W16-2373	W2009-0070、W2009-0071
当用日記	昭和28年	1953	W16-2374	W2009-0071
博文館当用日記	昭和29年	1954	W16-2377	W2009-0071
博文館当用日記	昭和30年	1955	W16-2378	W2009-0072
博文館当用日記	昭和31年	1956	W16-2379	W2009-0072
博文館当用日記	昭和32年	1957	W16-2380	W2009-0072、W2009-0073
博文館当用日記	昭和33年	1958	W16-2381	W2009-0073
博文館当用日記	昭和35年	1960	W16-2382	W2009-0073
博文館当用日記	昭和36年	1961	W16-2383	W2009-0074
博文館当用日記	昭和37年	1962	W16-2356	W2009-0065
博文館当用日記	昭和38年	1963	W16-2357	W2009-0066
博文館当用日記	昭和39年	1964	W16-2358	W2009-0066
博文館当用日記	昭和40年	1965	W16-2359	W2009-0066、W2009-0067
博文館当用日記	昭和41年	1966	W16-2352	W2009-0064
博文館当用日記	昭和42年	1967	W16-2353	W2009-0064、W2009-0065
博文館当用日記	昭和43年	1968	W16-2354	W2009-0065
博文館当用日記	昭和44年	1969	W16-2355	W2009-0065

注：愛知県公文書館所蔵資料検索システム（http://asp01.dbcenter.ne.jp/koubunsho/Login.asp、2016年10月３日閲覧）より作成。年代が特定されていなかったものは年を補った。この他にも手帳、卓上日記なども残されているが、本論で用いていないものは除外した。

序　章　支持基盤からみた政党の戦前と戦後

1　政党研究の現在

本書は、昭和恐慌期から高度成長初期にかけての政治・経済・社会の大変動期において、政党及び政党政治家がいかに支持基盤を形成しようとしたのかを考察するものである。支持基盤を検討の対象とする理由は、戦前と戦後の間には憲法の差異という大きな違いがあるとしても、政党及び政党政治家にとって自らの支持基盤を広げ、多くの有権者から支持を得ることが不可欠であるという点において違いはないことによる。

具体的には第一に、昭和恐慌前後における政党の経済政策、及び政党と利益団体等との関係を検討する。第二に、代議士が有権者との関係を構築し、支持基盤を更新し続ける過程を大正中期から高度成長初期にかけて検討する。本書はこの二つの検討によって、昭和恐慌期から高度成長初期、換言すれば戦前の二大政党が交互に政権を担う慣行――「憲政常道」が続いた政党内閣期から、戦後の「五十五年体制」に至るまでの政治史を架橋する一つの道筋を提示することを目的とする。

（1）本書の問題意識――戦前期二大政党に関する研究

二大政党が交互に政権を担ったいわゆる政党内閣期から戦後の「五十五年体制」までの政党の歴史は、政党内閣の成立と崩壊、戦時期議会勢力の政治的役割、占領期から戦後復興期にかけての保守・革新政党の交錯、その帰結としての自由民主党・日本社会党による「五十五年体制」（以下煩雑を避けるため括弧は付さない）の成立の歴史として論じられてきたといえよう。当該期の政党政治については、極めて膨大な研究成果の蓄積があり、優れた成果が積み上げられてきた。ここでは先行研究を時代ごとに三つに整理し、課題の所在を示す。

戦前期政党内閣の成立と崩壊に関わる先行研究は、立憲政友会と憲政会―立憲民政党という二大政党による政権交代慣習（「憲政常道」）が成立していく過程を論じてきた[1]。それは、政党及び政党指導者が政治的に成熟していく過程としても論じられた。具体的には、三谷太一郎による原敬の政治指導、伊藤之雄による横田千之助を中心としてなされた「政友会の質の改良」の実態、といった政友会の指導者を中心にした研究が挙げられる[2]。憲政会については、奈良岡聰智によって加藤高明の政治指導が、村井良太によって憲政会が政友会に並ぶ統治政党として認知されていく過程が明らかとなっている[3]。

とはいえ、政党内閣成立に至る政党の歩みを評価するこれらの研究の多くも、二大政党が交互に政権を担うようになってからの歩みについては、激化する二大政党間の抗争の過程として、あるいは政党の統合能力が低下していくなかで昭和恐慌と満洲事変という二大危機を前にして凋落していく局面として展望されるに過ぎない[4]。昭和期の政党が恐慌と満洲事変という危機を克服できなかったことを指摘する研究は多数存在する。近年では、若月剛史によって、新たな政策課題に直面した官僚制内における構造変化に対応するための政党の統合強化構想が、経済不況による厳しい財政状況下において行政需要が増大するなかで頓挫する過程が論じられた[5]。小林道彦は、満洲事変勃発後、政党内閣が事変処理に粘り強く取り組んだものの、首相の政治的指導力の弱さなどといった要因から事変処理に失敗する過程を論じた[6]。いずれの研究も、二大政党が危機に対して無為無策ではなかったとはいえ、危機を克服するには至らなかったと指摘することで、同時代の政党の可能性と限界とを指し示している。

政党内閣の成立から崩壊に至る歴史は、戦前日本における民主化の挫折の歴史とも捉えられ[7]、重要な論点であることは確かである。また、本書も以上に掲げた諸研究から多くを学んでいるが、成立と崩壊とを研究の課題として設定することは、政党内閣崩壊までの政党の模索を、政党内閣崩壊後の戦時期議会政治、戦後五十五年体制まで見通した時間軸の上に位置づけることを、結果として難しくしている側面があるのではないだろうか[8]。対象を政党に限定しない研究のなかでは、すでに戦前・戦時・戦後を横断する視角が提示されている[9]。伊藤隆の革新派論は、大正期に現れた「改造」「革命」を志向する知識人や運動家、官僚が昭和期に入り台頭し、政治的影響力を有するようになっていたことを示した[10]。総力戦論については、国家が総力戦を遂行するため国内の統合を図ろうとするなかで、国内のあらゆる分野に構造変化を与えたことが山之内靖・雨宮昭一らによって指摘されている[11]。また、一九三〇年代初めから五〇年代末までの第二次世界大戦を挟んだ前後の時代を一つの時期として捉えようとする、アンドルー・ゴードンによる「貫戦期」という時期区分も戦前・戦後を横断する視点の一つといえよう[12]。後述する戦時・戦後の政党・議会研究の進展に鑑みれば、戦前期二大政党に関する研究には、政党内閣の成立から崩壊に至る政党の歩みを、戦時・戦後の政党と結びつける視角が求められているのではないか。本書のそもそもの問題意識はこの点にある。

（2）戦時議会に関する研究

この一〇年ほどの間に、日中戦争期から太平洋戦争期にかけての議会勢力に関する研究（戦時議会研究）が進んだ。戦時議会については、政党内閣崩壊後に議会審議の形骸化が進んだとされてきたが[13]、一九七七年にゴードン・

M・バーガーは、政党内閣期ほどではないにせよ、衆議院を掌握し続けた旧既成政党系代議士が政治的影響力を維持し続けたことを指摘している[14]。その後古川隆久は、日中戦争下では利益団体の主張を代弁する議員集団によって、太平洋戦争下では戦時体制下において事実上の与党であった翼賛政治会によって、政策立案・利益調整がなされたことを明らかにした[15]。また官田光史は、戦時期の代議士が翼賛政治会政調会を通じて、あるいは昭和一七年（一九四二）に内閣及び各省に設置された内閣委員・各省委員に就任することで、政府の政策過程へと浸透していく様子を明らかにした。あわせて官田は、政党側も政府の政策過程への浸透を可能とする政治体制を構想していたことを示している。これらの研究は、政党が行政と立法を横断するという戦時期のあり方に、戦時（翼賛政治会）と戦後（自由民主党）の意思決定に関する同質性を見出している[16]。

さらに米山忠寛は、政党内閣崩壊前後に政治的・経済的対立が先鋭化して政治体制が動揺しつつも、日中戦争・太平洋戦争と戦争が続くなかで、各政治勢力の対立が戦時体制へと収斂していく過程を「昭和立憲制の再建」として位置づけ直すことで、政党内閣崩壊から敗戦までの期間を前後の時代との連続性のなかで把握しようとした[17]。この点は本書も問題意識を共有するところがある。

しかし、いずれの研究も戦時期の政党の経験がどのように戦後政治に承け継がれたかを明らかにしているわけではない。また、当然のことではあるが、翼賛政治会と自民党の間に同質性が見出せることと、翼賛政治会の経験が自民党に継承されたか否かは別問題である。

(3) 保守合同・五十五年体制形成に至る研究

いわゆる五十五年体制形成に至る政党研究は、その命名者である升味準之輔の研究をはじめ膨大である[18]。そのなかでも留意すべきは、保守・革新の二大政党による五十五年体制が「当初から唯一かつ自明の選択肢」ではなく、極めて複雑な過程の末の結果に過ぎなかったことが、武田知己や河野康子によって指摘されていることである[19]。また樋渡展洋も、農地改革で生まれた自営農民層の政党支持は保守系党派に固定されておらず、農民組合による自営農民層の組織化の可能性があったこと、にもかかわらず片山哲社会党内閣が「赤と緑の同盟」（「労農同盟」）の構築に失敗したこと、その一方で農業協同組合により組織化された自営農民層を保守系政党が取り込むことで、保守政権の基盤が一九五〇年代半ばに確立したことを指摘している[20]。

このほか近年では、戦後の政党復活から自民党成立にいたる党組織について検討した小宮京[21]、占領期における吉田茂の政治指導について官僚機構を掌握し官邸主導を確立する過程として論じた村井哲也の研究のように[22]、戦後を主な分析対象としながらも、戦前期を単なる前史として位置づけるのではなく、戦前・戦時・戦後を通時的に把握しようとする研究もあらわれている。

以上の研究を、①戦前期政党内閣の成立と崩壊、②戦時期議会勢力の動向、③戦後五十五年体制の形成という三つに整理すれば、①の研究からはそれ以降の時代との接続面を見出すことが難しくなっているのに対して、②・③の研究が①の研究では対象とする時代を含めて、戦前・戦時・戦後を横断的に把握しようとする視点が生まれつつあるといえよう。

そして、ごく近年に刊行された奥健太郎・河野康子編『自民党政治の源流——事前審査制の史的検証[23]』は、自民党政権の特徴とされてきた事前審査制（内閣が法案・予算等を議会に提出するにあたり、与党自民党が事前に審査する手続き）が、自民党政権期に突如として創設されたのではなく、戦前の帝国議会でも慣行として見出せることを示した。同書のなかで、戦時議会について論じた矢野信幸は、戦前・戦時期の事前審査制を短絡的に戦後自民党の事前審査制と結びつけることはできないとしても、戦時議会における記憶と経験とが戦後に事前審査制が形成される素地を作ったと論じている[24]。同書は政府と政党との意思決定の過程に着目しながら、戦前政治史と戦後政治史を架橋した研究として特筆すべき著作といえる。

2　本書の視角と課題

(1)　戦前期二大政党の模索

以上のような研究史を踏まえた上で、本書では政党がいかに支持基盤を形成しようとしたのかという側面に着目しながら、戦前の政党と戦後の政党とを架橋したい。本書が支持基盤に着目するのは、冒頭にも触れたように有権者の多数から支持を得ることが必要不可欠であるという点で戦前と戦後の政党の間に違いはないこと、また政党の政策構想、政官関係、あるいは政策過程などを分析した諸研究が多数ある一方で、政党の支持基盤のあり方については十分検討されてこなかったことによる。

既に有馬学は、川人貞史が明らかにした戦前の総選挙における「ナショナルスウィング」(選挙結果の全国一律的な変動)という現象を援用しながら、二大政党は「その時々の政治状況で政民両党の間を揺れ動く有権者の流動的な支持を受ける存在だった」とし、政党と有権者との関係に新たな光を当てることを提起している。[25] また、大正一四年のいわゆる普通選挙法の制定によって三〇〇万人だった有権者は一挙に一二〇〇万人となった。後述するように、政友会・民政党の二大政党は、普選によりこれまで以上に有権者と直接的に向き合うこととなり、その支持を争うなかで、質的に変化を迫られることになるのである。

また、留意すべきは、昭和恐慌(世界恐慌)がもたらした社会の変容と政党の関係である。恐慌は政治が「国民生活」に関与する面を広げる契機となった。一九二〇年代から徐々に進んでいた財政支出の拡大、経済的組織化の進展、経済の計画化、行政国家化といった諸現象は、恐慌下・恐慌克服過程において一層の進展をみせたのである。[26]

農村問題に対する政府の政策的関与の増大によって農業団体（特に産業組合）に対する保護助長がなされ、農業団体では政治的・経済的組織化が進展した[27]。一方、産業組合の事業拡大が中小商工業者などを圧迫し始めると、各種の商工団体は結集し、いわゆる「反産運動」（商工団体側は「商権擁護運動」と称した）を起こす。恐慌、そして恐慌対策は利益団体間の要望の多様化、複雑化を招いた[28]。戦前期の二大政党は自党の支持基盤を拡大するため、揺れ動く有権者の争奪戦を繰り広げる一方、民意の多様化という変化に直面していたのである。本書の第Ⅰ部では、昭和戦前期の二大政党が前記のような変容に応じて変化していく過程を明らかにする[29]。

（2）支持基盤形成の模索とその連続と断絶

戦後においても、諸政党による支持基盤拡大の取り組みは続いている。大衆組織政党としての社会党が台頭するなかで、「第二保守党系」とも区分される民主党―国民民主党―改進党では、国民民主党が組織局を、改進党が組織委員会を設けるなど大衆組織政党を目指す動きがあった[30]。また、保守合同後の自民党では、結党時に定められた党の「組織活動要綱」の「活動方針」として、「民主的な組織政党は、市、町村、部落を単位とした国民組織を基盤としなければならないが、過渡的方途として現議員等（国会、地方議会）を中心として、熱心に、誠実に、党組織の整備と拡充を図る」ことが掲げられている。また、「議員だけの政党」は、「大衆から孤立したハダカ政党」であり最も弱体であって、「政党の組織活動があらゆる生活（人間の自由と生存）に直結して、家庭の台所にまで踏み込まねばならない」ことも掲げられていた[31]。自民党は政治資金の一元化、派閥の解消、小選挙区制への移行による組織政党化（「党近代化」）を図ろうとしていたのである[32]。本書の第Ⅰ部では戦前期の政党が政治と生活を結びつけて支持基盤拡大に努める様子を論じるが、そのような試みが戦後の政党でも続けられたといえよう。とはいえ、戦前期の政党における支持基盤拡大の試みが、自民党へと直接継承されたと短絡的に結びつけることには困難がある。

昭和一五年の政党解消とその後の議会勢力の再編、そして敗戦後の公職追放といった断絶を度外視するわけにはいかないからである。

それでは、戦前期の政党における支持基盤拡大のための模索は戦前期にとどまるもので、戦後に影響を及ぼすことはなかったのであろうか。参考となるのは、戦後自民党の特徴ともいえるその支持基盤のあり方である。自民党は上記にみたように組織政党化を試みたが、代議士そして個人後援会による緩やかな連合体としての政党にとどまった[33]。代議士を通じて後援会員を支持基盤の一つにしたのが自民党であった。戦前期における政党の模索を受容した代議士の支持基盤のあり方を通時的に検討することによって、模索が有していた射程の長短も明らかになるだろう。本書第Ⅱ部では、第Ⅰ部で明らかにする政党の試みを個々の代議士がいかに受容し、またそれがどのように戦後まで連続したかをその支持基盤のあり方から検討する。

（3）支持基盤からみた研究史の整理

ここで政党支持基盤という観点から研究史をあらためて整理しておく。戦前期の支持基盤のありようについて、もっとも著名なものに升味準之輔の指摘がある。升味は、産業化や都市化の進展とともに、地方名望家層が旧家地主を中心とする伝統名望家から、村長・村議、あるいは産業組合をはじめとする諸団体の長などを務める役職名望家へと変化・移行していたにもかかわらず、戦前期の政友会・憲政会―民政党の既成政党が、新しい状況に対応しようとはしなかったとした[34]。

升味の古典的理解に対しては、既に有力な批判がある。第一には戦前期の二大政党が大正期における政治変動に反応し、新たな名望家層を惹きつけていたことを指摘する研究である。伊藤之雄は大正期における兵庫県但馬地方の青年グループ及び斎藤隆夫を事例に、旧来の名望家に依拠していた斎藤が、普選をはじめとする政策を積極的に訴えることによって、「名望家秩序の改造」を企図し勢力を拡大していた青年グループ（青年党）を惹きつける過程を論じている。伊藤は、名望家層中心だった但馬地方の政党の支持基盤が、一九二〇年代には中間層以下も組み込んだ大衆的なものに変化していたと指摘する。また雨宮昭一は、半商半農の町、茨城県真鍋町（現土浦市）で結成された青年団体惜春会を事例に、在郷軍人会を基盤に小作層をも含む会員が組織されたこと、在地の名望家の二代目である主要メンバーが反既成政党的立場（反政友会）をとりながら、昭和恐慌期には町の諸団体幹部に進出し経済更生運動の担い手となったこと、彼等が反既成政党的立場をとりながらも民政党に属するようになったことなどを明らかにしている。これらの事実から雨宮は、名望家政党としての既成政党が〝大衆〟性をもった動的な名望家政党になったと位置づけている(35)。

伊藤は、但馬地方における青年党の勢力拡大の理由を、斎藤という政界革新シンボルの存在に求めながらも、それを斎藤の特殊性としてのみ捉えるのではなく、「普選に理解を示し地域に誠実な姿勢で対応する要素を持った代議士一般の与えた影響」として位置づける一方、一九二〇年代後半の政党中央は社会政策のような新たな課題を「地方民に積極的に提示して彼等の期待を政党につなぎとめるように自己変革し続ける(36)」姿勢を弱めていたと評価する。本書第Ⅰ部で論じるように、社会政策の実現という方向とは異なる形で政党中央の自己変革は継続されていることからすれば、この評価には留保が必要であろう。一方、一九三〇年代以降に検討の幅を広げた雨宮が対象としているのは在地名望家〝層〟の変化であるため、政党及び個々の代議士の取り組みが十分明らかになっているわけではない(37)。とはいえ、伊藤の提示した「名望家秩序の改造」、雨宮の提示した「既成勢力の自己革新」という視角は、政党及び個々の代議士の変化を捉えようとする本書にとって重要な示唆を含んでいる。

さらに、個々の代議士と支持基盤との関わりを考える上で参考となるのは、季武嘉也による一連の研究である。季武は名望家政党として出発した政友会・憲政会の二大政党が、普通選挙の導入と名望家の没落あるいは寄生地主化によって名望家への依存が難しくなるなか、総裁—幹部—一般代議士—代議士候補—運動員—投票者という各レベルが緩やかに結びついた「多層化した大衆政党」に変貌したと論じた。[38] また季武は、秋田県選出代議士中田儀直を事例に、戦前から戦時にかけて代議士が様々な団体と関係を構築し、多角的に新たな地盤を築き始めていたことを指摘した上で、様々な利益団体・社会集団を集約し、自己の支持基盤を築き上げた個々の政治家のネットワークが戦前・戦後を経ても残存し、そこから再生産される政治家が自民党に結集したことを示唆している。戦時期の代議士が多角的に新たな地盤を開拓するなど支持基盤を維持・更新していた、とする季武の指摘は、代議士の「地盤」の内実そのものにまで分析の範囲を広げた点で、また戦前から戦後の支持基盤の変化を探る上でも重要である。[39] さらに、升味が戦後を起源とした個人後援会についても、[40] 上山和雄は後援会による有権者の組織化は既に大正末期から始まりつつあったことを、櫻井良樹は東京市旧市域において地域政治を担った「公民団体」が一九二〇年代に徐々に政党系列化し、最終的には後援会化していくことを指摘している。[41]

これらの研究を踏まえれば個々の代議士の支持基盤のあり方そのものを、戦前から戦後にかけて丁寧に分析する必要があるだろう。[42] 戦前から戦後にかけての代議士の支持基盤については、個々の代議士は戦前から戦後にかけて入れ替わったにしても、「保守系の選挙基盤の生存率は顔触れの生存率より相当に高」く、自民党はこうした支持基盤を継承・維持したと、連続性をあたかも自明のもののように論じる研究もある。[43] しかし、「五十五年体制」が「自明の選択肢」ではなかった以上、代議士の支持基盤の連続性も、自民党が支持基盤を継承したことも決して自明ではなかったはずである。

本書第Ⅱ部では特に季武の視角を継承した上で、愛知県名古屋市を選挙区とし、戦前は立憲政友会、戦後は自由党を経て自由民主党に属した加藤鐐五郎と彼の支持基盤を対象として、その支持基盤が戦前から戦後にかけてどのように維持・更新されたかを明らかにする。加藤は戦後、衆議院議長まで務めたが、みずから語ったように中央政界における「政界有力者」ではなかった。[44]また、党全体の政策構想を取り仕切る立場にもなかった。にもかかわらず、本書が加藤を対象とする理由の第一は、加藤が、戦前・戦時・戦後を通じて、医師会、陶磁器業界団体という二つの利益団体との関わりを密接に有し、ミクロな政策過程への関与を続けていたからである。第二に、加藤が大正期に自身の後援会を結成し、戦時期・公職追放期に一旦は中断したものの戦後に後援会を再組織していたからである。そして第三に、彼自身が残した日記という一次史料から、前二業界と後援会を中心とする支持基盤・有権者との関わり、ミクロな政策過程への関与の姿、支持基盤の形成・更新・再構築、そして終焉の過程が明らかとなるからである。[45]

(4) 政党と利益団体

本論では第Ⅰ部・第Ⅱ部を通じて政党・代議士と利益団体との関わりを論じる。それにあたり、戦前から戦後にかけての利益団体のありようについて、先行研究に従いながら整理しておく。辻中豊は戦前から戦後にかけての団体全般の設立状況、設立パターンなどを分析した上で、利益団体の時期区分をしている。それによれば戦前期は①第一次世界大戦までの諸団体の萌芽期、②大戦後から政党の影響力が後退する昭和六年までを団体の離陸期、③昭和六年から昭和一三年までの団体の発展・抑圧変質期、④敗戦までの団体統合統制期の四つに区分されている。また、戦後については①昭和三二年頃までの団体が噴出し、また整理統合される戦後復興期、②昭和三〇年代以降の高度成長と重なりあう高度成長型工業化期、③オイルショック後の工業化以後に区分している。[46]

本論と重なる部分について付言すれば、第Ⅰ部における世界恐慌から日中戦争開戦までの時代は、団体の離陸期から発展・抑圧変質期にあたる。この点について異論はないが、昭和六年以降に団体が抑圧を受けながらも発展期に入るのは、第三章でも論じるように恐慌にともなう経済統制の進展、経済的組織化が背景の一つにある。辻中は国家が上から組織化に力を入れた団体（工業組合・商業組合及び両中央会）の結成、あるいは農業団体への国家的コントロールの強化が全国米穀販売購買組合連合会の設立や米穀統制法などによって進んだと指摘しているが、これらの多くは恐慌への対応がもたらしたものである。こうした恐慌後における諸団体の成立、あるいは変容に対して政党、あるいは政党政治家がどのように対応したのかが、前述の通り本論の視点の一つとなる。

（5）本書の構成

最後に本書の構成を示す。第Ⅰ部では昭和戦前期の二大政党が普通選挙の導入と恐慌後の社会の変容に応じて変化していく過程を論じる。第一章では普通選挙法施行・昭和恐慌を機に噴出した「国民生活」改善要求に対する政友会の政策構想を検討することで、政友会が社会の変化に対応して経済政策を立案し、政策を有権者に訴えて支持拡大を図ろうとしたこと、しかしながらその政策が五・一五事件により中断し、事件後の農村救済を求める世論の高まりのなかで政策自体が変容していく過程を明らかにする。第二章・第三章では、複雑化する「国民生活」改善要求や、組織化された有権者である利益団体の対立に対して、政党内閣崩壊後において支持基盤拡大を目指す政党及び政党政治家が、いかに対応したかを明らかにするとともに、その模索が政党にいかなる変化をもたらしたかを日中戦争開戦までを中心に論じる。

第Ⅱ部では加藤鐐五郎と彼の支持基盤を対象として、その支持基盤が戦前から戦後にかけてどのように維持・更新されたかを、利益団体・後援会との関わりから明らかにする。第四章で加藤が大正中期に個人後援会を組織する過程、及び後援会と加藤の政治行動の変容を検討し、第五章で加藤と一九三〇年代に組織化が進展した陶磁器関係業界団体との関係を検討することで、戦時期においてすら加藤が支持基盤を維持・更新していたことを示す。第六章では公職追放された加藤が自身の支持基盤をいかに再構築し、政界復帰を遂げたかを、第七章では政界に復帰した加藤の政治行動と支持基盤との関わりを、地元名古屋、後援会、医師会、陶磁器業界団体それぞれに即して検討する。終章において、第Ⅰ部・第Ⅱ部の検討をまとめた上で、戦前期二大政党の試みが、「五十五年体制」へと流れ込む過程を提示する。

第Ⅰ部　戦前期二大政党の模索と帰結——政党内閣期以降における支持拡大の試み

第一章　恐慌期における二大政党の経済政策論争――政友会の「産業五ヶ年計画」を中心に

1　政友会の「積極政策」再考

昭和五年（一九三〇）から六年にかけて、立憲政友会政調会長として政策立案にあたった山本条太郎は、「政治の国民生活化即ち政治の経済化」を主張した実業家出身の政治家であった。すなわち、「政治の要諦は、如何なる場合に在つても、国民生活の安定と向上以外に絶無である……強意体には国民生活の安定と向上、それが即ち政治の全部であり、全目的、全使命、全効用であらねばならない」と力説していたのである。[1]大正期以来「国民生活」という社会領域が浮上するなかで、政治の第一目標を「国民生活の安定」におく主張自体は同時代の一般的傾向だった。[2]しかし山本の特徴は、「思想問題の核心は胃の腑に在る」[3]と断じて、経済問題そのものを「国策」とする姿勢にあった。同時代の政治家の多くが「国民生活の安定」を重視する一方で、例えば中野正剛ら立憲民政党少壮派は「国際正義」[4]、犬養毅や浜口雄幸は「修養」、「道徳」[5]、政友会の「右派」は「国体」[6]、無産政党は「階級」を強調していたことからすれば、山本の姿勢は異彩を放っている。本章は「政治の経済化」を主張した山本を中心に立案された、犬養毅総裁期における政友会の経済政策を検討することで、昭和恐慌という「国民生活」の危機に直面した政友会の政策的対応を明らかにするものである。

さて、大正一三年（一九二四）の護憲三派内閣成立から昭和一一年の二・二六事件による岡田啓介内閣の崩壊に至るまでの政治史を、保守政党政友会に対する自由主義的な民政党・民主社会主義的な労働運動の対抗として描いたのは坂野潤治である。さらに坂野は、二・二六事件から日中戦争開戦までの政治史を、自由主義・資本主義を代表する政民両党と社会民主主義を代表する社会大衆党を対比して描いた(7)。そのなかで政友会は、政権につくため「国体」を持ち出して倒閣を目指し、陸軍「皇道派」との結託も辞さない政党であったと評価されるに過ぎない。その一方で坂野は、「政友会の積極財政論には同党の反動性を償うだけのものがあった(8)」とするが、この点について踏み込んだ考察はしていない。しかし、前述のように政友会の政調会長だった山本が「国民生活の安定」を主張していたことを考慮すれば、「政友会の積極財政論」は、なお再検討の余地があろう。

もちろん政治史の立場から政友会の経済政策を検討した研究も存在する。まず、昭和期における政友会の政策分析の先駆的業績として伊藤之雄の研究があげられる(9)。伊藤は、大正期に高橋是清総裁のもとで横田千之助を中心としてなされた「政友会の質の改良」の詳細を明らかにし、高橋総裁期の政友会が原敬総裁期の政策路線である積極財政による地方利益誘導（鉄道の敷設改修、道路・港湾の改修などの公共土木事業）から離れつつあったと指摘した。その上で伊藤は、横田死後の昭和期の政友会が、田中義一総裁のもとで再び積極財政、地方利益誘導に転じ、犬養総裁のもとでもこの傾向は強まりこそすれ変更されなかったとする。

しかし、積極財政による地方利益誘導といった政友会のいわゆる「積極政策」は、例えば浜口雄幸が「党利党略より打算したる積極政策」、「積極放漫」政策と批判したように(10)、民政党、あるいはマスメディアの批判の目にさらされていた。にもかかわらず、「政党の生命は政策であり、政党の争ひも亦政策でなくてはならぬ(11)」として、「政策中心主義」を掲げていた犬養総裁期の政友会でも「積極政策」が唱えられていたことを考えると、同時期の政友会が原総裁期同様の「積極政策」に単純に回帰したかは再考の余地があろう。すなわち政友会は、「積極政策」の内容を時代に適応したものへと変化させ、新たな意味を与えることによって「放漫」政策というイメージを払拭し、有権者、ひいては女性も含めた国民全般からの支持を獲得できると認識していたからこそ「積極政策」を主張したのではないだろうか(12)。政友会が民政党からの批判に対応し、政策を再構築し得たかどうかという問題は、政党内閣の終焉を早めた一因ともされる政党内閣期の激しい政党間競争の要因を考える上でも重要である。

こうした視角から注目すべき研究として、政党内閣期の二大政党が普通選挙法施行により拡大した有権者の支持を得るため、政治的改革よりも社会的・経済的政策の実現を重視し、産業政策を競い合っていたと指摘する土川信男の研究がある(13)。特に田中・犬養総裁期の政友会における「積極政策」については、地方利益誘導的色彩の強い公共事業ではなく、山本条太郎立案による産業政策であり、昭和恐慌前後には恐慌克服策としての性格もあったことを論じるなど、「積極政策」の内容が持つ多様な側面を明らかにしている。

一方土川は、山本の政策は政党内閣制を前提とするものであったが、政党内閣末期には、政党の内部において社会的・経済的政策よりも、「統制」を行うための政治的改革が主張され、国家統制強化の方向に変革しようとする傾向が政党内部でも拡大したことにより、政党内閣を支える条件は失われたと結論づける。しかし、拡大した有権者の支持を得るため「国民生活の安定」を主要な政治課題とする政治状況は政党内閣崩壊後も変わらない。本章では、政党内閣期における政友会の政策的な模索が、「挙国一致」内閣期の政友会においてどのような形で展開し、変容していったかを明らかにするため、鈴木喜三郎総裁期初期の政策の展開も検討の範囲とする。

なお、経済史では昭和恐慌期の政友会の経済政策について、高橋是清や、高橋に代わる財政家として三土忠造をとりあげた研究がある(14)。しかし山本はじめその他の政友会員への言及はほとんどなく、実際の政治過程における政友会の政策と高橋財政の関係は明らかでない。本章では高橋、三土だけではなく、政友会という政党に即して政策を検討する。

2 「合理的」積極政策

(1) 政友会の緊縮政策批判

本節では浜口雄幸内閣の経済政策を概観したのち、政友会の浜口内閣への対応を検討する。

昭和四年(一九二九)七月二日、田中義一政友会内閣の総辞職を受け、浜口雄幸民政党内閣が成立した。浜口は大正七年(一九一八)以来の懸案であった金解禁(金本位制復帰)を果たすため井上準之助を蔵相に起用する。浜口内閣は金解禁準備策として緊縮財政を進めるとともに、国民への消費節約を呼びかけ、昭和五年一月一一日には金解禁を実行する。[15]

その一方で浜口内閣は、企業の合同連合促進、製品規格の統一単純化、生産技術・管理経営方法の能率増進による生産費の低減を図る、いわゆる産業合理化政策を推進する。[16] 民政党は党の政綱として「議会中心主義」とともに、「国家整調主義」を掲げていた。それは、大資本の独占、中小商工業の過当競争といった資本主義の弊害を改善するため、「経済、金融、産業、資源を国家の意思によりて整調し、自由競争の能率を善用」することを目指すものであり、産業合理化政策は「国家整調主義」を具現化するものでもあった。[17]

さて、政友会では病没した田中総裁の後継として昭和四年九月二九日に犬養毅が総裁に就いた。翌三〇日に発表された七大政策は、浜口内閣の財政緊縮と消費節約が不況を招いていると批判した。一二月二三日の政友会最高幹部会でも、消費節約・緊縮政策の転換が必要だという意見で一致をみた。また、昭和五年二月の総選挙に際して発表された「金解禁善後措置政策及不景気対策」では、「不合理なる消費節約政策の打切」、「国民経済の発達に資する事業に関する積極的施設」を主張している[18]。選挙の結果は民政党二七三議席、政友会一七四議席となり、民政党が勝利した。当時の有権者は政友会の主張ではなく民政党・浜口内閣の主張を支持したのである。

しかし、政友会は選挙後の第五八議会（四月～五月）でも同様の主張を繰り広げる。本会議での浜口首相、井上蔵相の演説に対して質疑を行った三土忠造前蔵相は、緊縮政策、「無理無準備ナル金解禁」を批判した。また、産業合理化は大量生産により生産費の低下を図るものだが、政府が消費節約を奨励するなかでは国内の需要が起きず、大量生産もできないとして緊縮政策の打ち切りを求めた。浜口は、金解禁に対する「信念」が違う、緊縮政策から「積極放漫」政策に転換することはあり得ないとして三土の言を退けている[19]。

政友会の「第五八回帝国議会報告書」は、浜口内閣が消費節約を要求しながら産業合理化を唱えることは矛盾も甚だしく、「無準備ノ金解禁」、「不合理ナル緊縮節約」が不況を招いているとして緊縮節約政策の放棄と、「産業振興ヲ主眼トスル積極政策ノ樹立」による不景気の挽回、国民生活の充実を主張していた[20]。昭和五年の総選挙で初当選した太田正孝は、こうした政友会の主張を「積極的合理的施設」と称している[21]。政友会は「不合理ナル緊縮節約」に対して、「産業振興ヲ主眼トスル積極政策」こそ合理的であると主張していたのである。以後政友会は緊縮政策批判をさらに強めることとなるが、そのなかで行われたのが経済調査隊の派遣であった。

（2）　経済調査と倒閣運動

七月一日、政友会総務会において森恪幹事長は、恐慌下の国民の要望を明らかにするとともに、「国民が去る総選挙に於いて判断を誤つた結果に対し十分自覚せしむる」ための全国的な経済調査の実施を提議した。総務会では、農工商の実情、生活状態の実地調査、各方面の陳情聴取、といった特別な任務を帯びた調査隊を派遣することは

「初めての試み」として森の意見に賛同し、幹部会を経たのち経済調査の実施が決定した。九州班（班長水野錬太郎、以下同）、大阪班（望月圭介）、名古屋班（久原房之助）、仙台班（元田肇）、北海道班（床次竹二郎）が担当地域を調査したほか、関東地方は東京第一班〜第四班、周辺各県担当者による調査がされた。参加者は貴衆両院議員ほか一〇〇名にのぼっている[22]。

経済調査隊の活動は一週間程度であり、内容は陳情の受付や視察が中心だったが、例えば大阪班は農林業、商工業一二〇種にわたる調査を行い、「貧民街」などを視察した[23]。また鈴木喜三郎率いる東京第三班（社会問題班）が、「細民街の実相」、「野宿の現場」、「失業者の現実」を視察したことは、「貧民窟の裏まで覗く――、まんざら悪い企てならず」と新聞の短評欄で評された[24]。浜口首相も「政友会の経済調査隊は非常に熱心にやつてゐるようだ、結構なこと、思ふ」と評価した上で、自らも予算編成が終わり次第「遊説に出掛けて、予算編成方針を国民諸君に声明したい」と述べている[25]。両党がより多数の国民から支持を得るため、国民へ直接訴えかけることを重視していた様子が窺えよう。

さて、経済調査がほぼ終了した九月二日の幹部会で、政友会の立場を明らかにし倒閣の旗印をあげるため、一六日に臨時党大会を開くことが決定した[26]。倒閣運動について先行研究では、ロンドン海軍軍縮条約・統帥権干犯問題を利用した倒閣を目指すため、枢密院・海軍に働きかける政友会員がいた一方で、それを潔しとせず政府の経済政策を追及することで倒閣を図ろうとした「少壮派」の存在が指摘されている[27]。しかし経済政策を旗印に倒閣を図ったのは少壮派だけではなかった。政友会の地方団体関東団体少壮派、九州団体のほか、政友会の農村関係議員からなる農政会も倒閣を決議していたのである[28]。

一六日の臨時党大会で犬養総裁が「政府がロンドン条約案に関し、軍令部の同意なくして全権に対し回訓を発したることは、明らかに統帥権干犯である」と演説したことで、政友会は「枢密院の横車に急いで飛び乗つて憲政のレールをはづれて一しよに転落した」という批判を受けたことはよく知られている[29]。しかし、そもそも党大会のその日まで「政友会では不景気打開、財政攻撃といふことで行く趣旨で」あり、「総裁の考えでは」統帥権干犯を指摘した「演説はするつもりがなかった」が、「鈴木一派の強い望みで条約廃棄の問題を付け加えた」のである[30]。先行研究では軍縮条約問題を利用して倒閣を試みる政友会像が強調される。もちろん、多くの政友会員が枢密院での軍縮条約否決、浜口内閣の崩壊という展開を期待したことは疑うべくもない。しかし党大会開催に至る背景として、経済調査隊の派遣に端的に現れているように、浜口内閣の経済政策に対する強い批判が政友会内で共有されていたことは留意されてしかるべきであろう。

以上みたように政友会は、「不合理なる消極政策」に対して、「産業振興ヲ主眼トスル積極政策」こそ合理的であると主張し、経済調査隊を派遣するなど浜口内閣への批判を強めていた。しかし、経済調査隊大阪班が「調査によつて不況の実相を確め得たならば、一日も早くその対策を示されたい[31]」という多数の要望を報告したように、政友会が国民からの支持を調達するためには自らの政策を具体的に示す必要があった。

3　山本条太郎の政策構想と産業五ヶ年計画

(1)　山本条太郎の政策構想

昭和五年五月一六日、政友会政調会長に山本条太郎が就任した(副会長は大口喜六・安藤正純・砂田重政)。犬養が山本を起用した理由は、山本に対する犬養の高い評価が要因の一つであるが[32]、それとともに、第一次世界大戦後の世界を一種の経済戦と捉え、産業の振興に総力を注ぐべきという問題意識を共有していたことによる。これは季武嘉也が指摘した、政友会党人系と犬養が率いていた革新倶楽部との政策的共通性であり、田中内閣では実現に至らなかった「産業立国主義」路線の復活でもあった[33]。

山本は政調会長就任挨拶において、今後一〇年の間に生産能力を二五億円増すことを目標に産業の振興を行えば、国民に職を与えることができ、国際収支改善のための輸入防遏、輸出増進も可能であると述べていた[34]。山本の政策構想を、山本の著書『経済国策の提唱』（昭和五年八月刊）を中心に検討しよう（本節での同書の引用は頁数のみ記す）。

山本は世界の大勢が「国際経済戦の時代」であるにもかかわらず、日本は「内に産業国策の確立を缺き、外に国際経済戦に対応するの用意を疎か」にしたため、「国民生活の艱難」を迎えたとする。その原因を山本は「国家の政治が国民の実生活に即せず、而して国民の知見が国際経済戦に善処すべき建前を切実に要求もせず、又自ら其の自覚に激励し精進せざりしが為」であるとし、国際経済戦への自覚を求めている（自序）。したがって山本は、浜口内閣の緊縮・消費節約政策が、両輪関係にある消費と生産に対する認識を欠き不況を招いていることを批判するものの（九〜一〇頁）、昭和五年の総選挙の争点が、金解禁問題や緊縮政策の是非といった「経済論」になったこと自体は評価する（七頁）。

産業合理化政策については、産業合理化の原理原則は「精良と廉価と大量生産と消費増進と薄利多売」の相互循環にあり、消費節約政策のもとでそれを行うことは「非合理化」に転ずるとして、「積極的産業立国主義」に基づく産業合理化を主張している（一五・七二頁）。では山本の構想する具体策はどのようなものだったのであろうか。

山本は、輸入超過、国際収支悪化の原因として機械工業の未発達をあげ、重工業の保護・助成が必要である旨を論じている（二二一〜二三〇頁）。農業についても基本的には輸入超過であることから、「農業の機械化」・「科学化」といった農事改良による大量生産を行うことで輸入を防遏できるとする（一九六〜一九八頁）。また、欧米諸国が高率関税を掛けている現状では日本も保護関税を設定せざるを得ないとして保護政策を主張し、それにより自国の産業を成長させ、輸入防遏、輸出増進を図る自給「他足」を目指すべきだとする。そして産業奨励のため投じた資金や輸入品購入のため支払われていた代金は国内を循環し、労働者や知識階級に職を与え、一層の消費拡大、需要増進が望めるとも予測している（七八〜七九頁）。政策の財源については、行政整理、官業の民営化により捻出できるとする一方、産業振興、国民所得増進がなされるのであれば、公債を財源としても差し支えないと論じている（四七〜五〇頁）。

山本の政策構想は輸入防遏・輸出増進を目標とする産業振興のため、政府による財政支出、保護政策を主張するものであり、その点では田中内閣期の「産業立国主義」と同様である。しかし、産業振興策に伴う財政支出が失業対策となり、消費を拡大させると論じていることからすれば、山本の構想にも公債発行によって失業対策を実施し、購買力の増加を図るべきとした三土忠造の主張と共通する有効需要創出論の側面があったといえよう[35]。

また、長幸男は三土の主張を活力ある中小企業家の要求に根ざすものと指摘しているが、この点は山本の構想と照らし合わせるとより明確となる。当時、三工場・二〇〇名の工員を抱え、中程度の企業家となっていた松下幸之助は、「物を使ったうえにも使ってこそ、新たなる生産が起こり、進歩となって不景気が解消され、国民には生気がみなぎり、国力が充実されて繁栄日本の姿を実現するのだ」、「緊縮政策では絶対に繁栄をきたさない。伸びんがための緊縮政策というとちょっと理屈が通るようだが、それは信念なきものの言葉だ。国家を経済的に発展さすには生産につぐ生産、消費につぐ消費としだいしだいに加速度を大ならしめるところにその根本原理を見出すべきだ」という考えが「痛烈に胸にわい」たことを回想している[36]。山本自身実業家であったことからすれば当然ともいえるが、松下のような企業家が、山本を中心に立案される政友会の政策に好感を持ったとしても不思議ではない[37]。

そして、政策の推進力となるのが政党である。山本は「政党主義の建て前よりいへば、内閣の施政は常に之を支持する政党の政綱を実行する」ことにあり、内閣が行う政策も在野時代に準備し「政綱として打ち出されてゐるべき」と論じている（一一一頁）。具体的政策を立案し、政綱として掲げる政党を基礎とした内閣による産業振興策の推進を主張していたといえよう。そしてそれは犬養総裁の「政策中心主義」と呼応するものでもあった。

（2）　産業五ヶ年計画の発表とその受容

つづいて山本政調会長下で立案された政友会の政策をみていこう。六月一四日、政友会は政調会のもとに、根本策を担当する「新経済国策の確立」（委員長勝田主計、以下同）、当面対策を担当する「不景気当面対策」（三土忠造）、「国民負担の軽減及その均衡」（堀切善兵衛）、「失業対策並びに其他の社会政策」（田辺熊一）の四大特別委員会を設置した(38)。そして、「従来、政党の政務調査会といふと殆ど空手形同様に世間からも見られてゐた(39)」ことに対して、政策立案の材料を「前内閣時代の事務官諸氏から提供立案して貰ひ、政務調査役員と連絡して大いに力を政策的に注」ぎ、政権に就いた暁には直ちに実現できる政策の立案を目指した(40)。政界専門誌『政界往来』は、「山本（条）君の大風呂敷が時流に投じたのか、時代の要求に促されたのか、ともかく政務調査会の活躍が目立つて来た」、今まで政調会など問題にしなかった代議士も「俄かに『僕を何故政務調査会に入れなかつた』と幹部にくつてかゝると云ふ現金だ」と活気を帯びつつあった政調会の様子を伝えている(41)。

先述の通り経済調査終了後、党大会の開催が決まると、山本は「国民経済の行き詰まり」に対する政友会の政策を示す必要があるとして政策の取りまとめを行った。九月一二日の幹部政調連合協議会は、山本が取りまとめた腹案を承認している(42)。『政友』の会報欄をみる限り成案作成は山本に一任されており、政策立案の主導権は山本にあったと思われる。党大会では根本策である新経済国策については保留とされたが、山本の構想を軸とした「産業五ヶ年計画」（以下煩雑を避けるため括弧を外す）を中心とする諸政策が発表された。以降政友会では、産業五ヶ年計画を中心とした政策立案がされることとなる。

産業五ヶ年計画は、浜口内閣が中止した事業費五億円の復活、現在支弁している各種産業施設の上に、さらに年額一億二〇〇〇万円、五ヶ年で六億円の経費を投入し、入超となっている物資中、国内生産可能な製品一〇億円分の生産増加を行うことで、輸入防遏・輸出増進による正貨の流出を防ぎ、さらには産業振興資金による景気回復、失業問題の解決を目指すものである(43)。計画では、入超となっている物資のうち国内生産可能な商品すべてを対象に、生産可能額と必要経費が示されているが、経費の多くを占めたのは基本工業と位置づけられた製鉄・化学工業・肥料業等の重化学工業（一・八億円）と、小麦等の農産物を対象とした農業（一・七億円）であった。増産の方途としては関税改正その他補助奨励策、農事改良、耕地整理等があげられている。また投じた経費の循環による消費拡大、景気回復を予想するなど、有効需要創出政策の発想も窺える(44)。事業費の復活を主張していることからすれば、交通網整備などを軽視していたわけではないが、計画自体の目標は産業育成にあったといえよう。

産業五ヶ年計画は、山本の一〇年間に生産能力を二五億円増加できるという見通しと、『経済国策の提唱』で示されている構想に基づいたものであることは明らかである。政策の財源としても山本の構想同様に官業整理、公債発行と、特別奢侈税があげられている。

ところで産業五ヶ年計画には五年間で目指す目標は示されていたが、年次計画はなかった。昭和六年七月に発表される「産業五ヶ年計画案一覧表」をみると、輸入品のうち国内生産可能なものが列挙され、製品ごとに輸入額の何割国内生産が可能か、そのためにとるべき関税政策や、政府による利益保証、改良品種の配給などの助成策が記されるなど、個別の具体的な目標・助成策は示されるものの、やはり年次計画はみられない。戦時期に立案される諸経済計画が統制色の強い詳細な年次計画の上に立案されていたことからすると、同じ「計画」であってもそれらとは異なるものといえよう(45)。

それでは産業五ヶ年計画は、政治的にどのような意味を持っていたのだろうか。山本は「今後の政党は主義政策をはつきり国民の前に明示し……政策の実行に関しても、其の制度運用の途を最も明確にし、そして国民が安心して信頼する様にする責任がある」[46]として、計画を遂行するための臨時産業資金制度を設け、運用を明確にすると論じている。以上の点を踏まえると、産業五ヶ年計画は「国民が安心して信頼する様に」政策の目標値を計画という形として示すことで、「放漫政策」との批判に応えようとしたものといえる。なお、九月一二日の幹部・政調連合協議会で三土忠造は、産業五ヶ年計画について「余り具体的の数字を明示することは政局を担当した場合不利ではないか」と懸念を示していたが、山本は、「政策本位の立場からいつても政策は具体的に数字を明示するのが次の政局を担当する我が党の義務である」と応じていた[47]。山本は、恐慌対策として財政支出による産業振興を行うという点では三土と一致していたが、政策を国民の前に明示することを、政権担当時における政策の自由度を残すこと以上に重視していたのである。

さて、産業五ヶ年計画は早速民政党から「伝統的放漫政策」と批判を受けた[48]。しかし、その一方で敏感に反応したのは中間派無産政党の全国大衆党であった。同党中央執行委員会による大会議案では「浜口内閣が『経済的不況』に対して何等の対策なしとせるに反して、政友会が五ヶ年計画を高唱し、産業の開発を絶叫しつゝ、あるは民心をつかむべき要因を有つてゐる」と、危機感を示していたのである[49]。

では政友会において産業五ヶ年計画はどのように受容されたのであろうか。昭和五年の総選挙を機に白樺派の作家から政友会所属の衆議院議員に転じた犬養健は、「青年の立場」から「政友会の所謂積極政策が新しい精神を含んでゐること」を演説したが、演説をもとにした手記は政友会員、特に若手、少壮派の議員が「積極政策」をどのように受容し、国民に訴えようとしていたかを知る上で重要である。

犬養は「経済政策としての民政党の整理主義」が目的通り行われたとしても、その後には「民衆の疲弊」があり、疲弊の回復には時間がかかる、中小商工業者や労働者の回復は資本家が回復した後であり、それを待ちきれるかどうかが問題であるとして、「政友会の新しい経済政策」を論じている。

資本家が回復して更に時間を要した上で、中産、無産階級が快復するのであつては、われ〳〵はマダルツコイのである。われ〳〵の理想に傷みを感ずるのである。われ〳〵は回復せんとする資本家と同時に、回復せんとする中産、無産階級に手をさしのべるのである。回復までの時間が出来るだけ短くて済むやうに手をさしのべるのである。どうやつてさしのべるか。即ち農業に、工業に、商業に、資金の贈り物をするのである。

しかし、こうした「新しい経済政策」は「放漫政策」に転じることはないのであろうか。「放漫政策」批判に対して、犬養は次のように反論し、政策の意義を力説する。

即ち反対論者は云ふであらう。「算盤のとれぬ状態に向つてそんな事をするのが即ち放漫政策といふものだ」と。――これに対しては敢然と答へるのである。新らしい、活気に満ちた声で答へるのである。「民衆が算盤のとれぬ状態にあればこそ、国家自らが手を借するのだと。「算盤のとれる状態になるまで手を借するのだ」と。新興独逸同一の精神を以て、「非常時の応急策として手を借するのだ」と。これでこそ、国家形態をなす所以が生きて来るではないか。これでこそ政府の存在する所以があるではないか。利潤経済の組織を認めてゐる以上は、民衆が採算のとれぬ状態のドン底に陥つた場合には、とりもなほさず国家は利潤経済本来の姿のうちに民衆を引き戻す義務がある。さもなければ社会主義経済あるのみと云ひ度くなるではないか。(50)

犬養は恐慌下において「政友会の新しい経済政策」、すなわち産業五ヶ年計画を行い、民衆が「算盤のとれる状態になるまで手を借す」ことが「政府の存在する所以」と論じ、そこに「新しい精神」を見出しているのである。

昭和六年、政調会に設置される産業五ヶ年計画実施細目を検討する特別委員会の委員長となる高山長幸（実業家出身、当選六回）も、「我国不景気の実情を知り殊に農村の窮乏を知らん程の人は、此儘に無為にして景気の回復を待つものとして近く景気の回復を望み得べき自信ありや」として、産業五ヶ年計画による景気回復を論じている[51]。産業五ヶ年計画は政友会において、恐慌克服策としてより積極的に位置づけられていたのである。

4　第五九議会と昭和六年の政調会

(1)　経済政策をめぐる政民両党の対立

本節では第五九議会（昭和五年一二月〜六年三月）における「積極政策」の現れと、昭和六年の政友会十大政綱発表に至る過程を検討する。

第五九議会は浜口首相出席問題、幣原喜重郎臨時首相代理の失言問題などで紛糾した。しかし一方で井上蔵相と三土前蔵相の論戦を筆頭に、金解禁、緊縮政策の是非をはじめとする経済問題を中心に議論がされたことは多くの研究が論じている[52]。

興味深いことは、イギリスで行われていた消費節約運動に対する両党の見解である。予算委員会において政友会の太田正孝は浜口内閣の消費節約を批判するなかで、イギリスの消費節約運動に対するケインズのラジオ演説を、政友会の政策に引きつけて論じている。

剣橋大学ノ「ケーンズ」教授ハ「一志ノ節約ヲスルコトハ一人ノ失業者ヲ増ス」ト云ハレマシタガ、斯ノ如キコトハ我ガ堀切善兵衛君ニ依ッテ前議会ニ説カレ、吾々ハ各地ニ於テ既ニ業ニ主張シテ居ル所デアリマス……消費節約ヲシテ置イテ景気ヲ望マウト云フコトハ、飛ンデモナイ間違デアル[53]

一方会期末には、政友会から経済政策を中心とした内閣不信任決議案が提出された。理由説明に立った床次竹二郎元内相は消費節約政策の放棄を迫っている[54]。これに対して民政党の桜井兵五郎は、「政友会ノ諸君ガ言ハレル消費節約政策ノ攻撃ハ当タラナイ、消費ヲ大イニ刺激シテ生命ヲ旺盛ニシヨウトイフ経済思想ハ、全然間違ッテ居ル」と批判する。そして、貯蓄を行うよりも消費を活発にした方がよいというケインズの主張も、ミッドランド銀行頭取マッケンナ以外誰も支持していないことを報じた『東京朝日新聞』の記事を引いて、不信任決議案に対する反対演説を行った[55]。

現ニ英吉利ニ於テモ、英吉利ノ或学者ガ此説ヲ唱ヘタノデアルガ……今朝ノ朝日新聞ノ論説ニアル、何ト出テ居ルカ、全ク之ニ依ッテモ、諸君ノ唱ヘラレタ経済思想ハ根底カラ覆ッテ居ル、其題ト致シマシテ、英国ノ節約運動、消費奨励ノ不評判、内容ヲ御覧ニナルト、諸君ノ考ヲ茲ニ反駁致シテ居ル……我ガ浜口内閣ノ執ッテ居リマス消費ニ対スル考ハ、全然間違ッテ居ルモノデハナイト云フコトヲ茲ニ断言シテ憚ラヌノデアリマス

以上の議論から明らかなことは、両党の政策対立が国際的な経済政策論争とリンクしていたということである。もちろん、政友会がケインズの議論を咀嚼した上で民政党を批判したというよりも、民政党の政策を批判するための道具として用いていたと捉えるのが適切であろう。ただ、太田の演説に登場する堀切善兵衛（高橋是清のもとで大蔵政務次官を務める）も、政友会と符節をあわせるように「非社会的なる節約論」を「撃破」している経済学者の一人としてケインズをあげ、「『各人其力に応じて買ふ』事が寧ろ義務であり、道徳であらねばならぬ」と論じていた[56]。政友会が政策を主張するなかで、ケインズの議論が有益な知見となったことは確かであろう。

政友会は昭和六年一一月、金輸出再禁止を声明し、金本位制維持を主張する民政党との差異がより明確となる。

しかし、それ以前に恐慌克服という政治課題に対して、両党の認識・政策の対立は先鋭化していたのである。

(2) 重要産業統制法審議過程にみる「積極政策」の一側面

さて、第五九議会には「産業合理化政策の唯一の法的具体化」であり「我が国立法史上画期的」と評された、いわゆる重要産業統制法（以下重産法と略記）が提出されていた[57]。先述の通り政友会では、恐慌克服のための産業振興・財政支出という形で政治が経済に介入すべきことが論じられていた。その一方で、政府が産業統制に指導的な役割を果たすべきであるという主張も政友会には現れていた。以下、重産法に対する政友会の対応を検討することでその点を確認する。

さて、俵孫一商相は「中小企業ト云ハズ、大企業ト云ハズ、多数ノ企業者ガ洵ニ無規律、無節制ニ、無謀不当ナル競争ヲ敢テ致シテ居」るという産業界の現状に対して、「少クモ我ガ重要ナル産業ニ対シテ規律統制ヲ付ケ、其ノ安定ヲ図ルト云フコトガ、最モ急務」であると、同法の立法意図を説明している。法案の主たる内容はカルテル助成・強化を規定した第二条、カルテルの独占行為を規制・監視する公益規定を定めた第三条である。同法はカルテルの保護・助長によって製品価格の安定化を図り、恐慌下における企業間の激しい価格競争を防ぐことを目的としていた。

同法案に対して政友会の牧野良三は、過当競争の弊害を防ぐため国家が産業の統制を行うことは当然であるが、罰則規定だけでは産業の助長はできないとして、「保護、奨励、指導、誘掖」が必要であると主張していた。同じく松村光三は、カルテルによって消費者が不利益を蒙る可能性があり、それを防止するための規定を作り厳格な運用を期すべきであること、「産業上の自由主義」に抵触しかねない法律を作るのであれば、この際、国家が産業統制に指導的な役割を果たすべきであり、政府案では不十分であると論じていた[58]。

また、同法案の審議には政友会農村関係議員からなる農政会の土井権大が参加している。土井の質疑は牧野や松村と同様に、産業統制の必要性を前提として法の不備を指摘するものだが、注目すべきは土井が「米ニ関スル産業統制法」として、自身の作成した「米穀統制組合法私案」を参考資料として特別委員会に提示していることである(59)。米穀統制組合の事業は、販売統制を行うための生産・移出検査、共同移出販売・保管、米穀標準価格の協定などとされている(60)。土井は恐慌下で下落した生産物価格の維持という観点から、重産法と米穀専売・統制を同列に考えていたのである。

本会議では政友会を代表して津崎尚武が演説し、「自由主義ノ経済組織ニ対シテ一種ノ制限ヲ加へ、変革ヲ来スト云フコトハ、国家存在ノ上カラ今日ノ場合已ムナキコト」と統制の必要性を認めるものの、「指導助長ノ方面ハ考慮セラレナイ」、単に大企業にカルテルを設立させるのみで、その弊害を防止するための規定が曖昧だとして法案に反対した(61)。

政友会においては、「国家存在ノ上カラ」、「自由主義ノ経済組織」を制限するといった形での、政治の経済への介入が志向されつつあったのである。

(3)　昭和六年の政調会

さて、議会終了後の三月二九日、政友会は役員の改選を行うが、山本は犬養総裁の要請により政調会長に留任し引きつづき政策立案にあたることとなった(副会長は若宮貞夫・砂田重政・松岡洋右)。四月一七日付『政友特報』一五八〇号には政調会の研究調査事項として、「消費節約政策の打破」、「産業立国の大策に則り生産事業の興隆増大を計るの方法」、重要産業の助成発達による国際貸借改善、中小農工商業者への資金融通、関税改正による国内産業の助長奨励などが掲げられている。一八日の政調会理事会で山本が示した調査事項もおそらく同様のものであったと思われる。一方理事会において、山本の政策は「資本主義の色彩かこい」と不満を抱いていた人物に、内務官僚出身の政調会理事守屋栄夫がいた。守屋は二〇日に再び開かれた理事会で「山本会長、若宮副会長を向ふに廻ハして論戦を開始し、遂に少壮派の意見を承認せしめ」、政綱に「国民所得の増加及大衆生活の安定、社会立法及社会政策の確立、生産費低下と消費の合理化等の項目」を加えさせている[62]。先述の通り、山本も自らの政策と「国民生活の安定」を結びつけて論じていたことは明らかだが、守屋や「少壮派」はそれをより明確に掲げるべきことを主張していたといえる。山本は理事会での議論を取りまとめ、二二日の政調総会に昭和六年度の政調会調査項目案を提示した（以下、「山本案」とする）[63]。

一、輸入防遏、輸出増進を目的とする既定産業五ヶ年計画の実施細目及方法
二、生産〔費〕の合理的低下及消費経済施設の改善
三、国民所得の増進と大衆生活の安定
四、外交の経済化（原料供給、販路拡張、移民、対外投資統制等）及国家権益の擁護
五、米穀及蚕糸国策の樹立
六、国民の実生活に即する教育制度及施設の根本的改善
七、国勢〔政〕一新を基調とする制度、法規及政治機構の全般的改革
八、国税及地方税の軽減
九、社会政策の完成

調査項目を一見してわかることは、山本が理事会での議論を踏まえた上で調査項目を示していること、そして前

年同様経済政策が中心にあることである。しかし政調総会で「山本案」は次のように修正された後、十大政綱として決議され、特別委員会が設置されるとともに、特別委員長が指名されることとなった(64)。

一、輸入防遏輸出増進を目的とする既定産業五ヶ年計画の実施細目及方法〔委員長高山長幸、以下同〕
二、国民所得の増進と大衆生活の安定〔堀切善兵衛、三と合同〕
三、生産費の合理的低下及消費経済施設の改善
四、米穀、蚕糸並に水産国策の樹立及農村経済の調整〔秦豊助〕
五、国税及地方税の軽減〔大口喜六〕
六、失業対策及社会政策〔田辺熊一〕
七、国防の経済化〔島田俊雄、八と合同〕
八、国家権益の擁護及外交の経済化〔原料供給、販路拡張、移民、対外規制統制〕
九、教育制度施設の根本的改善及思想問題〔安藤正純〕
十、国政一新を基調とする制度法規及行政機構の全般的改革〔前田米蔵〕
◎　綱紀粛正委員〔熊谷直太〕

山本案と十大政綱の相違点をみると、「国民所得の増進と大衆生活の安定」が三から二へ繰り上がっていることがわかる。内容は産業五ヶ年計画による国民所得の増進を目指すものでありこれまでの主張と大差はないが(65)、政友会において産業五ヶ年計画を国民生活安定の面からより積極的に位置づけようとする傾向が高まっていたことが窺える。

その一方で「国民の実生活に即する教育制度及施設の根本的改善」が、「教育制度施設の根本的改善及思想問題」に修正されていることがわかる。「教育の実際化」は山本の持論であったが[66]、政調総会、政調総会の前に開催された政調役員幹部連合会において、小久保喜七、元田肇らから「危険思想を連想」する「大衆」の文言の削除と、「もつと思想問題に力を入れた具体的の項目をいれねば国体の基礎が案ぜられぬ」という要求がなされ、一旦は「大衆」の文言が削除された。守屋等の復活要求もあり、「大衆」の文言は復活し、十大政綱は「思想問題」の文言を組み込むことで原案が承認された。しかし、元田らは「大衆」の文言が残されたことに不満を抱いていた。最終的には犬養が、思想問題は二五〇〇年来続く大問題であり一朝一夕には解決できない、と彼らを慰撫し、ようやく事態は沈静化する[67]。政友会内には、恐慌とそれにともなう社会不安への対策として経済政策の実行を至上命題とした山本、あるいは政策の社会政策的側面を強調しようとする「少壮派」に対して、思想問題を重視する立場からその傾向の行き過ぎに警戒を示す者もいたのである。

政調総会の様子について、守屋同様内務官僚出身の政調会理事藤沼庄平は、「忠君愛国を口ニすれハそれて忠君愛国者と心得てる」「老人」を批判する一方、山本政調会長下の政調会について「〔入党以来〕三年にして漸く政党の動く様を諒得したるの感あり」と日記に感想を記している[68]。また、従来政調会役員（政調会理事・部会長）はおおむね当選一〜三回の若手だったことに対して、特別委員会は委員長に顧問・総務級の中堅・ベテラン議員を据えていた。「政策中心主義」を唱えてきた犬養は、「政務調査追々議員諸子の注意を喚起し殊ニ壮年議員の此ニ傾心するニ至りしは老生の最も喜ふ所也」と評価している[69]。

なお、党内には昭和六年秋の府県会選挙に向けて選挙用の政策を立てるべきであるという主張、特に農村関係議員から米穀専売・統制が主張された[70]。山本は大規模な財政支出をともなう米穀専売には否定的であったが、農村関係議員が多数参加した「米穀、蚕糸並に水産国策の樹立及農村経済の調整」特別委員会では米穀専売が根本方針であるという決議を一一月に行っている。一二月に開かれた政調総会で十大政綱について演説した山本は、米穀専売はさらなる調査研究が必要と留保を付けた上で、米穀専売を徹底した方策とした特別委員会の決定を報告している。(71)しかし、昭和七年五月の座談会のなかで農政会の東郷実が「党の機関に掛けて米は専売で行くんだ」という「党議の決定」はできていないと述べたように、それは産業五ヶ年計画と並ぶような政友会の中心的な政策とはならなかった。農村関係議員の政策決定過程に対する影響力は限定的なものであり、犬養―山本ラインの「産業立国主義」は揺らいでいなかったといえよう。(72)昭和六年における政調会での政策立案も、前年と同様、山本の構想を中心になされ、年末の政調総会を迎えることとなる。

5　高橋財政と政友会

(1)　金輸出再禁止と産業五ヶ年計画

本節では、政友会の政策と密接な関係にある金輸出再禁止に至る経緯を検討した後、政友会の政策の展開とその帰結を高橋財政との関係を中心に検討する。

昭和六年九月の英国の金本位制停止を受けて、政友会は一一月四日に金輸出再禁止決議を行うが、そもそも政友会が金解禁に消極的であったことは先行研究でも論じられている。(73)だが政友会では、自党が金輸出再禁止を主張していると受け取られることへの懸念もあり、(74)山本も先の決議までは金本位制維持のために積極政策への転換が必要であると主張したに過ぎなかった。(75)

ある回想によれば山本は浜口内閣期に、「この不景気を回復せんとするならば、国民経済に即して通貨を増発するに限る。紙幣の増発以外に不景気を回復するの途はない」(76)と述べていた。しかし、高橋財政で行われたように通貨を増発するため、事実上の管理通貨制度に移行し、日本銀行に国債を引き受けさせ、それを以て産業五ヶ年計画の財源にするとまでは主張していなかった。浅井良夫は三土忠造に代表される一九二〇年代の政友会の積極政策と高橋財政はケインズ的な有効需要拡大論という共通性があるものの、その間には管理通貨制度の導入という明確なステップがあったことを指摘している。[77]山本を中心に立案された政友会の政策も同様の限界があったといえる。また、同時代において有力な国債引受先であったのは大蔵省預金部資金であり、山本も政策の財源として言及している。[78]しかし、犬養内閣期の預金部資金には、大規模な新規国債を受け入れる余力はなくなっていた。[79]産業五ヶ年計画実行のためには、高橋財政で行われたように国債を日銀に引き受けさせることによって財源を生み出す必要があった。では、産業五ヶ年計画と高橋財政との関係はどのようなものであったのであろうか。

（2）　産業五ヶ年計画の展開と帰結

一二月一一日、いわゆる協力内閣運動により第二次若槻内閣が倒れると、大命は政友会総裁である犬養毅に降下した。犬養は財界安定のため高橋是清を蔵相に起用、一三日の組閣直後の閣議で金輸出再禁止が決定され、日本は国際金本位制から離脱した。一方、山本条太郎はシーメンス事件によって有罪判決を受けていたことが遠因となり入閣はならなかった。[80]とはいえ一一月二五日の政調会では産業五ヶ年計画の実施細目を決定し、一二月二一日における幹部・政調会役員合同の政調総会において山本は、産業五ヶ年計画をはじめとする十大政策（十大政綱に基づいたもの）を報告し、満場一致で承認された。[81]山本は「中途府県会議員の総選挙ありしに拘らず会合の如きも百三十五回の多きに達し、しかも従来未だかつてどの政党においても見なかつた、広汎詳細の調査報告を得ましたことは、わが党のためは勿論、政党政治のため欣快に堪えざるところ」であると意気軒昂であった。また十大政策の報告書では、熱心な政務調査の上で政策立案がなされたのは「我党総裁が『政権本意より政策本意へ』の進展を最高の指導精神として、極力激励された結果」であり、「この顕著なる事実は我国憲政史上特筆せらるべき記録である」と豪語している。[82] 犬養の「政策中心主義」は山本によって実践に移されたといってもよいだろう。

さて、昭和七年一月一二日の政府与党懇談会では山本が、産業五ヶ年計画の断行を政府に要求し、東武総務も補足して熱弁をふるったという。[83] 東の主張は詳らかではないが、[84] 北海道を選挙区とし農政会の一員でもあった東が産業五ヶ年計画の遂行を要求していることは注目される。では産業五ヶ年計画はどのように農村で受容されたのだろうか。

当時、帝国農会（系統農会の頂上団体）において、農家経営改善による農村生活の安定に邁進していた幹事の岡田温は、「吾々は小農経営若くは農村経営の基礎的方針として、従つて経営改善の重要部門として、年来自給生活への進出を奨励し来つたのであるが、今やその精神が国家の産業政策の根本方針となつて現はれた。産業五ヶ年計画がそれである」と評価した。そして「政府の実施計画の大綱が定まつた」ならば、農会は産業五ヶ年計画と農家の経営改善との間を連結する「重要部門を担当し、官民総掛りで目的達成に精進すべき」であると論じている。[85] また、新潟県西蒲原郡の事例だが、昭和恐慌を境に小作農が小作立法に消極的な政友会を支持し、地主が小作立法に積極的な民政党を支持する構図が生まれたという。その理由は小作農が経営改善を最優先したことにあった。[86] 産業五ヶ年計画は、農家の経営改善と生活の安定を第一義としていた系統農会指導者層や、小作農としても受け入れ得る政策であったことが窺える。それは農会と関係の深い農村関係議員にとっても同様であったろう。[87]

また、産業五ヶ年計画は産業振興の手段として保護関税の必要を説いていたが、二月二四日に開かれた蔵相の諮問機関、関税調査委員会の幹事会では、農林省の井野碩哉文書課長が産業五ヶ年計画の実現を期すために農林省は準備を行っている最中であり、それにともなって関税政策も考慮すべきことを述べ、商工省の岸信介工政課長も井野と同様の旨を述べている。[88] 政党内閣末期においても両省は、政党の政策構想の範囲内で政策立案を行っていたのである。

その一方で、ソ連の第一次五ヶ年計画の「成功」が報道されるようになると、[89]産業五ヶ年計画は計画経済・統制経済的側面から読み替えられるようにもなった。東武が経営に携わっていた政友会系地方紙『北海タイムス』昭和六年八月一七日付社説は、産業五ヶ年計画と十大政策は複雑なため国民に訴えかける力は弱い、重要な二、三ヶ条をスローガンとすべきだと論じていた。[90]しかし、一〇月一〇日付の同紙社説は、第一次五ヶ年計画の成果が報道されるに及んで多くの人々の注意を引くようになった、という認識を示した上で、「一定の目標を樹ててそれに邁進してゆく所謂継続事業」は「決して軽視すべきものでない」ことが立証されつつあると論じている。そして産業五ヶ年計画を第一次五ヶ年計画と関連づけながら、「現在沈衰の極にある退嬰的気分を打開し得る」産業確立策・失業救済策であると評価を変えていた。[91]また『中外商業新報』社説も、産業五ヶ年計画は「産業の助長策といふよりも、むしろ、国家的統制を主とする産業振起策」であって、小出しに政策を行うのであれば、従来の個別的な産業保護政策と大差はなくなってしまうと論じていた。さらに中野正剛の国家統制経済論に影響を与えた経済評論家小島精一は、山本の『経済国策の提唱』を「私の計画経済案と近似する点が少なくない」として、「国家的統制」による自己の計画経済案を山本の政策構想、産業五ヶ年計画に投影して論じている。[92]産業五ヶ年計画は先述の通り政友会の積極政策に目標値を定めたものであり、山本は政府主導の産業振興策を主張したものの「国家的統制」によってそれを実行するとは述べていない。[93]しかし、産業五ヶ年計画が一定の目標を定めた各種産業にわたる産業振興策であったことに、第一次五ヶ年計画との共通性を見出し、計画を「国家的統制」によって行うことに期待を寄せた者がいたのである。

さて、衆議院の解散が確実視されていた第六〇議会（昭和六年一二月〜七年一月）再開直前の政友会党大会で決議された宣言では、「多年の主張に係わる産業立国主義」に則る産業興隆、経済国難の打開、国民生活の安定が謳われた。政友会院外団の宣言でも「多年主張せる産業立国の諸政策」の断行が主張された。そして政友会は「景気か不景気か」をはじめとする経済政策を争点としたスローガンを掲げて議会解散後の総選挙を戦い、三〇一議席を獲得する大勝を収めたのである。[94]

勝因について鈴木喜三郎内相（三月二五日まで法相）は「兎に角、不景気と云ふものが応援した」[95]と総括している。勝因が民政党内閣の失政にあったことは党出身閣僚も認識していたといえる。しかしそれをもっとも効果的に用いたのが政友会であったことは、無産政党の敗因分析が物語っている。全国労農大衆党は総選挙の自己批判のなかで、選挙において自党が掲げたスローガンは「抽象的」となり、「現下の極度な窮乏裡にある無産大衆に強々訴ふることを得」ず、「此窮乏そのものから脱却せんとして『藁をも掴む』大衆の心理は反て、政友会の犬養景気の宣伝に釣られ、又窮乏の極、現実の利益としての実弾の発射にやられたかの感がある」と述べざるを得なかった。[96]犬養内閣は第三節でみた活力ある企業家の期待や、本節でみた産業五ヶ年計画に対する様々な期待を背景として総選挙に勝利したといえよう。

なお勝因を経済問題から総括した鈴木は、田中内閣内相として昭和三年の第一回普通選挙投票日に、民政党の「議会中心主義」は「国体」に相容れないとする「皇室中心主義」声明を発表したこと、社会運動の弾圧などから「復古的」傾向で知られる。[97]しかし犬養内閣の内相就任時に鈴木は、危険思想の取締は重要であるが、取締よりも「国民に生活の安定を与えれば危険思想も起らん」として、内務省所管でいえば土木事業によって国民に職を与えることが思想対策の第一であると述べていた。[98]思想問題を重視する政友会員にあっても、「国民生活の安定」を無視して思想問題を論じることはできなかったのである。

それでは選挙後において政策は、どのように展開していったのであろうか。

三月一四日の政友会総務会では政策実現の方法について協議がなされ、「財政難のため産業政策の実行の如きは延期しなければならない様に政府は考へてゐるが不景気対策のため生活難に喘いで来た国民は一日も速やかに実効ある政策の実行を要望して居り、殊に農村、漁村及び中小商工業者の如きは疲弊の極に達して居るから、急速にこれを救済する根本的政策の実行に着手する必要」があるとして党出身閣僚を総務会に招致するなどして、政策実現を促進することが決まった(99)。

また主として満洲事変関連費を計上する予定だった昭和七年度追加予算に、政策の一部遂行のための予算をあわせて計上するため、三一日に山口義一幹事長、山崎達之輔政調会長が高橋蔵相に協力を要請した。しかし高橋は満洲・上海両事変の経費もあり財源がない、金融制度改革（日本銀行券発行限度額の拡張、歳入補填国債発行のための法案など）の最中であり即座に政策実現はできないと返答している。四月六日に再び山口幹事長、浜田国松総務が、高橋に政策の一部遂行に要する経費の計上を希望したが、高橋は刻下の財政状態では困難と答えた(100)。一三日に決定した追加予算案には、小麦増産五ヶ年計画約二〇四万円（農林省）、自動車産業奨励費約一三万円、産業五ヶ年計画準備費約一四万円（以上商工省）が配分されたものの(101)、党内では「大蔵当局が依然として属僚政治に左右され、在野時代二ヶ年に亘り党を挙げて調査した政策を軽視」しているという不満の声があがった(102)。高橋も景気回復のために産業振興を図るべきだと考えていたが、金輸出再禁止にともなう政策転換が極端に走ることを憂慮して、慎重な財政運営方針をとっていた(103)。高橋の蔵相就任は財界安定に大きく寄与し、昭和七年後半からは高橋財政により景気は回復過程に入る。しかし犬養内閣期においては政友会の政策は実行に至っていなかった。政権末期には恐慌対策として急速な政策実現を求める党と、財政・金融政策の責任者である高橋との間に緊張関係が生じていたのである。

一方犬養は山本条太郎を起用する方法として、産業五ヶ年計画を推進するための国策審議会の設置と、審議会における山本の起用を構想していた(104)。高橋はじめ経済閣僚の参加も想定されていた国策審議会は、党と高橋との緊張関係を調整する場にもなり得たはずであった。しかし犬養内閣は五・一五事件による犬養の死とともに倒れ、国策審議会構想も、山本の起用も実現せず、産業五ヶ年計画と高橋財政の連結も図られなかった。そして、政友会と高橋の緊張関係が調整されないまま犬養内閣が倒れたことは、「挙国一致」内閣期における両者の関係、そしてその後の政治過程にも影響を与えることとなる。

(3)「産業立国」から「時局匡救」へ

五・一五事件により犬養総裁を失った政友会は後継総裁に鈴木喜三郎を選出し、鈴木への大命降下を待つが、大命は海軍大将斎藤実に降下し「鈴木内閣」の成立はならなかった。政友会は斎藤実内閣に高橋蔵相はじめ三名の閣僚を出し、二名の閣僚を出した民政党とともに準与党となるが、政友会の斎藤内閣に対する姿勢は政権への欲望が入り交じる複雑なものとなる[105]。一方山本条太郎は、昭和七年四月に病のため入院していたが、六月には退院して自身の事業経営を指導し、来客と政治を談じてもいた。しかし五・一五事件後の政治過程のなかで積極的な役割は果たしていない。五・一五事件により自ら立案した政策の実現可能性が遠のいたことで、当面の政局については静観するほかなかったのであろう[106]。

こうした状況のなか犬養内閣期に召集されていた第六二議会が六月一日から開催される。斎藤内閣は、犬養内閣期に準備されていた追加予算案・金融制度改革関連法案・関税定率法改正法案などを議会に提出した。政友会は政府提出の予算案・法案は自党の「積極的産業振興政策」の一端であることを政府に認めさせようとした。しかし、斎藤首相も高橋蔵相も「挙国一致」内閣であることからすれば当然ともいえるが、その点は明言しなかった[107]。また高橋は、民政党の議員から二月の総選挙における政友会の主張と高橋との関係を問われた際に、「政友会ノ選挙ノ時ニドウ言ッタ、看板ハ斯ウナッテ居ル、私ハソレニ対シテ責任ハ持テマセヌ[108]」と述べていた。政友会と高橋の懸隔は広がりつつあったのである。

一方、第六二議会を目標に農民団体が政府・議会に対して熾烈な農村救済請願運動を行っていた。政府が自党の政策を認めないなか政友会では、請願運動を機に急速に広まった農村救済を求める世論を背景とした農村救済策が論じられるようになる。政友会は会期末に政府に速やかな次期臨時議会の開催と、「通貨流通ノ円満、農村其ノ他ノ負債整理、公共事業ノ徹底的実施、農産物其ノ他重要産業統制等ニ関シ必要ナル各般ノ法律案及予算案」の提出を要求する時局匡救決議案を提出し、同案は衆議院において満場一致で可決された(109)。議会終了後の六月二三日、政友会政調総会では時局匡救策の具体的実施細目の調査と産業五ヶ年計画を八年度予算案において実現するための調査を行うことが決定した(110)。しかし七月一五日の幹部政調連合会で報告された成案には産業五ヶ年計画の文言はなく、代わって時局匡救決議に基づいた「第一、通貨流通の円満、第二、農村その他の負債整理、第三、公共事業の徹底的実施、第四、重要産業の統制〔米穀・蚕糸・肥料〕」が承認された。一四日の政友会東北大会の決議からは産業五ヶ年計画の文言に代わり、時局匡救が強調される(111)。農村救済を求める世論が高まるなかで政友会は、これまでの自党の主張からいってより強く「国民生活」重視の姿勢を示す必要があった。そこで政友会は、産業五ヶ年計画立案のなかで論じられていた財政支出による産業振興策・恐慌克服論から、世論を背景とした財政支出による農村救済策・恐慌克服論へと、主張の比重を移すのである。

また斎藤内閣では中央教化団体連合会が「農村の自力更生の精神作興運動を行ふこと」に意見の一致をみたことに対応し、七月一五日の地方官会議において斎藤首相と、高橋蔵相が「自力更生論」を説いていた(112)。高橋は、犬養内閣総辞職後の五月一六日に「国民が大いに目覚め政府に頼らず自分の力で大いに働き忍苦してくれるならば、我国の経済難をくゞり抜けて行けると思ふ、政府の財政は困難であるから民間実業家も政府に国庫補償を依頼せず、自力で活路を開いて行き経済難を克服する意気で進んで貰ひたい」とも話していた(113)。

対して政友会は、「自力更生」よりも徹底した匡救策の実現こそが政府の役割であると主張した。鈴木総裁は七月二四日の東北大会で「自力更生の志気を堅固にすることは必要」だが、「今日最も急要なることは、国家が国民に発憤の原動力を与へること」だと演説していた[114]。同じく太田正孝も、「今日の非常時は、自力にてはどうにもならぬから起こつたのである。農村や中小の商工業者たちは打つゞく不況にも自暴自棄せず、堅忍不抜、働きに働き抜いて来たが、しかし食べられないのである。飢へるのである」として、匡救策を行わずに自力更生を説くのは「責任のがれ」であると「政府当局者」を批判している[115]。

第六三議会（八月〜九月）で政府は、土木事業を中心とする時局匡救事業を三ヶ年計画で行うことを表明し、七年度分二億六三〇〇万円の予算を議会に提出した。高橋財政の財政支出は時局匡救事業と、満洲事変以後の軍事費による需要創出政策であり[116]、産業五ヶ年計画とは具体的な数値目標を示したか否かで異なるものといえる。しかし、恐慌克服のための財政支出という点で両者は共通するものがあった。また高橋財政の財政支出は産業五ヶ年計画が予定していた年額一億二〇〇〇万円、総額六億円という額を上回るものであった。高橋によって大規模な財政支出が行われるという状況の変化のなかで、政友会は自分たちこそ財政支出による恐慌克服論の先駆者であることを誇示するため、三ヶ年計画では緩慢だとして二ヶ年計画への改訂を要求する付帯決議を予算案に付し、さらなる農村救済策を政府に要求したのである[117]。

犬養内閣期における与党政友会と高橋との緊張関係は、五・一五事件後の農村救済要求の高まりのなかで農村救済策による恐慌克服へと主張の比重を移した潜在的野党政友会と高橋との緊張関係へと拡大する。そしてその延長線上に、昭和九年の第六六議会において政友会総裁派が、時の岡田内閣と同内閣でも蔵相を務めた高橋に対して、農村団体の要求を背景に農村救済策の徹底を突きつけた「爆弾動議」があるのである（第二章で後述）。

さて、政友会では恐慌克服・農村救済のための財政支出が強調される一方、重産法審議過程でみた自由主義・資本主義の修正といった主張がより広範なものとなっていく。そうした主張を明確にするのは、農林省によって、農村の経済的組織化による農家経営改善を目的とした農山漁村経済更生運動が進められるなか、次なる課題として米穀専売・統制の実現を目指した農村関係議員である。東武は既に犬養内閣期において、米穀統制は「国民生活の安定の為」に必要であり、「今更金本位制だの産業自由主義だのといつてをる時代」ではないと述べていた。また農政会は、米穀専売をはじめとする独自の農村救済案を立案していたが、土井権大は同案を「社会政策の見地に立ち自由経済組織よりして統制経済組織に進」むものと位置づけている[118]。こうした主張は農村関係議員にとどまらなかった。

山口義一幹事長は第六三議会を前に、安達謙蔵、中野正剛ら民政党離党者が「統制経済」の実行を含む新党樹立声明を発表したことに対して、自由主義経済の弊害が認められ「資本主義に対する呪ひとなり、之に対し統制経済が叫ばれるに至った」、「此の点に重きを置いたのは時代を見るの明あり」と評している[119]。山口は同時期の論説で、「個人自由主義」により文化は隆盛し、生活内容は向上したが、その徹底は弊害を招き、修正が主張されるに至ったという認識を示し、「個人自由」の弊害を是正する手段が重要さを持つことは当然だと論じている[120]。また、山本条太郎のもとで政調副会長を務めた大口喜六は、第六三議会開会前の座談会のなかで、中野正剛に「統制経済と云ふので、それは何か珍らしいことかと思つたところが私共のと殆ど違はない。一体どこが違ひますか」と問いかけている[121]。マスメディアや経済評論家が政友会の政策を統制経済の文脈から読み替えていたように、政友会でも同様の文脈から政策の読み替えがなされていたことが窺える。こうした政策の読み替えと、党内における修正資本主義的な主張の広まりとが軌を一にしていたことは想像に難くない。

そして、昭和八年には前田米蔵政調会長のもとで党の指導精神が作成される。前田は「政策の間を一貫せる理想」として、指導精神を掲げたと述べている。その第一「国民生活を基調とせる産業・経済・財政政策」では、「時勢の推移に順応して資本主義経済の弊を是正し、以て『国民生活を基調とする産業・経済・財政々策』を確立すべき」と謳われた。以後政友会では、「資本主義経済の弊を是正」するといった主張が一層広まることとなる。[122]

さて、山本条太郎は昭和七年末に政治家としての活動を再開し、犬養没後も経済国策の重要性を主張しつづけた。[123]しかし、復帰後の政界で山本は、政策立案者の役割よりも、第二章でもみるように政友会の長老として調停者の役割を担うようになる。政府と政友会との関係を緩和するための斎藤内閣との国策協定や、政策協定による政民連携運動はその一端だったが、犬養総裁期のように自身の政策で党内をまとめ上げることはなかった。[124]山本は経済国策の実現をみないまま、昭和一一年三月にこの世を去ることとなる。

6　転機としての五・一五事件

犬養総裁期における政友会の「積極政策」には、地方利益誘導にとどまらない新たな意味が与えられていた。まず、浜口内閣の緊縮政策・産業合理化政策との対比のなかで「合理的積極政策」として主張された。また「政治の経済化」を主張した山本条太郎を中心に立案された産業五ヶ年計画は、政府による財政支出・関税政策などによって産業振興を行い、恐慌克服を目指すものであった。それは「積極政策」に明確な目標値を設定し、「積極放漫」政策という批判に応えようとするものでもあった。政友会では、恐慌克服、「国民生活の安定」を図るために、政府が役割を果たすべきであるという考えが広がるなか、産業五ヶ年計画を中心とする十大政策が党の看板政策となるのである。その過程では農村関係議員から農村救済のための米穀専売が主張されたが、犬養―山本ラインの「産業立国主義」に基づく産業五ヶ年計画があくまで党の中心的政策であった。政友会は恐慌克服・国民生活安定という政治課題に対して、反対党からの批判に応え多くの国民から支持を得るため政策立案に取り組み、「積極政策」の改善を図った。昭和七年の総選挙においては、自党の政策を訴えて選挙に勝利した。政党内閣の終焉を早めたとされる二大政党の激しい政党間競争の背景には、政友会でいえば経済調査隊の派遣や山本政調会長下での政策立案といった、国民に直接働きかけ、政策を訴えかけることを重視した、当時の政党政治家の意識があったのである。

とはいえ、実際に政策を実現する段階となると、急速な政策実現を要求する党と、金融制度改革を行う一方で慎重な財政運営を図る高橋蔵相との間に緊張関係が生まれた。そのなかで構想されたのが産業五ヶ年計画を推進し、政府与党関係を調整するための国策審議会であった。しかし国策審議会は五・一五事件によって実現せず、政友会と高橋との緊張関係は緩和されず、政策も実施に至らなかった。五・一五事件後の政友会では、産業五ヶ年計画による産業振興策とそれに伴う財政支出による恐慌克服論に代わって、農村救済請願運動に代表される世論に傾斜した農村救済策が強調されるようになる。そして犬養内閣期の与党政友会と高橋との緊張関係は、「挙国一致」内閣期において議会多数を占める潜在的野党政友会と高橋との緊張関係へと拡大し、当該期の政治過程をも規定したのである。

一方、重産法審議過程でみたように、「国家存在ノ上カラ」、「自由主義ノ経済組織」を制限するために、政治が経済に介入すべきであるという主張があった（この点は「国家整調主義」を主張した民政党にも共通する）。その主張は政党内閣崩壊後にさらに広まり、資本主義経済の弊を是正するための「国民生活を基調とする産業・経済・財政々策」が党の指導精神に掲げられるに至るのである。政友会では、「国民生活の安定」という経済的政策を行うため政治が経済に対して役割を果すべきであるという議論が、「国民生活」の観点から受容されていた。それは、財政支出をともなう産業振興・農村救済策による恐慌克服論として、あるいは「自由主義ノ経済組織」の制限による資本主義経済の是正論として、それぞれ主張され、政友会のなかで広まっていったのである。

最後に本章の検討から次章以降の展望を示す。

古川隆久は政党内閣崩壊後、『国防の本義と其強化の提唱』などにみられる産業統制政策や経済更生運動のような新しい政策を立案する能力を蓄えていた軍部、官僚が台頭する一方、議会政党は独自の政策を示し得ず、政府の政策の行き過ぎ、不徹底を批判し、修正を求めるという受け身の傾向が一般化すると指摘する。[125] しかし、受け身に映る政党の対応も、本章が明らかにした、国民からの支持を得るため「国民生活の安定」を高唱し政策立案にあたった政党像の延長線上に位置づけ直す必要がある。換言すれば、政党がそうした対応をとった背景・論理は、政党と社会とのやりとりのなかから明らかにする必要があるということである。

また本章の冒頭でも解れたように坂野は、自由主義・資本主義を代表する政友会・民政党（既成政党）と、社会民主主義を代表する社会大衆党（無産政党）の対立を描いた。このなかで「国民生活」の改善に熱心なのは常に社会大衆党で、既成政党人の多くはそれを顧みないように描かれる。しかし本章が示したように、政友会も「国民生活の安定」を唱え、政策立案にあたっていた。一九二〇～三〇年代の政治史は、既成政党と無産政党が「国民生活の安定」という争点をめぐって政策を掲げ、国民からの支持を争奪していたという視角から捉え直すべきである。この際留意すべきは、政友会が産業五ヶ年計画による恐慌克服、「国民経済の充実と発展」[126]を主張していたように、金解禁と消費節約を訴えた民政党も「明日伸びんが為めに、今日縮む」[127]として将来的な経済的発展を主張していたことである。昭和期の二大政党は政策的な差異はあったとはいえ、いずれも経済的発展を主張して国民の支持を得ようとしていたのである。対して社会大衆党は、社会主義的政策の実現による「国民生活の安定」を主張するようになる。[128] 既成政党が資本主義経済の弊害是正と、経済的発展による「国民生活の安定」を主張したのに対して、無産政党は自由主義・資本主義の全面的な改革による「国民生活の安定」を主張し、国民からの支持を得ようとしたといえよう。

ここで確認しておきたいのは、五・一五事件の持った政治史上の意味についてである。五・一五事件は政党内閣制の崩壊という政治体制の形式的転換をもたらしたことのみに重要性があるのではない。政党主導による長期的視野に立った政策の変容をもたらし、その後の政党の政策のあり方を規定した点に政治史上の重要性があるのである。本章でみたように政友会内では、農村問題、思想問題を重視する主張があったにせよ、五・一五事件までは産業五ヶ年計画が党の政策の中心にあった。しかし、事件後の政友会は、長期的視野に立ち目標を定めた産業五ヶ年計画による恐慌克服論ではなく、農村救済を要求する世論を背景とした農村救済策による恐慌克服論に軸足を移し、その実現を政府に迫るようになる。政権中枢から離れた政友会が「国民生活の安定」を実現し、それを梃子に政権に返り咲くためとった政策は、世論の動向により強く依拠したものとなったのである。政友会は、短期的には農村救済を要求する世論を背景に政権復帰を目指すこととなる。その過程については、第Ⅰ部第二章で検討したい。

一方、既成政党が「国民生活」にかかわる諸要求を背景に議会を通じて政策決定過程への介入を試みるなかで、あるいは官僚による経済的組織化が進むなかで、政治の経済への介入の度合いが高まると、「国民生活」要求は複雑化し、その間で対立が生じることとなる。[129]既成政党は、拡散する「国民生活」要求を背景に政策決定過程への介入を図り、あるいは「国民生活」要求の調整を行うことで、政権復帰を目指すのであるが、その過程で多くの政党人は、政党とは、議会とはどのようにあるべきかを問い直されることとなる。その過程については第Ⅰ部第三章で検討する。

第二章　農村利益の噴出と政友会——第六六議会の「爆弾動議」と「憲政常道」

1　政友会の「爆弾動議」と農村利益

五・一五事件の発生によって、大正一四年（一九二五）から続いた政党内閣は途絶え、以降、政党の政策決定過程への影響力は漸減していく。とはいえ、これまで政権を担ってきた既成政党（政友会・民政党）は、法律案・予算案の協賛権を持つ衆議院に圧倒的多数を占めており、大日本帝国憲法によって規定されたその力は依然無視することができないものがあった。とりわけ、昭和七年（一九三二）の総選挙以来衆議院で過半数を占めていた政友会では、鈴木喜三郎総裁派が政権奪還への強い意志を持っていたのである（1）。

一方「挙国一致」内閣期の政治史研究は、政民連携運動とそれをめぐる政界再編成、政党内閣崩壊後に模索された体制構想の検討を中心に進められている（2）。なかでも坂野潤治は「挙国一致」内閣期の体制構想を、政友会・民政党の政民連携運動による「協力内閣」構想、単独内閣を目指す政友会総裁派の「憲政常道」構想、美濃部達吉が提唱した各界の代表者を集め超党派で国策を議論する「円卓巨頭会議」構想の三つに分類し提示した（3）。

坂野の研究を受けた政民連携運動研究として、松浦正孝の研究がある。松浦は、斎藤実・岡田啓介両内閣のほぼ全時期にわたって蔵相を務めた高橋是清を核とする、財界、利益団体、政党穏健派（民政党・政友会旧政友系・床次系）による超党派の政策協定路線に注目し、これを「高橋路線」と名付けた。松浦は、坂野が陸軍穏健派の宇垣一成を中心とする「協力内閣」構想に基づく政民連携運動を明らかにしたのに対して、「高橋路線」を支えた政党穏健派の政党間政策協定が、「円卓巨頭会議」構想に沿ったもう一つの政民連携運動だったことを明らかにした(4)。

しかし、政民連携運動の可能性と限界という視角からの研究が進む一方で、「憲政常道」構想に着目する研究は必ずしも多くない(5)。しかも政友会総裁派の「憲政常道」論も、「挙国一致」内閣期に衆議院の過半数を握っていた政友会が与党になるべきである、という以上のものではないとされる(6)。

ところで松浦は、超党派の政策協定路線の成果として、米穀問題をはじめとする農村問題に対応するための政策立案がされたことを挙げている。松浦は農村団体の側も、超党派での政策立案に期待しており、農村問題の「政治化」・「党派化」・政治過程への噴出には一貫して否定的であって、政党は十分に農村を取り込むことができなかったとしている(7)。政党内閣期における政党と農村団体の関係を分析した宮崎隆次も、政党が農村団体からの政策的要求に応えられず、五・一五事件以前に政党は農村からの支持を全く失っていたとする(8)。

政党内閣崩壊後、政党人の党派性が徐々に弱まること、農村団体が政党に対して強い不満を持っていたことは確かであろう(9)。しかし後述するように、農村団体が一貫して農村問題の「政治化」に否定的だった、あるいは政党が農村団体の支持を全く失っていたとは考えられない(10)。

本章は、政友会総裁派の「憲政常道」論、「挙国一致」内閣期の政党と農村団体の関係という二つの問題を考えるために、昭和九年（一九三四）一一月二九日から岡田内閣のもと災害対策のため開催された第六六議会の第五回予算委員会（一二月五日）において、政友会の東武によって提出された、いわゆる「爆弾動議」（以下煩雑を避けるため括弧を外す）に注目する。爆弾動議は岡田内閣が災害対策費として提出した三ヵ年約二億一一〇〇万円を予定する追加予算、ならびに年末からの通常議会に提出予定の昭和一〇年度予算案に、さらに約一億八〇〇〇万円の予算追加を要求し、要求に対して政府の明確な答弁が得られるまで予算委員会の審議を休憩するというものである。会期末の七日を前に、衆議院で過半数を占める政友会が予算審議の休憩を含む動議を提出し可決したことは、政友会の予算案否決、それに対する岡田内閣の衆議院解散を招くものと受け止められた。

一方、議会開会直前には政民連携が正式に締結され、政民連携運動は頂点に達していた。にもかかわらず、動議が民政党に連絡なしに提出されたことは、民政党の政友会に対する不信感を高めた。動議は結果的に政民連携運動を頓挫させる一因となる。先行研究では、動議は政民連携運動に否定的な政友会総裁派の政治的な陰謀とされる(11)。しかし、動議には昭和恐慌からの回復が遅れていた農村の主張、農村利益を代表する面があったという指摘もある(12)。そして、爆弾動議提出後、政友会に解散を辞さず動議を貫徹することを望んだのが、農会、町村長会、耕地協会という農村団体を中心とする利益団体だった(13)。本章は、こうした点を踏まえ、爆弾動議が持った政治史的な意味を、政治的陰謀とは異なる側面から明らかにする。

なお、本章では三つの利益団体のなかでも、農政運動の中心である帝国農会と、全国の町村長からなる全国町村長会の活動、ならびに各中央団体を構成する道府県団体の中央における活動を主に扱う。

2　斎藤内閣期の利益団体と政党

（1）斎藤内閣の農村対策

第一章でも触れた通り、昭和四年にはじまった昭和恐慌の影響がもっとも甚大だったのは、農産物価格の下落が直撃した農村であったことはよく知られている。斎藤実内閣の下で開かれた第六二議会（昭和七年六月一日～一五日）を前に、全国の農民団体は熾烈な農村救済請願運動を起こすなど、政府、議会、そして政党には請願・陳情が殺到した。衆議院では政友会から政府に対して速やかな臨時議会の開催と、農村救済のための予算案・法律案の提出を要求する決議案が提出され可決された。

対応に迫られた斎藤内閣は、第六三議会（八月二三日～九月五日）において多くの農村救済策を打ち出した。応急対策としては、農民に賃金収入をもたらすための土木事業を中心とする時局匡救事業を、三ヵ年八億円余の規模で実行するとした(14)。恒久対策としては、「自力更生」をスローガンとする農山漁村経済更生運動が開始された。経済更生運動は産業組合・農会において進められる。また米価政策として、米穀特別会計を拡大する米穀需給調節特別会計法中改正法律案などが成立した(15)。とはいえ農村関連予算は軍事費の拡大に比すると縮小傾向にあり、農村団体はより徹底した農村救済を求めて陳情を行うこととなる(16)。

（2）利益団体の動向

各道府県・郡市町村農会の中央団体であり、農事指導・農政運動を担う帝国農会では、第六三議会開会翌日の昭和七年八月二四日に全国農会大会を開き、農村匡救に関する宣言、決議を行った。決議では農産物価格の引き上げ、農家負債の整理、農家負担の軽減、農村の自力更生事業の助成をはじめとする要望が掲げられ、政府各省、各政党に陳情を行っている(17)。第六三議会では前述の米穀関連法案が成立し、第六四議会（七年一二月二六日～八年三月二六日）では、政府が米価を公定する米穀統制法と、農村における負債整理を行うための農村負債整理組合法が成立した。松浦も指摘するように(18)、米穀統制法は首相を会長とし、政民両党の農村関係議員も参加した米穀統制調査会によって作成されたものである。これにより、米価対策、農村負債整理問題については一時的に決着を見た。

このため か昭和八年六月一三・一四日の道府県農会長協議会決議事項では、「租税負担ノ均衡ヲ図ル可キ税制改正其他実現促進ニ関スル件」「郡市町村農会技術員俸給国庫補助ニ関スル決議」が掲げられるなど、農会では農家負担の軽減、農村の自力更生事業の助成に焦点が移った(19)。ここでは前者に注目する。

前者の内容は、農家負担の軽減となる税制改正・義務教育費国庫負担・市町村に対する国庫交付金の増額などを要望するものである。要求の背景には、①大蔵省・帝国農会の調査によれば、農業者の租税負担は商工業者の二倍ないし四倍にのぼり、負担均衡のため税制改正の必要がある、②農業者負担過重の要因は地方税の負担過重にあるが、地方自治体は財政難のため減税に必要な財源を捻出できない、税制改正を行うには中央・地方間での財政負担を是正する必要がある、よって地方自治体に対して国庫交付金を増額すべきである、という考えがあった(20)。農会では一五日から二〇日にかけて決議を掲げて陸軍省・海軍省・農林省・大蔵省・内務省など政府各省、政友会・民政党・国民同盟の各党、このほか平沼騏一郎枢密院副議長、在郷軍人会にも陳情を行った(21)。

九月一四日の全国農会大会では、月田藤三郎帝国農会副会長が、昭和七年八月の全国農会大会の決議で挙げた諸項目のうち、農家負担の軽減は全く取り残されているとしてその重要性を指摘した。大会決議では国民負担の均衡、米価の最低公定価格引き上げ、農会技術員給国庫負担の実現を期す旨が高唱された(22)。一五日から一七日には決議に基づき政府各省、政党、貴族院各派、新聞社、平沼副議長に陳情、農家負担軽減を訴えている(23)。

上記のように、帝国農会では米価政策のほか、国民負担均衡＝農家負担軽減の観点から地方自治体への国庫交付金の増額を要望していた。では、交付金を受ける側となる地方自治体ではどのような動きがあったのだろうか。

各道府県町村長会の中央団体である全国町村長会は、昭和八年四月一六・一七日の定期大会において「地方財政調整交付金制度ノ確立ヲ期ス」旨の決議を行い、同制度の実現を求めて運動していた(24)。交付金制度自体は、昭和恐慌の影響などによる地方自治体の税収減・財政難を背景に、昭和七年八月内務省地方局から提案されていた。全国町村長会では同年九月にも交付金制度確立の決議を行うなど、その成立を希望していた[25]。しかし同案は八年度予算編成時に大蔵省の査定により削除されたため、全国町村長会は同案の実現を目指していたのである。

ここで注目すべきは農会と町村長会の連携である。昭和八年八月一九日福島県では、全国町村長会の福井清通主事と帝国農会の増田昇一幹事参加のもと、県農会と県町村長会との間で合同協議会が持たれ、会合の結果、両者が協力して制度の確立を目指すことを決定した[26]。一一月一五日の全国町村長大会でも、「昭和九年度に於て『地方財政調整交付金制度』の確立を期す」決議が採択されるとともに、来賓の月田帝国農会副会長が「系統農会に於ても交付金制度の実現を切望」する旨の挨拶を行っている[27]。なお、帝国耕地協会でも六月六日の第七回耕地事業者大会において、耕地拡張改良事業進展のため政府に昭和九年度以降も時局匡救事業を継続するよう求める決議を行い[28]、全国町村長会に協力を求めた[29]。町村長会もそれを受け入れており、ここでも連携を確認できる。

さて、政府は昭和八年末、翌九年度予算編成において、大蔵省の査定により農山漁村関連予算を大幅に削除した。内務省関連・地方財政調整国庫交付金五八〇〇万円、農林省関連・肥料政策、農会技術員給国庫補助、救農土木など三三〇〇万円はほぼ削除された[30]。

これを受けて一一月二一日、農業関連八団体の中央団体（中央蚕糸会・帝国農会・帝国耕地協会・帝国水産会・産業組合中央会・全国町村長会・全国養蚕業組合連合会・全国山林会連合会）の代表者が帝国農会事務所において会合を持ち、農村は未だ復興途上にあるとして予算復活を求める声明書を発表し、首相、関係各省、各政党本部を訪ね陳情を行った。二七日にも重ねて声明書を発表するなど、農村団体は活発な陳情活動を行っていたのである[31]。

（3）　農会人の政党・議会認識

以上見てきたように、各団体は政府のみならず政党にも陳情を行っていた。政党内閣崩壊後も各団体にとって、政党、議会は有力な陳情先だったことがわかる。その一方、陸海軍省、在郷軍人会、平沼騏一郎枢密院副議長が陳情先に含まれていることは何を意味するのであろうか。ここで、経済更生運動のきっかけとなった自力更生運動を提唱する一方、農会における活発な農政運動を牽引していた兵庫県農会長山脇延吉が、昭和八年夏頃に行った講演を見てみよう。山脇は昭和八年末に関西二府十七県農会を基礎に大日本農道会という帝国農会の別働隊を結成する「関西二府十七県の有力者」であり、一四年にはその影響力を背景に帝国農会副会長に就任する。(32)

山脇は農村問題に関して、農林省は心細く、政党は陳情に対して「大体に我々の党是と似てゐるが、我々の党是とはこの点が少し違ってゐる」といってつかまえどころがない、と不満を訴えている。一方、農村の子弟を多く預かる陸海軍省は農村に同情を有し、平沼も農村に理解を有する、と論じている。(33)大日本農道会を設立した山脇は、会の顧問に荒木貞夫陸軍大将・千坂智次郎海軍中将を招いており、農村問題解決にあたって軍部への期待があったことを窺わせる。また平沼は昭和九年末から一〇年初頭、数度にわたり農会長、市町村長を自邸に招待し、最終的に自身を中心とする農村自治研究会を結成するが、同会にも山脇や、全国町村長会会長福沢泰江らが参加している。(34)農村団体でも政党以外の政策実現経路が模索されていたといえよう。

しかし、ここで注目すべきは山脇が講演で述べた農村の持つ「偉大なる力」である。(35)山脇は、昭和七年総選挙時の有権者総数を掲げ、「都市の投票箱」に対し農村は三つ半持ってゐる」のであり、農村のために代議士を「利用」しなければならないとする一方、「兵員の七割以上を農村の子弟に持つ皇軍の基礎は即ち農村である」ことを強調し、「まことに選挙権と兵役の二つは農村に於いて絶対権を把握してゐる」と論じている。山脇にとって選挙権は兵役に並ぶ「絶対権」と認識されているのである。政党に飽き足らない山脇においても、代議士を「利用」し、議会を通じて政策実現を図ることが重視されていることが窺える。

また帝国農会では、先に見た米穀統制法の成立や、農会技術員給国庫負担問題の解決にあたって、帝国農会の議員団体である農政研究会の尽力を評価している[36]。政党内閣崩壊後も政策実現の経路として議会、議員の重要性は減じていなかったのである。

とはいえ議会、議員を重視する姿勢が、政党へのそれと軌を一にするわけではないことは勿論である。政党は各団体の議会に対する期待を、政党に対する期待へと転じさせる必要があったのである。

（4）政党の対応

当然のことながら政党は各団体の陳情に反応していた。第六五議会（昭和八年一二月二六日〜九年三月二六日）では、政民両党ともに政府案の不十分を批判した。米価政策では政府提出の臨時米穀移入調節法案など三法案が不徹底であるとし、法案不備を修正するための臨時議会開催を要求する付帯決議を可決した[37]。交付金制度についても各党から法案が提出され、各党提出法案を「地方財政補整交付金法案」に一本化して可決し貴族院に送った[38]。法案は審議未了のため成立しなかったが、各党は利益団体の求める政策を推進する姿勢をとっていたといえる。また、政友会の米穀対策実行委員は、「帝国農会主催の各派よりなる農村代議士農政会《（マヽ）》にはなるべく多数出席すること[39]」を申し合わせている。多数が出席することにより、農会からの支持を繋ぐ意図があったのであろう。

しかし、利益団体は要求実現のため、特定政党に偏することなく陳情を行っていたと思われる。一例として全国町村長会の交付金制度に関する運動報告をみると、政党に対する陳情はそのほとんどが「各政党」、「各党本部」、「各党幹事長」、もしくは政民両党に対して行われている。また、全国町村長会の大会には、政友会・民政党・国民同盟の代議士がそれぞれ招かれていた[40]。各党は利益団体の要望を取り入れることで支持を得ようとするものの、利益団体は特定の政党を支持することはなかったといえよう。政党の対応にも、衆議院において法案を成立させたとしても、政府に融和的な貴族院を通過しない限り法案は成立しない点に限界があった。

3　岡田内閣期の利益団体と政党——爆弾動議提出まで

（1）岡田内閣の成立と政友会の臨時議会開会要求

昭和九年七月、斎藤内閣の総辞職を受けて岡田啓介内閣が成立した。民政党が町田忠治・松田源治の二名を閣僚に送り準与党となったのに対して、政友会は自党への大命降下の期待、岡田首相からの入閣交渉のもつれなどから、閣僚を送らず野党となることを党議決定した。党議に反して入閣した床次竹二郎・内田信也・山崎達之輔、その他政務官就任者は党から除名された。しかし党内では岡田内閣に敵対的な総裁派と、岡田内閣に融和的な旧政友系、党内に残留した床次系の対立が深まることとなる。

一方で昭和九年は全国的に冷害・旱害・風水害などの災害に見舞われた年でもあった。災害対策のため、また前議会での付帯決議を根拠として臨時議会を開くべきであるという声は高まっていた。

農会では、八月に道府県農会長協議会を開催し、米穀・蚕糸問題の即時解決と、政府の次年度予算に国民負担の均衡と、時局匡救事業の継続とを盛り込むよう要求する決議を行った。農会では斎藤内閣期と同様に、米穀・蚕糸問題・農村負担軽減が重視されるとともに、昭和九年度が最終年度であった時局匡救事業の継続を強く要望していたのである(41)。

町村長会でも岡田内閣成立直後道府県町村長会長会を開催し、交付金制度の確立、時局匡救事業の昭和一〇年度以降継続を協議決定して、政府、各政党に陳情した。九月にも同様の決議を行うなど、交付金制度実現を目指す一方、時局匡救政策の継続を要望していた(42)。帝国耕地協会も六月の大会において時局匡救事業の継続を求める決議を行った(43)。

このような救済要求の高まりを背景に、政友会は政府へ圧力をかけていた。八月二五日、九月一三日には、山口義一・加藤久米四郎・胎中楠右衛門各総務、若宮貞夫幹事長が岡田首相と会見し、農村の窮乏は政友会が八月から九月にかけて行った党情民情調査[44]、「各地農民代表の陳情」によって明らかであるとして、農村対策のための臨時議会開会を要求した。二七日には鈴木総裁自ら岡田首相に会見し臨時議会開会を改めて要求した[45]。一〇月から一一月に開催された各地方党大会でも、災害対策、恒久的農村対策を求めて臨時議会の開催を期す旨の決議がなされるなど[46]、政友会は農村問題・災害対策を重要政治課題として取り扱い、岡田内閣に迫ることとなる。

（2）　利益団体の救済要求と政党の対応

当初岡田首相は臨時議会開催に消極的であったが[47]、九月中旬に京阪神を襲った室戸台風を受けて、災害対策のため一一月末に臨時議会を開催することを決定する。一〇月末には大蔵省において昭和九年度追加予算案（災害対策費が主）、一〇年度予算案を確定したが、藤井真信蔵相の健全財政路線によって、一〇年度予算案でも地方財政調整交付金制度ほか、農村関係の新規要求はほとんど削除されることとなった[48]。

農会では、一〇月一八〜二〇日に道府県農会長協議会を開催し、九年末から開催予定の通常議会ではなく、「来るべき臨時議会に徹底的救済政策」の実施と「重要農政問題」の解決を要求する決議を行った。決議は「今次の災害に直面し一層急を要するを以て直に之を断行すること」として、地租減免及び地方財政調整交付金制度の樹立を求めるものであり、一〇年度の実現を期すとした八月の協議会に比して要求を強めていたことが窺える[49]。大蔵省の査定終了後、帝国農会は予算復活に際して「此際は政党に対し来たるべき議会に活動を乞ふ」ことが肝要として各党に陳情を行った。

ここで興味深いのは陳情団に対する政民両党の反応である。まず帝国農会陳情団に対する政友会と民政党の対応をみてみよう。[50]政友会（若宮幹事長、岡田忠彦、熊谷直太、高橋熊次郎各総務、砂田重政政調会長）では、陳情団からの、政府の政策では農村は救済できない、この際政党が一大決心のもとに来るべき議会で奮闘してほしいという訴えに対して、「吾々は大なる決心を以て政府に当たる心算」であり、「農会としても相呼応して窮乏農村打開の為に大いに自奮して貰ひたい」と農会に政友会と呼応するよう激励している。一方民政党（大麻唯男幹事長、松田竹千代青年部長）では陳情団に対して、「大体において御同感」であり「議会において十分質問し農村の実情に対して善処すべく最善の努力を致したい」と述べるに止まった。

このような政民両党の温度差は、全国町村長会陳情団に対しても同様である。[51]一一月九日に開催された全国町村長会大会の決議を掲げ、政友会本部（若宮幹事長、岡田、高見之通各総務ほか）を訪問した陳情団は、交付金制度の実現は、「民意を代表する政党の力に依る外はない」と政友会に奮起を望んだ。若宮幹事長は「吾々政党は民意を代表して居るのである。その意味に於て何処までも主張をする覚悟である。諸君に於ても十分に努力して貰ひたい」として町村長会の協力を望んでいる。陳情団は、政友会が「政党としては此の問題に就て大分覚悟」をしており、「私共は大いに意を強くして帰つて参つた」と、町村長会大会において行った報告を締めくくっている。対して民政党本部（富田幸次郎総務）を訪問した陳情団は、「政党の力に依つて大蔵大臣を動かし、何処までも吾々の目的を貫徹」するため協力を依頼した。富田総務は「既に党議としても此問題は実現させなくてはならないといふ決議をして居るような次第」であり「出来うる限り諸君の希望に添ふよう努める」と応えるに止まっている。陳情団は「何分のお力添へを仰ぎたいといふことをお願ひをして置いて引き下がった次第」として、陳情経過を報告している。

岡田内閣への姿勢からいって、政民両党の対応に差があるのは当然である。しかし、政友会、特に若宮幹事長はじめ総裁派と目される議員が、利益団体側に協力を求めていることからは、利益団体の支持を背景に農村救済要求を掲げて政府に迫ろうとする総裁派の様子を窺うことができる。政友会が夏に実施していた党情民情調査報告は、政友会は必要があれば政策を掲げて政府と一戦交え国民に信を問うべきであり、その際は特に農村問題を掲げたい、という北信地方の党員の声を伝えてもいたのである[52]。

陳情団に対応した若宮幹事長は、第六六議会開会直前の政友会議員総会において、「憲政の運用を滑かにし、民意の暢達を期することは、政党を中心とする政治であらねば、決して為し能ふものではない」、「国民の多数は官僚内閣恃むに足らず、国民の救済は政党の活動に頼るほか無いと認識して居る、殊に国民が我が党に懸ける信頼は大なるものがある」と演説している[53]。若宮は、国民の救済要求に応えることができるのは、民意を代表する政党中心の政治によるほかないことを強調しているのである。こうした豪語の背景に利益団体からの陳情があったことは想像に難くない。

4　爆弾動議の提出とその展開

(1)　第六六議会（昭和九年一一月二八日〜一二月一〇日）

臨時議会において政友会は、藤井真信蔵相の健全財政路線攻撃を眼目としていたが、藤井蔵相は議会開会直前の一一月二六日体調悪化のため辞任し、高橋是清前蔵相が後任となった。政友会は高橋に蔵相就任を拒否するよう求めたが、高橋はこれを拒否して入閣したため、「離別」というかたちで事実上除名した。元政友会総裁である高橋の入閣は、政友会に大きく動揺をもたらした。一方岡田内閣は高橋の入閣により甦生し、閣内における権力構造も、後藤文夫内相を中心とする「新官僚」から、高橋蔵相を中心とする政党出身者に移った[54]。

一一月三〇日の衆議院本会議において高橋は、昭和九年度から一一年度の三ヵ年で、災害復旧費として約二億千百余万円を追加する予定であると演説した[55]。対して政友会の岡田忠彦は、政府の農村関連予算は一般の農村を省みていない、現に長野県会は、長野県には農業土木費が全く計上されていない、「モウ政府ハ頼ルニ足ラヌ、偏ニ政党ノ力ニ依ッテ救済ヲ求メル」と陳情に来たとして予算の僅少を批判した[56]。山崎達之輔農相は、長野県にも土木費は配分される予定であって誤解であると答弁しており、実際、長野県会も山崎の説明に応じて陳情活動を中断している[57]。

しかし、長野県会陳情団が一度は「政党ノ力ニ依ッテ救済ヲ求メ」たように、農村団体でも政府が要望を受け入れなければ政党に陳情するほかなかった。全国町村長会は一二月一日に、「予算委員会に於て該制度〔交付金制度〕の明年度実施を言明せしむる様尽力方各政党首脳部へ依頼状」を発送した。また道府県農会長協議会実行委員会は一一月二九日決議を発表し、九年度追加予算・一〇年度予算ともに農村救済のための予算が僅少であるとして政府各省、政党本部へ陳情を行った[58]。山脇延吉率いる兵庫県農会の機関紙は、政府提出の予算案を「非常時農村打開内閣の不認識を愈々暴露した」ものと評した上で、「吾々はこれ迄の努力に対するこの仕打ちを見るとき湧然たる憤激の情禁ぜざるものがある。しかし今となつては最後の努力――議会よりない。捲土重来の勢いを以て議会の開会を俟ち獅子奮迅せなければならない[59]」と論じている。彼らが期待していた軍部も軍事費を削ってまで農村救済を行う意志はなかった[60]。政府も軍部も期待に応えない以上、彼らの要求を実現させる場が議会しかなかったことは明らかであろう。

予算委員会では政友会はじめ各党が揃って政府予算の僅少を指摘したが、それらはあくまで指摘に止まるものであった。一方、政友会では一二月二日に岡田忠彦が幹部会において「災害予算に不満の意」を持つ有志代議士の意向を伝えている。翌三日、政友会の災害地方並養蚕地方選出議員は災害予算は過少であるとして緊急協議会を開き、岡田を座長として協議、決議を行い幹部に進言している[61]。決議は災害予算の増額、交付金制度の実現を要求するもので、農会、町村長会の要望と共通するものがある。そして五日、政友会の東武が爆弾動議を提出し、政府に対して動議に関する明確な答弁を要求し、回答があるまで審議を休憩することとなったのである(62)。

ここで注目すべきは、東が行った動議の説明である(63)。東は予算の不足を批判する一方で、動議の趣旨の根幹を「第一ハ災害予算対策、第二ハ時局匡救対策、第三ハ自治体窮乏打撃ニ対スル対策」と説明する。具体的対策の第一には「地方自治体ノ財政ヲ補整スル為ニ、新タニ交付金制度ヲ設クルコト」が掲げられ、このほか「農村振興並ニ養蚕地方等ノ匡救土木事業ヲ起スコト」などが挙げられた。

また一億八〇〇〇万円の内訳を「十年度ニ新ニ一億五千万円ヲ追加シ、九年度ニ地方財政調整交付金ヲ三千万円交付シテ、残ル一億五千万円ヲ十年度ニ追加スレバ、丁度七年、八年、九年ト同様ノ平準マデニ、此予算ガ達スル」と説明している。動議は地方交付金を主とし、時局匡救政策の継続を要求するものであり、農会・町村長会・耕地協会の要求と一致するものであった。

帝国農会・全国町村長会・帝国耕地協会の三団体は協議の結果、「臨時議会提出の政府予算案は何んとしても軍事費中心で窮乏のドン底に喘ぐ農村救済の施設は全く言ふに足らず、これに対する不平不満は地方に満ち満ちてゐる際であるから、政治論は別として政友の態度には全面的に賛同しなければならぬ」として、「政友方面の主張貫徹を鞭撻し増額要求の側面運動」を起こした(64)。また「東氏の提案は予ねての帝農代表の言はんとしてゐた所を堂々所論したものであるとて歓迎し」、「今後の政局は何うあらうと農村方面の政友会に対する見方は此の問題を契機として相当好転する(65)」ともみていた。

六日夜には芝三縁亭において、高橋熊次郎総務はじめ政友会の有志代議士と、三団体の委員との合同懇親会が開催された(66)。爆弾動議の提出により政友会は、各団体の議会に対する期待を、政友会に対する期待に転じさせる機会を得た。また、農村問題は「政治化」して政治過程に噴出し、利益団体は「党派化」の可能性を帯びたのである。

三団体が動議を支持した理由は前述の通りだが、それとともに会期末に予算組み替えを迫る動議を提出し、予算否決の構えをみせるなど、政友会が決定的な態度を示したことに、各団体が要求の実現可能性を見い出したことにあるようにも思われる。

これに対して岡田内閣は六日午前の閣議において、政友会が動議の内容を強要する場合は議会を解散することを決定した。決定を受けた政友会では、内閣に融和的な旧政友系と床次系が政府との妥協・協調を主張した。政民連携運動の中心人物であり、旧政友系の領袖でもある山本条太郎は、「国家非常の今日」、また災害対策予算の成立を前に議会を解散に導くのは残念だとして、政府と政友会の協調のため奔走した(67)。一方で災害地地元議員有志代議士会は動議貫徹を求め、党内の意見は二分された(68)。六日夜の総務会では、三団体との合同懇親会に参加した高橋総務が「全国町村長とも吾が党の態度に共鳴している」と動議の貫徹を望んだものの、最終的な決定は総裁一任となった(69)。結局鈴木総裁は災害予算の通過を理由に（三団体では解散の場合も災害予算は緊急支出されるはずであり、「何等心配は要らぬ」としていたのにもかかわらず(70)）、「政府の誠意」が認められるようであれば動議の内容を強要しないことを決めた。

七日の予算委員会において、政友会は予算案に付帯決議を付して通過させた。総裁派は第六六議会において爆弾動議を貫徹し得なかったのである。しかし、付帯決議は爆弾動議と同内容の予算の追加を望むものであったため、決着は年末から始まる第六七議会に持ち越されることとなった。

(2)　第六七議会（昭和九年一二月二六日〜一〇年三月二六日）とその後

さて、山本条太郎は山崎農相を窓口に政府と政友会との妥協を試みていた。しかし、高橋蔵相は「政党の強要によつて予算を提出することは、〔大蔵省〕事務当局の意見の如く政府の予算提出権を自ら抛棄し議会の協賛権の拡張を図る結果となる」として、[71]交付金制度を軸とする爆弾動議と関係しない第二予備金（災害が起きたときなど、予算外に生じた経費を支出するためのもの）一五〇〇万円を昭和一〇年度予算案へ追加するにとどめた。高橋、大蔵省は、政友会が爆弾動議によって利益団体の主張を背景とし、議会を通じて予算編成過程に介入することが、「議会の協賛権の拡張を図る結果となる」ことに懸念を持っていたのである。

これを受けて政友会では、鳩山一郎ら総裁派が、爆弾動議の中心である交付金制度が受け入れられなければ、政府提出予算案は返上すべきだと主張し、議会の解散を辞さない態度をとった。鳩山に近い政治評論家山浦貫一は、「政友会で本当に強いのは、鳩山君と若宮幹事長、爆弾三勇士山口義一、安藤正純、岡田忠彦の三君その他その系統」、「純理派の堀切善兵衛、大口喜六等もまた強硬派」と党内の様子を伝えている。

一方、山本、前田米蔵ら旧政友系や床次系の党員は、あくまで政府との妥協、協調を主張した。[72]山本は六六議会と同様、国内事情、国際情勢から見て、議会を解散に導き予算を不成立に終わらせるのは適当ではないと論じている。[73]「国家非常の今日」、国内外の情勢を鑑みれば政党は自重し、政府と協調すべきであるという主張は、山本ら政友会旧政友系・床次系・民政党主流派といった穏健派の主張に共通する論理であった。[74]

総裁派でも島田俊雄・松野鶴平が政府との妥協を主張し、党の大勢は政府との妥協に傾いた。鈴木総裁自身は予備金の支出程度では農村は救済されないと述べていたが、結局「国家内外の情勢に鑑みて予算案の成立はやむを得まい」として予算案賛成の裁断を下し、[75]予算は衆議院を通過した。政友会総裁派の強硬論は、「国家内外の情勢」を理由に自重を求める旧政友系・床次系の穏健論を乗り越えることができなかったのである。

また、農会と産業組合が六七議会での成立を見込んでいた米穀自治管理法案などの諸法案が、米穀商はじめ都市商工団体の反発運動によって不成立となると、両団体は危機感を強めた。農会では、「党派に偏せず」、「真の農村の味方」を作り出すため運動を開始する。また昭和一〇年からはじまる選挙粛正運動は農会、町村長会の非党派化を促進した[76]。

岡田忠彦は山口義一の伝記のなかで、以下のように爆弾動議を振り返っている。

あり態に云へば、此の動議は山口君や自分等が率先して提議したものではない、併し最後まで之を死守したのは我々であつた。……我々は政府の出方によれば解散まで導くものたるは万々承知の上で賛成したものだ。解散辞する所でない、否解散を甘受して天下に政党の主張の当否を問ふは方に今日に在りと信じたのである。会議の席上此の硬論を唱へて終始して渝らざりしもの、中に安藤正純君と山口義一君と自分とがあつた。茲に誰いふとなく爆弾三勇士の名が宣伝せられて来た。……我々は党内の各種の事情を諒とせぬものではないが、併し自分は今日も爆弾動議の取扱方に対し痛恨を覚ゆ、戦は勢である。攻守の時を得ると否との差は其の跡歴然たるものがあつて、将来に於ても深く省察すべきと思ふ[77]。

岡田・山口・安藤、そして鳩山ら政友会総裁派は解散を覚悟の上で爆弾動議を推進していた。また彼らが「解散を甘受して」「天下」に問わんとした「政党の主張」、爆弾動議には農会・町村長会・耕地協会の支持があった。それは各団体の議会に対する期待を、政友会に対する期待、そして支持へと転じさせる機会でもあった。しかし、総裁派の強硬論は穏健派の主張を前に挫折し、政友会はその機会を捉えることができなかったのである。政友会が昭和一一年二月の衆議院議員総選挙において、議席を二四二から一七四に減らした上、鈴木総裁まで落選する大敗を喫して衆議院第二党に転落したことを考えると、政友会、特に総裁派からすれば、「攻守の時を得ると否との差はその跡歴然たるもの」があったといえよう。

5　「爆弾動議」と「憲政常道」

これまでみてきたように、政党内閣崩壊後も利益団体は政策実現の経路として議会、政党を重視し、陳情を行っていた。とはいえ、利益団体の目標が要求の実現にある以上、より広範な支持を得ることが重要であり、特定政党を支持することはなかった。山脇延吉にみたように、利益団体も政党ではなく議会の権限に期待していたと思われる。そのなかで利益団体の議会に対する期待を特定政党、すなわち政友会に対する期待、そして支持へと結びつける契機となり得たのが爆弾動議であった。しかし政友会は党内の意見対立からその契機を捉えることができなかったのである。

さて、松浦が明らかにした「高橋路線」は、政治問題の「非政治化」を目指したものであり、農村団体も農村問題の「党派化」には一貫して否定的だったとしている。爆弾動議の提出は政治問題・農村問題を「政治化」し政治過程に噴出させるものであったし、利益団体も動議を受けて「党派化」の可能性を示したのである。高橋は政友会の動きを、利益団体の支持を背景に、議会を通じて政策決定過程に介入しようとするものと捉えていた。爆弾動議は「高橋路線」への挑戦を意味したと思われる。

そして動議貫徹を強硬に主張した政友会総裁派が、解散も辞さなかったことを考えれば、彼らの「憲政常道」論が「衆議院の過半数を握る政友会が与党になるべき」という以上のものではなかった、という従来の位置づけは適切ではない。総裁派の安藤正純は岡田内閣成立当初から、岡田内閣の重大使命は総選挙を行うことであり、政府は国民の信望を問うために議会を解散すべきことを論じていた(78)。彼らにとって「憲政常道」とは、二大政党の交代という「憲政常道」を意味していただけでなく、民意を代表する政党が政治の中心であるべきであるという意味での、素朴な「憲政常道」を意味していたといえよう。[79] だからこそ、自らが民意を代表していることを証明するため「解散を甘受して天下に政党の主張」を問うことを望んだのである。

爆弾動議をめぐる政治過程は政党内閣崩壊後の政策決定過程の再編をめぐる、政治路線の交錯の現れと捉えられる。それは、松浦が明らかにした、行政府が議会・利益団体を取り込む一方、政党は行政府と一体化し、政策決定過程の一部分となることで政権に復帰しようとする政治路線と、本章が明らかにした、政党が利益団体、そして選挙を通じた民意を背景に、議会を通じて政策決定過程への介入を図ろうとする政治路線の交錯である。そして後者の政治路線は、民意を代表する政党が政策の統合主体であるべきだという意味での政党内閣制への復帰を含意していたのである。しかし政友会総裁派の強硬論は、「国家非常時」を理由に自重を求める党内の穏健論を前に挫折した。爆弾動議を梃子とした政友会総裁派の支持基盤拡大は頓挫し、政党内閣制への復帰もならなかったのである。

さらに第六十七議会においては、農村団体の組織化がもたらした利益団体間の対立が議場に持ち込まれ、団体間の対立は深刻なものとなる。その対立が党内派閥・党派を超えて政党内に波及するなかで、政友会総裁派の政治路線が抱えた矛盾もあらわとなる。その過程については次章で検討する。

第三章　政党内閣崩壊後の利益団体と二大政党——多様化する「民意」への対応

1　多様化する「民意」と二大政党

序章・第一章でも論じたように、昭和恐慌は同時代の政治・経済・社会に多大な影響を与えた。そのなかでも注目すべきは、政治が「国民生活」に関与する面を広げる契機となったことである。一九二〇年代から徐々に進んでいた財政支出の拡大、経済的組織化の進展、経済の計画化、行政国家化といった諸現象は、恐慌下・恐慌克服過程において一層の進展をみせたのである(1)。こうした状況下において、一九二〇年代から活動を活発化させていた各種の利益団体も組織化を進展させる(2)。まず、農村問題に対する政府の政策的関与の増大によって農業団体(3)（特に産業組合）に対する保護助長がなされ、農業団体の政治的・経済的組織化が進展した(4)。一方、産業組合の事業拡大が中小商工業者などを圧迫しはじめると、各種の商工団体は結集し、いわゆる「反産運動」（商工団体側は「商権擁護運動」と称した）を起こす。恐慌、そして恐慌対策がもたらした政治的影響の一つは利益団体間の主張の多様化、そしてその対立を生んだことにある(5)。

本章は利益団体の諸要求と対立、すなわち昭和恐慌後における「国民生活」の多様化と拡散化のなかで、二大政党立憲政友会・立憲民政党がいかなる役割を果たしたのかを、職能的対立が激しく衝突し、大規模な大衆運動の形をとって議会へ波及した事例を中心に考察する。具体的には、第二節で政党内閣期から「挙国一致」内閣期にかけての農村利益の噴出を、第三節で産業組合と反産運動の対立を、第四節で馬場税制改革案をめぐる諸団体の対立を、第五節で国民健康保険法案をめぐる産業組合と医師会の対立を中心に取り扱う。

政党内閣末期、イギリス型の議院内閣制を模範とした政党政治の正統性は大きく揺らいでいた(6)。また、世界恐慌の進展と統制経済論の高まりにともなって、職能団体別に議員を選出する職能代表制論や、各種団体の代表者を網羅する経済参謀本部論といった、政党を介在しない政治的統合、利益調整のあり方が論じられてもいた(7)。政党と利益団体との関係を検討することは、議会、政党はどうあるべきかという同時代における問いとも極めて密接な関係にあるといえよう。本章は、既存議会制度の改変や、政党を介在しない利益調整のあり方が論じられるなかで、組織化を進展させた各種利益団体の多様な主張に直面した二大政党の政治家が、議会、政党、そして自らの存在意義をどのような点に見出したのかを、先に挙げた諸事例の考察を通じて明らかにするものである(8)。

2　農村利益の噴出と二大政党

政党内閣期における二大政党の対立のなかで、利益団体が両党に及ぼし得た影響力は限定的だったことは既に指摘されている(9)。本節ではその点を、農家経営指導、農政運動を担った戦前期最大の農業者団体系統農会（法制化は明治三二年、頂上団体帝国農会は四三年の農会法改正により設立）と、超党派で農村問題を取り扱うため、明治四〇年に結成された系統農会の議員集団農政研究会（以下農政研と略記）の関係から確認する(10)。そして、政党内閣期における両者の関係が政党内閣崩壊後における農村救済を求める世論の高揚のなかで変化していく過程を明らかにする。主たる対象は同時代における恐慌対策の主要課題の一つであった米価政策である[11]。なお、前二章と一部重複する部分があるが、本章第一節では特に政党内の農村関係議員集団と農業団体との関わりを中心に論じていく。

(1) 政党内閣期の農政研究会

昭和初頭、米価は低落傾向にあり、第五六議会が開会される昭和三年一二月には約二八円にまで下落した[12]。農会は、議会会期中に道府県農会長協議会を開催し、米価維持のため米穀法による米穀買上と米穀法運用資金の拡大（二億円から四億円）を要求する決議を行い、首相・蔵相・農相と、政友会・民政党・新党倶楽部に陳情している。四年二月に開催された全国農会大会（於赤坂三会堂・丸の内鉄道会館、参加者一五〇〇名）でも同様の決議がなされ、道府県から二名ずつ選出された実行委員が陳情を行っている[13]。農会の運動に呼応した六〇余名の農政研有志は超党派で連携し、米穀法運用資金を四億円に拡大する米穀需給調節特別会計法改正法案を衆議院に提出したのである[14]。

田中義一政友会内閣では、三土忠造蔵相が財政上の観点から運用資金拡大に難色を示していた。しかし、結局は運用資金を七〇〇〇万円拡大する米穀需給調節特別会計法改正法案を政府が提出することと引き替えに、議員提出法案を撤回させて事態の収拾を図った。野党民政党も賛成にまわり、三月一五日の衆議院で原案通り可決され、貴族院での審議を経て同法案は成立する。

帝国農会幹事増田昇一は、特別会計拡充という成果を得た要因の一半は農政研の活動にあるとして、今後も農政研が「政党党派を超越」して、農会とともに農村問題の解決に取り組むことへ期待を寄せている[15]。しかし、四年三月政友会の農村関係議員は農政研とは別個に農政会なる団体を、民政党の農村関係議員も同年中に農政懇談会なる団体をそれぞれ設立している。両党の農村関係議員は「政党党派を超越」するのではなく、農業団体を自らが属する政党に引きつけようとしていたのである[16]。

さて、昭和恐慌によって農産物価格が暴落するなか、五年の大豊作の影響によって一石あたりの米価が二〇円を割り込んだことは、農村経済にさらなる打撃を与えた。しかし、第五九議会（五年一二月～六年三月）における米穀法中改正法案の審議過程では、農政研の「政党党派を超越」した動きは起こらなかった。改正法案の争点は、米穀法発動の当面の基準として「率勢米価」（一般物価の趨勢を基準とした米価の趨勢値）を定め、その最高・最低価格を超えた場合にのみ米穀法を発動するとしたことにある。四年七月に田中内閣の後を受けて発足していた浜口雄幸民政党内閣は、米穀法の発動基準を厳格にすることで財政負担を軽減し、緊縮財政政策を堅持しようとしたのである[17]。一方、緊縮財政政策の転換を主張した政友会は、東郷実・胎中楠右衛門ら農村関係議員を委員会に送り、緊縮財政政策、「率勢米価」を鋭く批判している。両党の農村関係議員は経済政策をめぐる政民両党の対立の渦中にいたに過ぎなかったのである[18]。

なお六年中には、政友会の農村関係議員と全国の系統農会幹部有志を中心に「日本農村救済連盟」の設立が検討されている[19]。これも農会を自らの属する政党に引きつけようとする動きの一つといえよう。

(2)　政党内閣崩壊後における農村救済世論の高まり

昭和六年一二月、浜口内閣を引き継いだ第二次若槻礼次郎民政党内閣に代わり、犬養毅政友会内閣が成立する。翌七年二月の総選挙では、政友会が三〇〇を超える議席を獲得した一方で、民政党の獲得議席は一四六にとどまった。選挙で大勝を収めた犬養内閣であったが、五・一五事件の発生によって総辞職を余儀なくされた。政友会は鈴木喜三郎内相を後継総裁に推戴し大命降下を待ったが、大命は予備役海軍大将斎藤実に降下した。これによって斎藤を首班とし、政民両党から閣僚をとる「挙国一致」内閣が成立し、政党内閣は中断することとなる。

一方、六月に開かれる第六二議会を目標に、北信不況対策会、自治農民協議会といった農民団体が政府・議会に対して農村救済請願運動を行うなど、農村救済を求める世論が急速に高まった[20]。農会では大衆運動は行わなかったが、議会会期中に道府県農会長協議会を開催し、農家負債整理、農産物価格引上、農家負担軽減を求めた「農村救済断行ニ関スル決議」を行い、首相はじめ関係各省、政民両党、新聞社などを歴訪陳情している[21]。

こうした世論の動向に影響された第六二議会では、政府に対して速やかな臨時議会開催と、農村救済のための法案・予算案の次期議会提出を要求する時局匡救決議案が政友会から提出され、衆議院で満場一致可決された。対応に迫られた斎藤内閣は、第六三議会（八月～九月）において時局匡救事業をはじめとする農村救済策を打ち出している。

農村問題の政策的比重の上昇は、政民両党の農村関係議員が再び超党派での提携を強める契機ともなった。七年六月、帝国農会は、農会の主張を実現するためには「農政研究会の甦生が最捷径」だとして農村関係議員と懇談を重ねた。参加議員からは「農村の非常時に於いては政友、民政などといふ党派心を没却して農会を中心とした農政研究会の発展」を策すべきである、政民両党別に「農政研究会類似のものを作つたが、其結果は少しも成績が挙らず手を焼いて居る」、「前非を悔ひ、農政研究会の組織の強大を望むや切である」という趣旨の発言がなされている[22]。

第六四議会（七年一二月～八年三月）では米穀法を強化した米穀統制法が成立した[23]。米穀統制法は米価の最高・最低価格を設定し、設定価格を超えた際は政府が無制限に米穀を買い上げる、もしくは売り渡すことで米価維持を図るものである。同法は、首相を会長とし、農政研の中心的人物だった東武（政友会）と高田耘平（民政党）も参加した米穀統制調査会で作成されたものであった。また農会では、米穀統制法のほか農会技術員給国庫補助をはじめとする諸要望を農政研を通じて果たそうとし、農政研の議員もその実現を図った[24]。さらに、東や高田は、農会の農政運動を牽引していた兵庫県農会を中心に設立された大日本農道会に対する期待を兵庫県農会幹部に伝えるなど、農会の活動が一層活発化することを望んでもいたのである[25]。

3　米穀自治管理法案をめぐる農業団体・商工団体の対立と二大政党

農業団体は、農村救済を求める世論の高揚を背景に政府・政党、そして農村関係議員へ働きかけることで、自らの要求を実現してきた。しかるに、昭和一〇年の第六七議会では米穀自治管理法案、産繭処理統制法案、肥料業統制法案の三法案を中心とする農業関係諸法案が廃案となる。廃案となった要因は、各法案の成立によって多大な不利益を蒙ると認識した商工団体による激烈な運動にある。農業団体は商工団体の運動に対抗して政府・議会、政党に働きかけたが奏功しなかったのである。本節では、利益団体間の対立が二大政党に対していかなる影響を与えたのかを、第二節に引き続き米価政策（米穀自治管理法案）を中心に検討する。

（1）　産業組合と商権擁護運動

法案の審議過程を検討する前に、法案をめぐって争う各団体について確認しておく。まずは、戦前期において農会と並ぶ農業団体であった産業組合である（明治三三年〔一九〇〇〕産業組合法による。頂上団体産業組合中央会は四二年の同法改正により設立）。産業組合は信用・購買・販売・利用の四種類からなり、経営する事業に応じて信用組合・購買組合・販売組合・利用組合が設立された。市街地にも存在したが大半は農村組合である。農会が農家経営指導と農政運動を担ったのに対して、産業組合は農村経済の組織化を担っていた。

産業組合が農会をしのぐ勢いで拡大する契機は、周知のように昭和七年から農林省主導で進められた農山漁村経済更生運動である[26]。経済更生運動は農村の経済的組織化によって農家経営の改善を図ろうとするものであり、産業組合は運動の中核的実行機関として位置づけられた。産業組合は、経済更生運動に対応して七年一〇月に「産業組合拡充五カ年計画」を発表し、組合未設置村への組合設置、全戸加入、四種兼営の推進、各種事業の拡大などの実現に邁進する。経済更生運動がはじまる以前、産業組合は信用事業を中心としていたが、五カ年計画によって購買・販売・利用の各事業は、七年を一〇〇とすると、一二年には三事業とも二倍以上の拡大をみせ、著しく発展した(27)。

しかし、組合員が産業組合を通じて肥料や雑貨などを購買する購買事業や、米をはじめとする農産物を販売する販売事業の急激な発展は、商工業者との競合、商工団体の反発を招いた(28)。八年一〇月には各種商工団体が結集し、全日本商権擁護連盟（以下全商連と略記）なる団体を設立するに至るのである。全商連は、日本商工会議所（設立年昭和二年、以下同）・東京商工会議所（明治二四年）・全国米穀商組合連合会（昭和七年）・日本実業組合連合会（昭和八年）・全日本商店街連盟（昭和六年）・全日本肥料団体連合会（昭和五年）・三都文具商同業組合（昭和八年）・全国醤油醸造組合連合会（大正一五年）・全国売薬業団体連合会（設立年不明）の九団体で組織された団体である(29)。全商連の結成趣旨には、補助金・助成金の交付や免税といった産業組合への「政府の過大不当なる保護助長政策」は「購買組合販売組合の不自然なる躍進と発展」を促しており、「中小商工業者は絶大深刻なる脅威と圧迫とを受け其の商権は正に危機に瀕」している、よって中小商工業者の「正当なる商権を擁護」するため産業組合に対する「保護助長政策」の撤廃を求めるとある(30)。九年二月に開かれた地方支部代表者会議では、購買組合・販売組合への助成策廃止などを訴える商権擁護に関する請願文が決議され、農林・商工両大臣に陳情を行うとともに、中小商工業者約五万の署名を添えて議会に請願を行っていたのである(31)。

(2) 米穀自治管理法案審議過程

さて、米穀自治管理法案は政民政策協定（昭和九年四月〜一〇年四月）で作成した案をもとに、政民政策協定委員で農林省米穀局顧問に就いていた東武と高田耘平も参加した、農林省米穀顧問会議において作成されたものである。政民政策協定は「挙国一致」内閣期に模索された政民連携運動の一つだが、そのなかでも政策を中心に政民両党を結びつけようとするものであった。協定事項は米穀対策と思想対策・教育制度改革である。前者は第六五議会で、後者は第六四議会で、政民両党が共同の決議を行っていたため協定事項として妥当とされたのである。[32]

同法は東・高田のほか、政民政策協定委員の島田俊雄（政友会）・小山松寿（民政党）も参加した米穀対策調査会（九年内閣に設置）の審議を経た上で衆議院に提出される。同法は、内地・外地を通じて生産者に米穀統制組合を結成させて過剰米を管理させることで市場から隔離し、米価下落の抑制を図るものである。また内地では、米穀統制組合の事業を産業組合（産業組合が存在しない地域は農会）が代行できるとされていた。同法が立案された背景には、米穀統制法による政府の米買上数量が約一二〇〇万石に達し、米穀債務も約五億円に累増していたことがあった。[33]

同法に猛反発したのが米穀商であった。米穀商は、生産者による自治管理はこれまで米穀の配給機能を担ってきた米穀商の存在を否定し、生活権・営業権を脅かすものであるとして法案の撤回を要求した。特に産業組合による米穀統制組合事業の代行については強い反感を示している。[34]九年一一月の全九州米穀商連合会大会を皮切りに、東北六県米穀業者大会、関西米穀商大会が開催され、米穀自治管理法案絶対反対を決議した。一二月の全国米穀商組合連合会幹事会では、全国米穀商大会の開催、大会経費の支出分担方法、各地方大会の開催と各地出身貴衆両院議員への陳情実施が決定されるなど運動の強化が図られたのである。[35]

全国米穀商大会は昭和一〇年二月八日、「喰ふか喰はれるか」、「絶対に生命線を死守せよ」、「暴案を支持するは非国民なり」といった激烈なスローガンが会場両国国技館に貼りめぐらされるなか開催された。約二万人の米穀商が集結した大会では法案の「潰滅」を期すことが決議された。また首相以下関係大臣、政党に対する陳情もなされた[36]。

米穀商の大規模な大衆運動を前に、政民両党では事前に政策協定がなされていたにもかかわらず、党派を超えて法案への賛否が入り乱れることとなる。政友会首脳部は、これまでの経緯からいって法案は通過させるべきという見解に立っていた。民政党でも法案への対応は政民政策協定委員へ一任されていた。にもかかわらず、政民両党内では六大都市選出議員による法案への反対論が噴出していたのである[37]。

二月二六日、事前に議会傍聴券を集めていた米穀商が傍聴席を占拠し「一抹の殺気さへ漂ふ」状況のなかで、米穀自治管理法案の審議は始まった[38]。米穀自治管理法案特別委員会には、四〇名（うち四名補欠）の委員のうち、農業団体の役職経歴を有する者が七名参加している一方、六大都市選出議員が一三名、商工団体役職経験者が四名参加している（一名重複）[39]。一方、第二節で触れた米穀統制法の特別委員会（第六四議会）には、六大都市選出議員、商工団体役職経験者は一名も参加していなかった[40]。同じ米価政策に関する法案でありながら、両特別委員会の構成はまったく異なっていたのである。法案をめぐる情勢がもたらした結果といえよう。

法案審議では、都市選出議員が米穀商同様の主張を繰り広げる一方、農村関係議員と目される者も情勢に圧倒されて、農会が主張していた外地米統制に関する法案の不備を指摘するにとどまり、積極的に原案支持を主張しなかった。

農業団体側は、同法がこれほど問題になるとは予期しておらず米穀商の運動に対して後手にまわっていた[41]。産業組合は三月四日になって、農村産業組合の政治的活動を担当する全国農村産業組合協会の大会を開催し、法案絶対通過を決議した。また、関係大臣、各政党に決議書を示すほか、道府県の代表者が地元選出代議士を訪問し、法案への賛否を問いただすことを決定している（於赤坂三会堂、参加者一三〇〇人、政友会太田正孝・民政党高田耘平演説）。一八日には農会も全国農会大会を開催し、法案成立を求める決議を行い、実行委員による各方面への陳情を行ってい

る（於日本青年館、参加者一五〇〇人、政友会高橋熊次郎・民政党高田耘平演説）[42]。

一一日には全国農村産業組合協会大会、全国米穀商大会が同日に再度開催されるなど、両者の対立は頂点に達した。日本青年館・青山会館で開催された全国農村産業組合協会大会には六〇〇〇人が参加した。大会では法案の無修正通過をはじめとする事項を決議している。また、各種の運動も継続することとなった。このほか産業組合の青年組織、産業組合青年連盟（八年四月設立）の活動は、法案賛成の認印を貰うため法案審議委員を戸別訪問し、不在の場合は帰宅まで待機するという強硬なものとなっている[43]。一方、両国国技館で開催された米穀商大会には二万人が参加した。また、安藤正純（政友会）、中島弥団次（民政党）、野田文一郎（国民同盟）、朴春琴（無所属）らが来賓として演説している。大会終了後には実行委員による各方面への陳情がなされた。一四日には政友会を訪ねた米穀商の代表が、午後一時から一〇時間にわたって政友会本部講堂に「籠城」する事態も起きたほか、宮城前では土下座する米穀商従業員と警官との流血騒ぎにまで発展するなど、陳情は過熱化の一途をたどった[44]。米穀商が熾烈な運動を繰り広げるなか、日本実業組合連合会は法案反対を決議し、日本商工会議所は貴衆両院議員二二名を招き法案の否決を懇請していた[45]。三月一二日に開かれた全商連支部代表者協議会は、販売組合・購買組合への助成策廃止を主眼とする「産業政策の調整確立に関する決議」を行い、実行委員が農林・商工・文部・陸海軍各省および貴衆両院、各政党本部を歴訪陳情している。さらには中小商工業者三万人の署名を集め、議会に対して「産業政策の調整確立に関する請願」を実施した[46]。

米穀自治管理法案の質問通告者は二三名を数えていたが、一三日の段階でも一五名を残していた。そこで委員会理事による協議の結果、質疑を打ち切ることで了解がなされた[47]。政民両党は法案への態度を決定することとなったが、法案への賛否が党内で錯綜するなかでそれは容易なことではなかった。

政友会では、再三にわたり協議が重ねられていた。しかし二〇日の協議では八時間の議論を経ても、なお意見は平行線をたどった。結局二二日を目途として東武米穀自治管理法案特別委員会委員長と安藤正純総務（特別委員会委員）に妥協案の作成が一任され、二二日に同法特別委員間では成案をみた。同日開催された総務会では議論百出の末、法案は大局的見地から成立させるべきであるとして、産業組合・農会による代行を特別な事情があるときのみに限定するなどの修正案が決定し、ようやく党議決定に至った(48)。

民政党では一五日に都市選出議員二五名が、米穀自治管理法案は議会終了後設置予定の内閣審議会に付議すべしと決議している(49)。本議会提出法案は廃案にすべきであるという主張にほかならない。二一日には党幹部と法案特別委員の連合会が開催されたものの賛否両論がありまとまらず、法案への態度は政友会と折衝の上で決めるとして事実上棚上げされた。先述の通り政友会の態度が決まったことで、二三日の秘密代議士会において政民政策協定委員への一任が決定された。同日政民両党は、政友会の修正案を基礎に法案を共同修正して通過させることで合意している(50)。

同法案は二四日、産業組合に対する監督強化や、商工団体に対する保護助長を求める付帯決議を付して衆議院で可決された。しかし、法案が回付された貴族院では、衆議院で紛糾した重要法案を短期日の審議で通過させるわけにはいかない、という審議権尊重論が大勢となり、法案は審議未了で廃案となったのである(51)。

（3）法案審議未了後の展開

①政党の動向

米穀自治管理法案等をめぐって起きた大規模な「大衆運動」に対して、政民両党は強い衝撃を受けていた。政友会の議会報告書には、米穀自治管理法案をめぐって「曾てその例を見ざる深刻にして大掛りの民衆運動を惹起」した、「今期議会を通じて、職能的分野の対立、もしくは都市と農村との利害対立を示したことは見逃すべからざる事実で、将来に憂ふべき俑を作つた」といった危惧が示されている。民政党の議会報告書は、米穀商と農会・産業組合の運動を「普選運動以来の大衆運動」とまで評していた。[52]

また、両党では中小商工業者と産業組合との協調が論じられ、それが総裁演説にも反映されるようになる。[53]民政党では、六月から六大都市調査及び農村調査を実施するが、八月になるとその調査の成績に鑑みて、「産業組合と商権擁護連盟との抗争を防止する意味に於て、両者の調整を計るべく」小委員による調査がなされる。昭和一一年の総選挙直前に発表した十大政策の第一〇には「中小商工業と産業組合との整調」が掲げられた。[54]

一方、政友会は政調会に「六大特別委員会」を設置している。その一つは「官僚的統制」の可否と、職能的分派激化の緩和等を調査目的とする「統制政策検討特別委員会」である。議会終了直後の政調総会で特別委員会設置を発表した若宮貞夫政調会長は、米穀関連法案をはじめとする諸法案は「職能的対立」、「都市と農村との利害対立」をみており、「相互の調和」が必要であると論じている。鈴木総裁も「都市と言はず農村と言はず、万人の斉しく認めてこれならと首肯するに足るやうな立派な政策を樹立したい」、「先般米穀法案に関連して院外に一大反対運動が起つたが、例へばあゝいふ際などにも右顧左眄してその帰趨に迷ふことのないやうな確乎不抜のものでありたい」としている。[55]政友会は、秋の府県会選挙を前にして開催された政務調査総会において新政策を公表するが、そこでも「近時激化せる産業組合運動と商権擁護運動とに対しては、両者が本来中産階級に属する点に顧み、相克することなく、互に協和の途を図るべきである」とされた。[56]

そして、八月の政友会臨時大会では鈴木総裁が、九月の民政党近畿大会では町田忠治総裁が、それぞれ産業組合と中小商工業者の対立を指摘し、その緩和の必要性を演説していたのである。[57]

②「民意」と「立憲政治」

ところで、商権擁護運動の名付け親で、一時商権擁護連盟理事も務めた渡邊銕蔵は、米穀商の運動の成果について「国民の政治的代表者が此の言〔米穀商の猛烈な運動〕に聴従するこそ、選良の務めであり立憲議会政治の神髄である」と論じている。また、米穀商の運動は「議会史始まつて以来未曾有の真摯、熱烈なる民衆運動」であり、「其議会に対する反響を見て初めて議会政治の妙諦に触れたる感がする」とまで述べている。[58] 議会が米穀商の要望を受け入れたことが「選良の務め」、「立憲議会政治の神髄」、「議会政治の妙諦」だといわんばかりの議論といってもよいだろう。

ここで想起したいのは第二章で検討した「爆弾動議」に際しての政友会総裁派の動向である。総裁派は、民意を代表する政党が政治の中心であるべきだという意識のもと、農村利益実現を要求する利益団体の主張、換言すれば、農村利益という特定の民意に応えることで政権復帰を試みた。政党が特定の民意を推進力として政権復帰を目指すこと自体は、あり得る戦略の一つといえる。しかし、前節でみたような利益団体の対立という形で現れる民意の多様化は、そうした戦略の抱える難題を如実に示している。全国各地から様々な職能との関わり合いをもって選出された議員の集合体である政民両党は、利益団体間の対立が激化した際に、いずれか一方の民意を背景に政府に迫るどころか、いずれかの利益を代弁する議員間の対立によって党の統制をとることすら難しくなったのである。

また、各団体が自らの要望を受け入れることこそ「選良の務め」、「立憲議会政治の神髄」、「議会政治の妙諦」とするなかで、いずれかの民意を背景に自党の党勢回復を図ろうとすれば、意見が受け入れられなかった側の「選良」、「立憲議会政治」に対する不満、不信を生じさせるであろうことは容易に想像し得る。産業組合と中小商工業者との調和という主張は、そうした傾向への対処法であったと考えられる。

一方、政友会政調会の統制政策検討特別委員会は、次のような報告を一二月の政務調査総会において行っている。[59]

同委員会委員長は、政府との協調によって政党の復権を図ろうとしていた政友会穏健派の前田米蔵である。

国家全局ノ上ヨリスル産業統制上ノ各種重要問題ノ審議、農、工、商、各般ノ利害ノ調節及統制上ノ紛議ノ裁定、生産、分配消費相互ノ調和乃至各省間及内外地間ノ統制方針ノ統一等ニ就テハ少クトモ総理大臣直属ノ総括機関トシテ常設中央統制委員会ヲ設置スルノ要アルベシ

政友会内には、民意を代表するのは政党であるとした総裁派の議員がいる一方[60]、経済参謀本部論や「円卓巨頭会議」構想と一脈通ずるような、「総理大臣直属ノ総括機関」によって政府の利益調整機能強化を図ろうとする構想を有した議員も存在していたのである[61]。

③利益団体の動向

さて、各利益団体は政党側の思惑をよそに活動を活発化させていた。注目すべきは昭和一〇年の府県会議員選挙、一一年の衆議院議員総選挙に際して、各団体が自らの利益を代弁してくれる議員を得ようとしたことである。帝国農会では府県会議員選挙を控えた一〇年八月、全国の農会に「情実に陥らず、党派に偏せず、以て真に農村の味方たるの士を選挙すること」と檄を飛ばした[62]。また、総選挙直前には「衆議院議員総選挙に対する農業者の覚悟」と題する声明を発表し、農会年来の主張実現に努力する代議士を選出することを呼びかけたほか、道府県農会と連名のポスターを一町村平均一〇枚以上、一枚刷りを平均百枚以上ずつ作成し配布することなどを道府県農会長協議会で決定した[63]。さらに、帝国農会首脳部は農会関係候補を選定し、幹部による応援演説も行っている[64]。

産業組合でも、全国農村産業組合協会の組織強化がなされたほか、産業組合党結成が議論されるなど、政治的自

立化を図ろうとする動きが起きていた[65]。総選挙直前には「政党政派ノ如何ニ拘ラズ真ニ農村ノ利益ヲ念トシ産業組合ニ理解アル士ヲ選出センコトヲ期ス」決議を行ったほか、ポスター・ビラ計一〇〇万枚を全国に配布している。また、千石興太郎産業組合中央会常務理事名義で高田耘平・助川啓四郎・東武らに推薦状が発送されている[66]。

商工団体側では、全国米穀商組合連合会が一〇年六月の幹事会で、府県会議員選挙と総選挙に向けて組合員中から適当な人物を立候補させ、連合会に理解のある人物を応援し当選させることが議論された[67]。全商連では各府県連盟支部のもとに支会を組織し、産業組合の政治的進出に備えることが決まっている[68]。

こうした各団体の動向が、選挙戦にいかなる影響を与えたかについては、稿を改めて詳細に検討する必要がある。しかし、いくつかの新聞記事は、立候補者が「農村陣営」の呼びかけに応じ農村問題をとりあげるものの、商工業者からも票を得る必要から両者の板挟みとなり、主張する農村救済論も抽象的なものとなったこと、中小都市では都市と農村の調和を主張するものが多かったことを指摘している[69]。職能的対立が候補者それぞれの地盤を引き裂きかねない事態への対応が、抽象的な農村救済論、都市と農村の調和論であったと考えられる。

一一年二月二〇日の第一九回衆議院議員総選挙の結果は、民政党二〇五議席、政友会一七四議席、昭和会二〇議席、社会大衆党一八議席、国民同盟一五議席、中立・無所属他三四議席となった。政民両党ともに議席は過半数に満たず、予算案・法案の協賛権などを単独で行使できなくなった。選挙の結果を受けて政友会も含めた挙国一致大連合が模索され始めるが、その矢先に発生したのが二・二六事件である[70]。

(4)　米穀自治管理法案の成立

二・二六事件により岡田内閣は総辞職を余儀なくされ、代わって広田弘毅外相が首相に就任した。広田内閣には政友会、民政党から二名ずつ入閣し、政民両党は準与党的立場となった。

戒厳下で開かれた第六九議会（昭和一一年五月）には、米穀自治管理法案ほか第六七議会に提出された農業関連法案が再び提出された。再提出された米穀自治管理法案は第六七議会の衆議院修正案を全面的に反映したものとなっている。法案の再提出を受けて各団体は再び政府・議会への運動を強めた。とりわけ農会では、議会対策事務局を設置するなど陣容の強化が図られた[71]。これに対して米穀商は、東京が戒厳下にあったため大阪で全国米穀商大会を開催し、法案絶対反対の宣言及決議を可決している。さらに、東京に近い横浜市で第二回大会開催を試みたが、神奈川県当局からの警告により断念している[72]。戒厳下の東京では第六七議会で行ったような大衆運動は展開できなかったのである。

さて、政友会は法案が前議会の修正を踏まえたものであったこともあり、原案賛成で一貫していた。一方民政党では六大都市選出代議士会が反対を表明するなど党内は再び紛糾したが、「今日の内外の情勢に鑑み」付帯決議を付して法案を成立させることで意見の一致をみた。政民両党間の協議によって、衆議院では法案に反産運動側に配慮した付帯決議を付した上で原案の通り可決され、貴族院でも可決された[73]。米穀自治管理法案をはじめとする農村関連法案は、前議会に比すれば平穏裡に成立したといえよう。とはいえ、第六九議会が戒厳下で開かれた特異な議会であったことは看過できない。利益団体間の職能的対立は二・二六事件以後も続くのである。

4　馬場税制改革案と地方財政調整交付金制度をめぐって

本節では広田内閣馬場鍈一蔵相によるいわゆる馬場税制改革案と地方財政調整交付金制度（以下地方交付金制度と略記）を検討対象とする。その理由は、馬場税制改革案が都市・農村間の税負担を大幅に変更することを試みたものであり、同案をめぐって各団体の軋轢が生まれ、政治的な争点となったことによる。

（1）地方交付金制度実現要求と馬場税制改革案

第六九議会において政民両党は、昭和一一年度予算案にそれぞれ希望条項を付して可決していた(74)。両党の希望条項はともに、中央地方の負担均衡を図る税制改革、地方交付金制度の確立を要求するものである。希望条項が付された背景には、昭和八年以来の同制度確立要求がある。農会では都市・農村間の負担均衡（＝農村負担軽減）の観点から地方交付金制度の創設を要求していた。地方財政悪化の対応策として同制度を要望していた全国町村長会も、農会と連携して活動していた。諸政党が各団体の要求を背景に、地方交付金制度の創設を政府に迫っていたのは第二章で確認した通りである。

さて、庶政一新を標榜した広田内閣は、各省へ国策案提出を求めていた。その際、国策の取捨選択にあたったのは馬場蔵相と、馬場蔵相の幕僚役を務めた大蔵省主計局である(75)。内務省提出国策案では、大蔵省の査定により地方交付金制度が重要国策に認定され、広田内閣七大国策の三に「中央、地方を通ずる税制の整備」が置かれた(76)。地方交付金制度の立案も税制改革案とあわせて大蔵省主導によって行われることとなる(77)。

九月二二日には馬場蔵相から提出された税制整理案要綱が閣議決定され、一般にも公表された。その内容は法人所得税の増徴、財産税・売上税・有価証券移転税を創設する一方で、地方税の大部分を占めながらも重課が指摘されていた戸数割を廃止するものである。これにより国税は六億八〇〇〇万円の増税、地方税は二億九〇〇〇万円の減税となり、差引三億九〇〇〇万円の増税となる。また、戸数割に代わる地方自治体の財源としては二億九〇〇〇万円の地方交付金を再分配するとされていた(78)。

一方、内務省が検討していた地方交付金制度案は、地方税総額の約一割にあたる五七〇〇万円を地方交付金とし、戸数割はじめ諸税の減免に充てるものである。各政党が主張していた案も内務省案とほぼ同様であった(79)。馬場税制改革案での地方交付金制度は、内務省案、そして政党案とも根本的に異なる抜本的な改革案だったといえよう。

税制改革案に対する諸団体の反応はそれぞれ異なっていた。従来から地方交付金制度実現を要求してきた農会・町村長会は税制改革案を歓迎した[80]。一方で産業組合は、地方交付金制度自体は評価したものの、これまで課税が免除されていた法人税・有価証券移転税の課税対象となったことには猛反発している[81]。商工団体では売上税への反発が強く、日本商工会議所・日本実業組合連合会・工業組合中央会等の各種商工団体が、全国各地で集会を開催し関係各省に陳情運動を実施することとなる[82]。

それでは、税制改革案に対する政党の反応はどのようなものであったのだろうか。政民両党に共通してみられるのは、税制改革により農村と都市の負担均衡がなされるとしても、戸数割を廃止して交付金に代えることは地方の独自財源を奪うものである、という批判である[83]。一方、農村関係議員では党の方針とは異なる反応を示す者もいた。政友会の助川啓四郎は「今度の税制改革案は相当思ひ切つた改革案」であり、地方的負担不均衡の是正は充分その目的を達成でき、地方財政も遙かに改善されると高く評価していたのである[84]。

第七〇議会開会直前の政友会党大会大会宣言、民政党党大会での町田忠治総裁演説からも税制改革案に対する修正の意図がみえる[85]。しかし地方交付金制度が絡む税制改革案をいかに修正するかは明確ではなかった。政民両党は税制改革案をめぐる諸団体の対立のなかで、再び第六七議会同様の局面を迎える可能性があったのである[86]。

（2）　第七〇議会における地方交付金制度の展開

第七〇議会は、昭和一二年一月二一日に本格的な議事が開始される。しかし、その矢先に起きたいわゆる「腹切り問答」をきっかけに広田内閣は総辞職を余儀なくされた。その後、宇垣一成への大命降下、陸軍の反発による宇垣の大命拝辞という紆余曲折を経て、林銑十郎内閣が二月二日成立する。林内閣は財界の第一人者である日本商工会議所会頭結城豊太郎を蔵相に迎え、さらに結城の依頼で三井財閥の池田成彬が日本銀行総裁に就任したことなどから、財界では林内閣に好意的な空気が生まれた[87]。一方林は、政友会の中島知久平、民政党の永井柳太郎に入閣を要請したが、離党を条件としたため両者は入閣しなかった。林内閣に対して政友会は是々非々主義を、民政党は好意的中立の態度をとった[88]。しかし、政党出身大臣は少数政党昭和会の山崎達之輔農相のみとなり、林内閣の議会での基盤は脆弱であった。

結城蔵相は就任直後に税制改革案修正の意向を漏らし、四日には税制改革案を撤回して所得税・物品税などの増税案を提示した。また地方交付金制度は単年度の「臨時地方財政補給金制度」とし、交付額は二億四〇〇〇万円から七〇〇〇万円に減額し戸数割の軽減に充てるとした[89]。交付金制度の恒久化がなされなかったこと、そして交付金額が大幅に減少したことから、農会・全国町村町会は、地方交付金制度復活を目指して全国大会を開催して地方交付金制度確立を要求する決議を行い、地方系統団体に同調を求めたほか、各方面へ陳情を展開している[90]。

二月一二日には政民両党の対政府強硬派、俵孫一・斎藤隆夫（民政党）、浜田国松・東武（政友会）らが、「結城財政は馬場財政に比すれば優れる事万々であるが力の一番弱い農村を圧迫して収支の体裁を整へたのは遺憾至極」として、交付金問題を政民両党で協議するよう首脳部に進言することを申し合わせている。一八日農政研も総会を開き、交付金の「徹底的増額」と次期議会における抜本的な税制改革案の実現を決議し、二〇日には農政研実行委員が結城蔵相、河原田稼吉内相に決議を手交し「熱烈なる運動」を行った[91]。

一八日に再開された衆議院予算委員会において勝正憲（民政党）は、交付金の増額を検討しないか政府に問いただしたが、結城蔵相は予算の増額を行う考えはないと答弁している。しかし、二五日に再び勝が質疑に立ち、各団体の激しい陳情の様子を紹介した上で政府の再考を要求し、政友会の牧野良三も重ねて再考を要求すると、林首相、結城蔵相は修正に応ずる旨を答弁した。牧野は答弁を受けて政府と議会との間で懇談会を開催するよう提案し、政府側も応じたことで懇談会の開催が決定する[92]。

二六日に会談した永井柳太郎民政党幹事長と安藤正純政友会幹事長は、交付金問題は政民協議の上で決定することなどを申し合わせている。二七日には両幹事長と、予算委員の勝、大口喜六（政友会）の会合がもたれ、「政府提出の七千万円に更に四千五百万円を増額して一億千五百万円」とすることを求めるほか、小山松寿予算委員長と小会派に申し合わせを通告し協力を求めている[93]。

二八日に開かれた懇談会打ち合わせ会において、政府は二〇〇〇万円の増額を示唆している。しかし三月一日に開かれた懇談会では、政府が議会側の要求を聞くにとどまった（政府側からは結城蔵相他関係閣僚、議会側からは小山予算委員長、予算委員の勝、大口らが参加している）[94]。三日、永井・安藤両幹事長は二〇〇〇万円では満足できないとしてこれを一蹴することとし、政府の回答には政民歩調を合わせて対策を協議することを申し合わせた[95]。同日夜の第二回懇談会で政府側は三〇〇〇万円の増額案を提示し、政民両党はなお不満ではあるものの、提案を受け入れることで意見の一致をみる[96]。これによって交付金は総額一億円という大台に乗り、増額分は昭和一二年度追加予算案に組み込まれることとなった。衆議院予算委員会では小山予算委員長が政民両党の意を体して林首相と結城蔵相に交付金制度に関する質問を行い、両者から、次期議会に抜本的な税制改革案を提出する、都市・農村の不均衡を痛感するが故に交付金額を三〇〇〇万円増額した、という言明を引き出している[97]。追加予算案は二九日に成立した。

政民両党は、税制改革案をめぐる諸要求の対立によって第六七議会同様の混乱に見舞われる可能性があった。しかし、馬場財政から結城財政への転換を機に、両党は農業・農村団体の交付金制度実現要求を背景に協調して行動することで政府から妥協案を引き出した。両党は、党機関誌で補給金の増額に至る経緯を紹介するなど、自党の働きを誇示できたのである[98]。

5　国民健康保険法案をめぐる産業組合・医師会の対立と二大政党

税制改革案をめぐる諸要求の対立を政変により回避したかにみえた政民両党であったが、第七〇議会でも団体間の対立に巻き込まれることとなる。それが国民健康保険法案をめぐる産業組合と医師会の対立である。

国民健康保険法は、市町村を区域とする普通国民健康保険組合、職業別の特別国民健康保険組合を漸次設立させて健康保険事業を行わせることで、国民大多数を占める農山漁村民及び中小商工業者が負担していた重い医療費負担を軽減することを目的に立案されたものである。同法は、農村における無医村問題の解決策としても期待されていた[99]。

同法は昭和八年頃から内務省社会局で検討されており、省内での調整を経て一〇年一〇月には「国民健康保険制度要項」が社会保険調査会（内務省設置）に諮問されている。そして広田内閣の七大国策、「四、国民生活の安定」の項目に「（ロ）保健施設の拡充」が組み込まれ、第七〇議会に法案が提出される[100]。国民健康保険法案は広田内閣提出の重要法案であったが、林内閣にも引き継がれ、第七〇議会唯一の社会政策として法案の成立が注目されていた[101]。

同法に反発したのが医師の団体、医師会である。会員の多くは開業医である。明治三九年には医師法の制定により各地方医師会が法認され、医師会法に基づき制定された医師会規則によって、医師会は官公立病院勤務医を除くすべての医師が加入すべき任意設立団体とされた。大正八年には医師法改正により道府県医師会、郡市区医師会の設立と加入とが強制になる。一二年の再改正によって中央団体の法定化がなされ日本医師会が設立される[102]。

法案の最大の争点は、産業組合による国民健康保険組合の代行規定である。産業組合では産業組合拡充五ヶ年計画の一環として、医療を協同で利用する医療利用組合の設置を推進していた。そこで同法の第九条は、産業組合による国保組合の代行を認める規定となっていた。この規定をめぐって原案賛成を主張する産業組合と廃案を主張する医師会が対立する。産業組合は、新たに農村に国保組合を設立するよりも、既に全国各地にある産業組合に代行させる方が農村の負担とならないと主張した。対して医師会は、医療利用組合は安価な医療の提供を目的としているものの、医療費の低下に伴い医療内容も低下しているため、産業組合による代行規定は削除すべきと主張していた。医療利用組合の拡大が開業医の経営を圧迫していたこともあって、医師会は産業組合に強い反感を抱いていたのである。

産業組合では二月二四日に全国農村産業組合協会と全国医療利用組合協会が政府原案支持を決議し、陳情に赴いている(103)。対して三月四日には全国医師大会が開催され、第九条削除を決議し、陳情している（於上野精養軒、参加者四〇〇〇名）(104)。一五日には産業組合中央会主催国民健康保険法案絶対支持大会が開催され（於赤坂三会堂、参加者二〇〇〇名）、政府、各政党への陳情、道府県代表者による地元選出代議士への陳情を実施するなど、産業組合と医師会の陳情戦は一層熱を帯びた(105)。

法案は九日衆議院に上程された。本会議・委員会審議では、医師会関係議員と産業組合関係議員がそれぞれの主張を繰り広げ対立した(106)。一六日の委員会では、加藤鐐五郎ら全国医師大会の参加者が、産業組合の青年（産業組合青年連盟）が朝から熱気を帯びて陳情にきており身の危険を感じるとして河原田稼吉内相に取り締まりを要求すれば、国民健康保険法案絶対支持大会に参加する北勝太郎が、医師の夜討ち朝駆けにあっており、医師会の陳情団からは医師にかかった際に毒でも盛られたら損であろうと冗談交じりに脅されたと応酬するなど、両者の争いは「泥仕合」の様相を呈していた(107)。

会期末が近づきつつあった一七日となっても、質問通告者は一二名を残しており議事は遷延していた。一八日には議事進行のため法案審議委員による懇談会を開催すべきという緊急動議が可決される。各党では、法案の社会政策上の重大性に鑑み、審議促進を希望する声があがっていたのである[108]。

懇談会に向けて、特別委員会の理事によって試案が作成された（以下理事会案）。理事会案は、国保組合が主であるとして第九条を削除し、附則において現存する医療利用組合にのみ代行を認めるというものである。産業組合による代行を既存の医療利用組合に限った点で医師会よりといえよう（ただし医療利用組合の設立自体を制限したものではない）。この理事会案をもとに一九～二〇日に委員で懇談会が行われた。産業組合関係議員は当然納得しなかったが、医師会関係議員も案に反対したため、懇談会でも両者の対立により結論を出せなかった[109]。

政民両党は、医師会関係議員と産業組合関係議員との対立のため議論の収拾に手間取ることとなる。二二日民政党では、理事会案に基づく党議決定を行う予定であった。しかし、反対論が噴出して「紛糾収拾不可能」となり、幹部一任を取り付けることすらできなかった。二三日の代議士会では法案通過の是非そのものが議題となったが、理事会案を基礎とする幹部一任が決まった。一方政友会では幹部と委員会理事の協議会によって安藤幹事長一任が決まっており、二三日には永井・安藤両幹事長、添田敬一郎国保法案特別委員長が会見し、理事会案に基づく共同修正案策定が決定した。しかし、二四日の代議士会では既に政民両党首脳部で合意が形成されているにもかかわらず、川島正次郎から九条廃止、附則なしの強硬意見が出た。また、吉植庄亮ら産業組合関係議員は党議拘束を外すよう主張していた。政友会は最終的には共同修正案を党議として決定するが、民政党と同様代議士会は紛糾をみたのである[110]。

政民両党の合意によって、国民健康保険法案は二四日に理事会案による修正を経て委員会を通過する。委員会での採決に際しては、国民健康保険法案絶対支持大会で演説していた喜多壮一郎（民政党）が、社会的摩擦を減ずることができるならば、満足な案ではないが法案を修正し成立を願うと論じている[111]。

二五日の本会議では、政友会を代表して登壇した三善信房（農政研の参加者、産業組合との関係は不明）が、医師会と産業組合の争いによって法案が不成立となることは、「国民大衆ノ為メ、殊ニ農村ノ医療ニ恵マレザル者ノ為ニハ、洵ニ遺憾」として法案に賛成する演説を行っている。(112)

さらに、民政党を代表して賛成演説を行った武知勇記(113)は、各団体の利害が衝突するなかでの議会・議員の役割を論じている。まず武知は、医療費の重圧を軽減しようとすることは、政府に強要して増額させた地方交付金問題よりも「切実ナ利害関係ヲ有スル大問題」であり、「日本医師会ニモ産業組合ニモ、何等ノ恩怨関係ヲ持タナイ国民大衆ニ対スル此社会的施設ガ、斯ル特殊団体ノ対立ニ依ッテ抹殺サルベキモノデハ断ジテナイ」とする。そして「斯ル摩擦ノ中心問題ヲ十分ニ検討シ研究シ、和ヤカナ意見ノ交換ヲスル所ニ、私共議員ノ責任」があり、「議員ガ自ラ進ンデ職能代表トナッテ、而シテ己ノ主張ヲ譲ラズ、我執ニ囚ハレ、我利ニ陥ル」べきではないとして、あるべき議員像を論じている。また「此法案ノ審議ノ状況ニ鑑ミ」て、「万一将来議会ガ職能代表制ヲ採用」したならば、「其時コソ議会政治崩落ノ時」であると断言している。

法案は衆議院で可決され、衆議院の修正通りに貴族院の同法特別委員会を通過する。しかし林内閣が突如衆議院を解散したため（いわゆる「食い逃げ解散」）、貴族院本会議での可決を目前に審議未了、廃案に終わった。

委員会・本会議における一連の議論からは、社会的摩擦を軽減するため、そして一定の結論を見出すため、各種利益団体の利害にのみとらわれず、妥協を図ろうとする議員の姿がみえる。こうした議員の志向は、多くの議員に共有されていたように思われる。政友会を代表して民政党との交渉にあたった安藤正純は、解散後の第二〇回衆議院議員総選挙期間中に、日本の今日の弊害は「外交と軍部」、「産業と労働」、「都市と農村」などといった各種の不調和にあり、その解決のためには「国家一体主義」による改革が必要であると論じている。(114)民政党山道襄一も「一部階級のために一部職業のために部分的国民のためにするが如き政治は断じて日本精神に合致するものに非ず」と説いていた[115]。

また、政民両党では第七〇議会における両党間での協議が議事運営を効率化し、議場の空気を緩和したことが論じられていた。民政党機関誌『民政』の巻頭論文は、「友党間の準備的内交渉」による審議の効率化を評価し、「以前の如き政民二大政党間の摩擦なく、共に天下の公党の真面目に返つて、議の合せざるものは之を堂々議場に争ひ、議の合するものは勉めて之を事前に協定せんとするの君子的態度に一変した」とも論じている[116]。政友会の議会報告書も「政民両党は大局的見地に立ち、協心戮力以て政策の遂行を助けた」としている[117]。両党の協調関係は議会における折衝を経て深まっていったといえよう。総選挙では地盤協定までには至らなかったものの、政民両党は「政府排撃、非立憲内閣撃滅」を目標に「精神的連携」を強める。総選挙後には両党大懇談会を開催し林内閣を退陣に追い込んだ[118]。

一方第七〇議会を通じて、産業組合では助川啓四郎・吉植庄亮（政友会）、高橋守平・喜多壮一郎（民政党）、三宅正一（社会大衆党）らを中心とする協同組合協議会、農村振興議員同盟が結成される[119]。全国町村長会でも市町村長経験者を中心に自治懇談会が結成された[120]。利益団体を背景とした議員集団の連携も深化しつつあったのである。

6　戦前期二大政党の模索と帰結

政党内閣期において農村関係議員は、利益団体を自党に引き寄せようとしていた。しかし、政党内閣崩壊後の農村利益の噴出を受けた農村関係議員は、農業団体の主張を背景に超党派での政策実現を図るようになる。とはいえ農業団体の活性化は商業団体の反発を招き、団体間の対立をもたらした。対立が議会に持ち込まれた第六七議会では各団体の意向に沿った主張が党派を超えて繰り広げられ、政民両党ともに党内意見を集約できず混乱を来たし、会期末となってようやく両党の協調によって調整がなされる。こうした政民両党の協調関係は二・二六事件後に深化し、地方財政調整交付金制度審議過程でみたように利益団体の主張を議会において代弁して政府から譲歩を得るとともに、利益団体の主張が対立する国民健康保険法案については妥協案を作成し、法案の成立を図ったのである。

当該期の二大政党は、自ら政策を立案して主張するほどの独自性を失いつつあったことが指摘される[121]。本章でもみたように争点となった法案に対する両党の対応は受動的であった。また、利益団体の主張を代弁する議員集団が台頭していたことは、本章でも論じてきた通りである。とはいえ両党は、政策的独自性を減少させながらも、議会において予算案・法案を修正することで利益団体の利益を代弁するのみならず、対立する諸利益を調整することで政治的関与を図っていた。また、団体間の激しい対立が議会に入り込むなかで、複数の議員は、議会において特定の利益に偏さず一定の妥協を図り結論を出すことこそが政党・議員の役割であるという認識を有していた。そして政府内で調整がされなかった諸利益を議会の場で調整することで、実際にその役割を果たしていたのである。

もちろん、政民二大政党と両党の議員が各種利益の代弁・調整を図っていたことと、それに諸政治主体が満足していたかは別問題である。第二〇回総選挙で政民両党は若干議席を減らしたものの、両党合わせて衆議院の三分の二を占める議席を獲得した（民政党一七九、政友会一七五）。この選挙で政友会は「庶政一新」、「経済国策の樹立」をはじめとする政綱を、民政党は「強い国防固い財政」といったスローガンを発表している。しかし、林内閣の突然の解散を受けたこともあって、両党がもっとも強く主張したのは勢い「非立憲内閣打倒」といったものとなった。対して議席を三七に伸ばした社会大衆党のスローガンは「国内改革の断行」による「国民生活の安定」である[122]。同党の躍進は、「国内改革」による「国民生活の安定」に期待する一方、二大政党に飽き足らない社会層の存在を示唆していよう。また米穀商は、政府の審議会に「業界の経綸家と諤々の反対論者を欠くこと」に対して不信を述べていた[123]。団体間の対立を調整する舞台は議会だけではない。政党・議員が果たした役割を同時代の政治構造のなかで位置づけるためには、政策立案過程における彼らの行動を明らかにする必要がある。

しかし、こうした課題が残されているにせよ、政民両党の議員が議会における審議過程のなかでその関係を深めていたことは確かである。政党内閣崩壊後の政界再編論も、恐慌を受けた社会の変化と、変化に要請されてなされた超党派の連携によって生まれた関係性を抜きにして考えることはできないのである。

それでは、本章が検討した二つの政治的潮流、利益団体を背景にした議員集団の連携と、一定の結論を出すことに議会・政党の正統性を見出そうとする意識は、昭和一五年の政党解消に至る政治過程のなかでどのように展開していくのだろうか。最後にその見通しを示す。

林内閣の総辞職後成立した第一次近衛文麿内閣は、次期議会に国民健康保険法案を提出することを決定した。閣内では衆議院修正案に沿った法案の提出を目指す馬場鍈一内相と、第七〇議会の原案提出を要望する有馬頼寧農相との対立があった。農村関係議員は有志代議士会を開き、原案を提出するよう馬場内相、有馬農相らに陳情を行っている。両党首脳は衆議院修正案を支持していたが、「幹部から其の行動を抑制」されながらも有志代議士会に参加する議員が現れた。有志代議士会は東武・高田耘平を世話役とし、参加者は七〇名を超えた。また、農政研も政府原案提出を要求するに至る(124)。利益団体を背景とする議員集団の結束力はより強まっていくのである。こうした動向は、個々の代議士が各々支持基盤との結節点としての役割を果たす動きが強まっていた一つの表れである。

その一方で、政民両党では、政党の門戸を開くべきという議論が高まっていた。昭和一二年六月の政友会幹部会において松野鶴平幹事長は「今後は広く天下に呼び掛け大衆と共に政治を行ふといふ建前のもとに産業、経済、社会、思想各種団体の意見を聴取して政務調査の資料とすると共に我が党の主張方針を理解徹底せしむる必要がある」として、各方面の権威者を招いて講演を聴く、あるいは各種団体から代表者を招いて懇談会・座談会の形式で意見交換を行い、各方面との接触面を広くして相互に理解を深め政治の円満な運行を期したいと提案している。松野の提案は満場一致で異議なく承認され、七月一七日には帝国農会役員と党首脳部・政調役員との懇談会が開催されている[125]。松野は、政党が社会に呼びかける方法としての演説は「政党の伝来の武器」だが、演説は「聴かれ放し」になりがちで、演説会も党員の集まりやすい地域を中心に開催されるという欠点があるとする。そして、その欠点を補うために、各種団体との研究会や座談会によって意思疎通を図ることで、「広く活社会の知識経験を吸収して」政策立案の材料とすべきであると論じている[126]。活発化する利益団体と、利益団体を背景とする議員集団の果たしていた役割を、政党に吸引しようとする試みといえよう。民政党でも党機構改革・新政策樹立が議題となるなか、中島弥団次らが政党が社会各層と接触を保ち融和することが第一であるとして門戸開放・人材糾合の必要性を説いている[127]。両党内では「民意」の結節点としての政党の再生を図るべく、社会・国民との関係を再構築し、支持基盤を広げようとする模索がされていたのである[128]。

留意したいのは、こうした政党像と昭和一五年の新体制運動に積極的に関与した議員の政党像が相似している点である。同年八月の新体制準備会において金光庸夫（政友会中立派）は、準備会の冒頭における近衛の演説に「政党は抑々個別的分化的なる部分の利益、立場を代表することをその本質の中に蔵してゐる」という一節があったことに対して、「政党ハ国家的利害ヲ代表スルモノデアツテ、党利党略ヲ代表スルモノデハナイ」と反論している。また、「一国一党モイカヌトイハレタガソレデハ指導啓蒙運動ニ過ギヌトイハレヌノカ。政党ハイカヌガ組合ナラ良イトイヘバ組合コソ部分的利益ヲ代表スルコトニナル」と、あるべき新体制の政治的性格を論じている。後日、金光は「組合的職能的ニ政見ヲ述ベルト、ドウシテモ部分的ノ利益ヲ代表シガチデアル。……職能的ニ考ヘズ第三者ノ立場デ考ヘネバナラヌ。職能ノ代表制ヲトレバ弊害ハ山積スル」とも語っている。政党は「個別的分化的なる部分の利益、立場」の代表に過ぎないという批判に対して、金光は、政党の存在意義は「組合的職能的」利益ではなく「国家的利害ヲ代表」する点にあり、そうした政党像を具体化するものとして新体制に期待していたといえよう[129]。また、全政党解消後、旧政党人の多数によって設立された新体制促進同志会の新体制案でも、「新政治体制は国民の積極的政治意識を冷却せしむる官僚政治体制及び私益本位の職能代表的政治体制を排すること」が掲げられるとともに、政党の性格及びその任務として政党が直接国民と結びつき、「国民大衆」、「隣保団体」、「青年運動、婦人運動等」、「各種の経済団体及び文化団体等」を指導することが論じられている。このような主張は、団体間の対立のなかで論じられた、「民意」の結節点としての政党を再構築しようとする模索の延長線上に位置付けることができる[130]。

政党内閣崩壊後における利益団体を背景とした議員集団の結束力の高まりと、団体間の対立のなかで再認識された「民意」の結節点としての政党像は、日中戦争期における政界再編、新体制運動における政党解消に至るまでの、既成政党の動向を規定する下地を作ることになったのである。

第Ⅱ部　代議士の支持基盤からみた戦前と戦後の連続と断絶——加藤鐐五郎にみる関係性の変容

第四章　戦前期名古屋における個人後援会——支持基盤の形成と展開

1　戦前期の個人後援会

大正初年頃から、政治家の名や号を冠した団体が設立されるようになったことはよく知られている。もっとも著名なのは、大正三年（一九一四）に「大隈伯ノ忠君奉公ノ大義ニ同情シ憲政ノ済美ヲ期ス」ために結成された「大隈伯後援会」（大隈重信）であろう。同会は第二次大隈重信内閣の後援組織として、第一二回衆議院議員総選挙での大隈系与党の勝利に大きく寄与した(1)。また、大正二年には「木堂会」(2)（犬養毅）、同四年には「咢堂会」(3)（尾崎行雄）が設立された。やや下って大正一四年には「床次会」（床次竹二郎）、同一五年には「若槻会」（若槻礼次郎）も設立されている(4)。これらの諸団体は、各政治家の人格・思想に学ぶ修養団体としての性格を持つもの、当該代議士の選挙区で集票組織としての性格を持つもの、あるいは名を冠した政治家が率いる党派の後援組織としての性格を有するもの、それらの混合体であるものなど、ありようは様々である。また、同じ政治家を支持する団体であっても、設立された地域によって性格が異なる場合もある。しかし、これらの諸団体は団体の設立時点において、すでに中央政界において党首級であったり、閣僚経験者であるなど、全国レベルの知名度を有した政治家を中心に組織された団体という点で共通している。

さて、蒲島郁夫・山田真裕は選挙期間中の運動組織としてだけではなく、候補者と支持者との間の様々な利益媒介機能を恒常的に果たす後援会は「政治システムと社会との間の結節点の一つ」であり、日本の選挙政治を特徴づけるものとする。[5]後援会は利益媒介機能を果たすとともに、レクリエーションや会員の陳情処理など様々なサービスを提供して会員の結束をはかり、特定候補者の当選を果たすための「地盤」となる。[6]これまでも多くの後援会研究が積み重ねられてきたが、著名な研究としては佐藤文生（大分県）の選挙運動に密着したジェラルド・カーチス『代議士の誕生』[7]がある。また、橋本登美三郎（茨城県）の後援会西湖会、及びその政治的後継者である額賀福志郎の福志会について検討した山田真裕の研究もある。[8]山田は西湖会の形成から展開、額賀への継承に至る過程を検討し、西湖会が地域的ないし世代的連帯に基づいて橋本を担いだ「連帯のシステム」から、橋本が当選を重ねる毎に成熟し、後援会が功利性を重視する「利益のシステム」へと変化していたことを論じている。

戦前期の後援会に関する研究としては、櫻井良樹が東京市旧市域において、市制施行当初から地域政治を担った「公民団体」が一九二〇年代に徐々に政党系列化し、最終的には後援会化していくことを指摘している。また、奥健太郎は内務官僚出身の藤沼庄平（栃木県第二区）を事例に、昭和五年の選挙に敗れた藤沼が自らの支援団体を組織し政界への復帰を目指そうとしたことを指摘している。[9]この他昭和一〇年に司法研究報告書の一つとして刊行された平田奈良太郎『選挙犯罪の研究』には、後援団体を通じた買収の事例も紹介されている。[10]しかし、後援会が形成されていく過程、形成された後援会がいかなる組織的変化を遂げたかという展開過程は必ずしも具体的に明らかになっているわけではない。戦後後援会の研究に比すれば、戦前期における後援会の研究は本格的にはなされてこなかった。[11]後援会の存在がまさに日本政治の特色であることからすれば、後援会に関する研究の重要性は論を待たないが、その歴史的な形成過程については充分に論じられてこなかったのである(12)。

そこで本章は、大正初期に政界に進出した、加藤鐐五郎が昭和戦前期にかけては自らの後援会を形成し、支持基盤を築いていく過程について、加藤の後援会「五月会」（以下括弧略）を中心に検討する。本論は加藤と五月会を事例に、日本の政治的特色である後援会の歴史的淵源を探るものである。なお、加藤を対象とする理由の第一は、名古屋大学大学文書資料室寄託の「加藤鐐五郎関係資料」に五月会の機関紙が現存しているほか、愛知県公文書館寄託「加藤鐐五郎関係資料」にも関連史料があること、第二は、後述するように、愛知県は全国でも後援会による政治活動が活発だったと推測されるためである。

2　昭和初年における後援会の全国的分布

事例分析を行う前に、戦前期における後援会の全国的分布について確認しておく。昭和二年一二月に内務省警保局保安課が作成した「政党員其ノ他有志者後援団体調」（昭和二年一一月末日現在）には、道府県毎に代議士・県議・市議やその候補者の後援団体について、党派・目的・推薦者名・創立年月日・創立時会員数・昭和三年二月会員数・地域等が記されている(13)。また、調査をもとに会員数、団体数、被後援者数を集計した一覧表が作成されている。

本史料が認識する「後援団体」の性格は史料上に明示されていない。しかし、道府県毎の欄に団体名があるにもかかわらず、一覧表に算入されていない団体があることから、その性格を窺い知ることができる。例えば北海道では五三団体が記されているが、一覧表上には五団体と記されている。個別の団体をみると「自派の主義主張を市政上に実現し政友会政策に共鳴同志の団結地盤の拡張を目的とす」（小樽公正会）という特定候補者の応援を目的とし

表4－1　後援団体会員数・団体数・被後援者数上位10位の道府県

会員数　上位10位

順位	道府県名	会員数
1	大阪	41,481
2	愛知	39,684
3	島根	22,552
4	山口	17,890
5	群馬	17,092
6	茨城	15,481
7	三重	14,377
8	高知	13,841
9	新潟	9,727
10	東京	7,502

後援団体数　上位10位

順位	道府県名	団体数
1	愛知	53
2	茨城	43
3	大阪	34
4	山口	25
5	三重	26
6	群馬	18
7	高知	11
8	東京	11
9	静岡	11
10	京都	9

被後援者数　上位10位

順位	道府県名	被後援者数
1	愛知	30
2	大阪	24
3	東京	11
4	静岡	7
5	新潟	7
6	愛媛	7
7	三重	6
8	京都	6
9	茨城	5
10	群馬	5

出典：内務省警保局保安課「政党員其ノ他有志者後援団体一覧表」。

ない団体は算入されず、「東武を政治的に後援し併せて高説を聞き指導を受けたるものとす」（牧堂会）といった特定候補者の後援団体であることが明確な団体が算入されていることが窺える。このことから、各道府県での調査段階における「後援団体」認識には地域差がある一方で、情報を集計した警保局では特定候補を支援する団体を「後援団体」として選別し、一覧表に算入したと推測される。地域毎のばらつきは否めないが、本史料から後援会の大まかな全国的分布を把握できる。

一覧表によれば、全国で三三四の後援団体が存在し、後援団体会員数は二四九、三七二名、後援団体からの支持を受けている被後援者数は一七〇名に上っている。統計表から、会員数・団体数・被後援者数の上位一〇位の道府県を記したのが**表4－1**である。会員数・団体数・被後援者数のすべてで上位となっているのが、大阪（会員数一位、団体数三位、被後援者数二位）、愛知（会員数二位、団体数一位、被後援者数一位）の二府県である。昭和初年、大阪府と愛知県において、個人後援会的な団体が多数存在していた、もしくは両府県において、新しい政治勢力として認識されていたといえよう[14]。そして、その愛知県でもっとも早く組織された「後援団体」が、大正九年五月に結成された加藤鐐五郎の五月会であった。

3　加藤の名古屋政界進出と支持基盤

(1)　加藤鐐五郎の略歴

本論に入る前に、加藤鐐五郎の略歴をみておく（詳細は表4-2を参照のこと）。加藤鐐五郎は明治一六年（一八八三）、愛知県東春日井郡水野村（現瀬戸市）に、陶画工・加藤九蔵の三男として生まれた。瀬戸町立陶原尋常小学校、同高等小学校を経て瀬戸陶器学校に入学したが中退し、愛知医学校（明治三六年、専門学校令に基づく愛知県立医学専門学校となる、現在の名古屋大学医学部）[15]へ転じた。愛知医学校在学中に同校の同窓会雑誌の編集を頼まれ「昊天」の名で筆を揮っている。三八年に同校卒業後は岐阜県立病院、愛知県津島済生病院長を経て、四一年に名古屋市で内科医院を開業した。幼いころから政治への関心を有していた加藤は、医師となった後も論説を発表し、愛知県の有力紙で非政友会系地方紙『名古屋新聞』の懸賞論文への投稿を機に同紙の論説を執筆するようになり、開業医の傍らで記事を執筆したという[16]。

大正二年（一九一三）、名古屋市会議員選挙に三級から出馬し当選、以後昭和四年（一九二九）まで市議会に議席を有した。名古屋市会選出馬の際に名古屋新聞社社長で名古屋市議の小山松寿（後衆議院議員）と衝突して以降は[17]、『名古屋新聞』と並ぶ愛知県の有力紙で政友会系地方紙『新愛知』の客員になるとともに、新愛知新聞社社長大島宇吉の後援を得、名古屋における政友系議員として当選を重ねる。また、大正四年には愛知県会議員となり連続四期当選を果たした。その後、大正九年の衆議院議員総選挙で名古屋市を選挙区とする愛知県第一区から無所属で出

表4－2　加藤鐐五郎略年譜

年号	年齢	事項
明治16年	0歳	愛知県東春日井郡水野村で誕生
明治32年	16歳	瀬戸陶器学校入学（～33年退学）
明治34年	18歳	愛知医学校入学（のち愛知県立医学専門学校）
明治38年	22歳	愛知県立医学専門学校卒
明治38年	22歳	岐阜県立病院医師
明治40年	24歳	津島済生病院長
明治41年	25歳	名古屋市で内科医院開業。この頃から『名古屋新聞』の論説担当
大正2年	30歳	名古屋市会議員当選（～昭和4年）。出馬を機に『名古屋新聞』のオーナーで名古屋市議（のち衆議院議員）の小山松寿との関係がこじれ、『新愛知』への論説掲載が増え、関係密接化、政友派へ
大正3年	31歳	黒田まさえ（父親は愛知県立窯業高校校長黒田正策）と再婚（前妻とは死別）
大正4年	32歳	愛知県議会議員当選（～大正13年）
大正9年	37歳	衆議院議員総選挙出馬、落選
大正13年	41歳	衆議院議員当選（政友本党・愛知県第1区）
昭和2年	44歳	政友本党、憲政会合流による民政党に参加せず、政友会へ復党
昭和6年	48歳	犬養内閣商工参与官
昭和12年	54歳	第20回総選挙で落選
昭和14年	56歳	補欠選挙で再選。政友会分裂に際しては中島知久平派に属す
昭和15年	57歳	米内内閣商工政務次官
昭和17年	59歳	日本陶磁器商業組合連合会会長
昭和18年	60歳	財団法人喜安産院設立
昭和19年	61歳	日本生活用陶磁器配給統制会社社長
昭和21年	63歳	公職追放
昭和26年	68歳	公職追放解除
昭和27年	69歳	第25回総選挙に出馬・当選（自由党）。以後4回連続当選
昭和29年	71歳	第5次吉田茂内閣国務大臣。造船疑獄に伴う指揮権発動によって辞職した犬養健法相に代わり法相就任、のちに国務大臣専任（～30年）
昭和33年	75歳	衆議院議長（昭和33年12月～35年1月）
昭和38年	80歳	政界引退
昭和39年	81歳	勲一等旭日大綬章
昭和45年	87歳	没。勅使差遣、叙従二位

出典：加藤庄三著・加藤延夫監修『加藤鐐五郎伝』（1995年）を中心に筆者作成。

馬したが次点で落選し、大正一三年の総選挙で政友本党から出馬し初当選する。

国政に転じた後は、政友本党を経て政友会へ入党し、犬養毅内閣で商工参与官、米内光政内閣で商工政務次官となる。昭和戦前期における二大政党の対立が華やかなりし頃においては、憲政会―民政党の小山松寿と並び称される愛知県政友派の中心的人物であった。昭和一四年の政友会分裂時は中島知久平派に加わり、一五年の政党解消後は翼賛議員同盟・翼賛政治会・大日本政治会といった議会主流派政治団体に属し、翼賛議員同盟では政策部長も務めた。戦後は日本進歩党に参加したが公職追放にあい逼塞を余儀なくされた。追放解除後は自由党に入党し、第五次吉田茂内閣で国務大臣・法務大臣を務めた。自由党では戦前からの政友会領袖前田米蔵と政治行動をともにし、前田没後は緒方竹虎に接近した。昭和三〇年の保守合同により自由民主党へ参加し、石井光次郎派に属した。昭和三三年から三五年には衆議院議長も務めた。昭和三八年に政界を引退し、三九年には第一回生存者叙勲により勲一等旭日大綬章の栄誉に浴した。四五年に八七歳で没し、従二位に叙されている。

（2）少壮政治家としての加藤

加藤が政界へと初進出したのは、大正二年（一九一三）一〇月の名古屋市会議員選挙へ出馬した時のことである。加藤が選挙に出馬した当時の名古屋市政について、以下簡単に確認しておく。

明治三五年から大正初年にかけての名古屋市政は、愛知県知事深野一三、名古屋市長加藤重三郎、名古屋商工会議所会頭奥田正香の「三角同盟」の影響下にあった。しかし大正元年には深野が退任し、二年には県政財界の汚職が連続して摘発された上に、遊郭移転問題をめぐる疑獄事件により「三角同盟」を構成した三名が起訴されるに至り、彼らの市政支配は終焉した。一方、大正元年の第一次護憲運動により名古屋でも政友会・国民党による憲政擁護大会、新聞記者による記者大会が開かれるなど政治熱は高まっていた(18)。上記の疑獄事件は、高まった政治熱が流れ込む格好のはけ口ともなった。また、翌大正三年のシーメンス事件の後には在名記者団が海軍廓清演説会を開くなど、名古屋における政治熱の高まりの中心に新聞記者の集団がいたことがわかる。

加藤の政界進出も、このような政治的背景と新聞記者等の後援によるものであった。出馬当時の新聞記事には、次のように加藤の経歴が紹介されている。

名古屋市会議員三級候補者加藤鐐五郎君は、明治三十八年優良の成績を以て愛知医学専門学校を出で地方病院長の職を抛ちて当市に来りしは約六年前にて、頗る先輩の嘱目する所となり独り同業者間に重んぜらるゝのみならず、君が得意の論文と雄弁とは更に君の名をして大ならしめたり。昨年衆議院議員総選挙に際し蔵内正太郎君を援け、熱弁を振ふて転戦奮闘したる等義気に富み、然も資性温厚品性高潔身を持するヿ極めて謹厳にて、天性政治に趣味を有し昨秋名古屋同志会を組織し、現にその幹事たり。君は単に此方面に於て重んぜらるゝのみならず、清話会員中錚錚たる一員にして現に其幹事たり。今や君同志の擁する所となり、市政刷新の大旗幟を翻して其政見を各所に発表しつゝあり。想ふに君の人格、意気、識見、抱負は君をして最も有為多望、高潔醇良なる候補者の一人たらしむるや明かなり、君齢漸く三十一[19]

この記述から、加藤が名古屋で開業した医師のなかで「同業者間に重んぜら」れるとともに、雄弁家として名を知られつつあったことがわかる。文中に名のある蔵内正太郎は早稲田大学卒業後、名古屋新聞客員や時事新報名古屋通信員を務めた人物で、明治四五年及び大正四年の総選挙に続けて立候補している（いずれも落選、なお大正四年の選挙では大隈内閣与党の中正会から出馬）[20]。加藤と愛知淑徳学園の創設者である小林清作は、政界革新・議会廓清を熱烈に主張する蔵内を、加藤とともに熱烈に支援していた[21]。加藤が幹事を務めた名古屋同志会は、蔵内、龍池滴露

（名古屋日報）、青柳有美（扶桑新聞）、鈴木清節（大阪毎日新聞）、志水代次郎（新愛知）、手島益雄（日本電報通信）、島碩南（東海新聞）、堀江越南（新愛知）、阪野呑洋（新愛知）、恒川鉉一（名古屋日日新聞）、小林清作、竹内禅扣（女子高等工芸学校長）、中根栄（新愛知）といった新聞記者を中心とする会である。先の記事からは、加藤も明治末から大正初期にかけて高まった政治熱の渦中にあり、そのような人々から推されて市会選に出馬したことがわかる[22]。

次にみるのは、加藤の立候補宣言の冒頭部分である。


鐐五郎微力自ら揣らず、敢て陣頭に起つて、名古屋市々会議員三級候補者たることを宣す。

鐐五郎政界の腐敗を慨する事久し、夙に挺身革新の先駆たらんを期す。窃かに思ふ、政界革新の一大急務は選挙権の行使をして神聖ならしむるにあり、殊に我名古屋市の如きにありては、情実と賄縁、権勢と金力に対抗して、市民の覚醒を促すより急なるはなしと。

鐐五郎は此意義に於て、昨春同志と共に蹶起、蔵内正太郎君を援けて、赤手空拳鹿を中原に争ひたりき、之れ区々友の当選を欲する私情に非ずして、実に選挙廓清の警鐘たらんとしたりし也。

当時鐐五郎は各所に言へり、之れ名は政談演説と雖も道徳に於ては正義、教育に於ては立憲思想の一大宣伝、軟弱の青年に向つては霊火の洗礼にてありしを誇らんと欲するものなりと、当時我徒の不幸にして敗れたりしも、而かも我徒の主張は、猛火飄々荒野を甜むるの概を以て、名古屋選挙界を風靡したりし也。

爾来我徒は、選挙の廓清、政治道徳の向上を企図して、名古屋同志会を組織し苟くも機会ある毎に主義の宣伝に努力したりしは市民諸君の諒さるゝ所なるべし[23]。


加藤は続けて、名古屋市では「大名古屋建設」に向かって市区改正・運河問題・築港問題・上下水道問題・糞尿処分問題などの課題が山積しているが、「醜聞」・「大疑獄事件」が相次ぎ名古屋市が「醜都」呼ばわりされるなかでは、「市政の刷新」・「市会の振粛」・「市格の向上」といった「根本的問題」の解決が必要だと高調している。そして、「選挙の廓清」・「政治道徳の向上」をはかるため名古屋同志会が組織されたことを述べている。

加藤は雄弁を政治的な武器とする政治家として、[24] そして腐敗した市政の刷新者として政界に登場したのである。加藤は五一六票を得票し、一四人の定員中五位で当選を果たした。加藤は大正六年の選挙でも、新たに新愛知の主筆となった桐生政次（悠々）や、名古屋同志会に参加していた小林、中根、恒川、竹内らの後援を得ている。[25]

（3）医師からの支援

名古屋同志会の支持を受ける一方で、加藤は名古屋市会議員時代からいくつかの業界との関わりを有していた。その一つは医師団体である。大正二年九月、名古屋医師会員の有志七〇余名によって名古屋青年医会が設立され、加藤は幹事の一人に選ばれている。同会は「医会の刷新医風の向上と併せて衛生の完備を図る」ことを目的に設立されたものであり、彼らを中心に愛知県の種田戊次郎衛生課長の排斥運動が起こっている。[26] 加藤は青年医会設立直後に行われた名古屋市医師会代議員選挙で代議員に選ばれている。大正四年に加藤は県会議員補欠選挙に出馬し当選を果たしているが、加藤は青年医会総会で選挙での応援について謝辞を述べており、選挙戦で青年医会の支持を得ていたことがわかる。[27]

大正六年の市会議員選挙における選挙情勢記事でも医師が加藤の有力な支持者として挙げられている。なお、大正六年一一月一五日付の『関西医界時報』[28] は、「加藤君は同窓鉄倶楽部員の熱烈なる応援と、講習会講師たるの故を以て床屋の親方連が捻鉢巻での尻押と、君得意の言論を以て政見を発表し、選挙事務所は勿論当日休憩所さへも設けず、アノ得票は、市民に於ける潜勢力の侮るべからざるを証するに足る」と伝えている。[29] 加藤の選挙は、選挙時における加藤の雄弁と、休憩所を設けないなど理想選挙を誇示するものであるとともに、医師と理髪業者等からの支持を受けて行われていたことを示唆している[30]。

（4）新愛知との関わり

大正二年時点で加藤は政党に所属しておらず、当然公認候補でもなかったが、大正八年の県会議員選挙における『名古屋新聞』の選挙情勢記事は、加藤が愛知県政友系地方紙の「新愛知新聞の公認候補」とでもいえる存在であり、「同紙が紙面に演説会に全力を注」いでいたと記している[31]。加藤自身、新愛知新聞社長大島宇吉が昭和一五年に没した後の回顧談のなかで、「私を今日迄育てたのは老社長〔大島のこと―引用者注〕」であり、市会に初出馬する時にも大島から「あなたは政治が好きだ、一つ政界に打つて出てはどうか、微力だがお助けする、やる以上は、社を挙げてやる」と誘われたことを回想している[32]。大島と大島の経営する『新愛知』が加藤の選挙を支えたことを窺わせる。また、この県会選挙で加藤は名古屋理髪業連合組合、名古屋薪炭商組合、名古屋箪笥長持製造組合、東春郷友会の支持を得るなど、支持を広げている様子も窺える[33]。

名古屋市議としての加藤は憲政会系市長に対する警告決議案を発するなど政友系議員として活動するとともに、大正三年の名古屋電鉄の電車賃値上げ案の市会提出にあたっては値上げ反対の急先鋒として演説をしてまわったことをはじめ、弁論を武器にする政治家として活動を続けた。同時期の加藤は「予は常に問題の人たるを好む」、「予は常に正義の味方たるを念とす」、「予は破壊を好む、予の破壊を好むは新にして健なる建設を欲するが為也」と公言していたという[34]。この時期の加藤は、医師や理髪業界、薪炭商、新愛知新聞社の支持を受ける一方で、雄弁と清廉さを政治資源とした少壮市議であったといえよう。

4　国政への挑戦と五月会の結成

(1)　加藤の衆院選挑戦

加藤の国政初挑戦は、大正九年（一九二〇）五月一〇日に行われた第一四回衆議院議員総選挙である。選挙戦では、憲政会公認の小山松寿、磯貝浩（名古屋市議）、政友会公認の加藤重三郎（元名古屋市長）、医師で国民党公認の小出釥、無所属の加藤の五名によって三議席が争われた(35)。加藤は市会では政友系として行動していたが、この選挙は無所属で戦っている。加藤はこれまでの選挙と同様に「言論戦」を展開し、最終日は空き地での「露天演説」を行った(36)。結果は加藤重三郎が四三三二票、小山が三一四七票、磯貝が二八八四票、加藤鐐五郎が一八三五票、小出が八六四票となり、加藤鐐五郎は次点で落選した。

加藤の落選から間もない五月二〇日、「加藤鐐五郎君同情者懇親会」が総勢一八七名の参加によって開催された。参加した人々の間から「次の選挙では必ず当選させなければ吾々の面目に関するではないか」、「吾々の面目はさて置き我名古屋市の体面に関する」、「此の機会にどうしても一団を組織して、大に親睦を計り、而して政治道徳の向上を図ろうではないか」、「腐敗道徳の向上を主として作ろうではないか」といった声が上がり、満場一致で団体結成が決した(37)。

(2)　五月会の結成

六月二日には団体結成のための委員会が開かれ、会の名を五月会とし、会規約を決めるとともに幹事を選出した。会の規約は次の通りである。

一、本会は会員相互の親睦を計り兼ねて政治道徳の向上を期するを以て目的とす
二、本会は年二回以上総会を開く
三、本会は幹事若干名を置く
四、本会に入会者は幹事会の承認を要す
五、本会経常費は寄付金を以て支弁す
六、本会事務所は当分の内東区高岳町一丁目加藤鐐五郎方に設く

創設当初の幹事銓衡委員には小林清作、奥澤亀太郎（名古屋ミシン裁縫女学校長）、楠太（医学博士）、小林守太郎（工場主）、片野正、市野徳太郎（名古屋時事編輯人、後名古屋市議）、加藤が選定され、五〇名に上る幹事が選出された。常任幹事には、辻欽太郎（愛知医専以来の友人）、古島安二（矢作水力支配人）、市野徳太郎の三名が就任している(38)。常任幹事及び幹事銓衡委員が中心的な人物であったと考えられるが、加藤の名古屋市会選挙初当選時に力となった新聞記者を中心とする名古屋同志会とはメンバーが相当異なっている。新聞紙上で継続して参加していることが判明するのは愛知淑徳学園創設者の小林清作のみである。選挙期間中に加藤の応援弁士に立った人物も、上記に挙げた人物のほか、医師の星野致知、歯科医の長屋弘、鯱おこし湖月堂店主田面芳太郎、医師で「鉄倶楽部」（医師会有志の団体(39)）頭領株の田邊勉三、染料商の常山万吉といった面々で、新聞記者は名古屋毎日主筆の秋庭眞男のみであり、幹事に就任していた桐生政次を含めても二名である。五月会に参加した面々も名古屋同志会に参加していたか、いなかったかは明らかではないが、加藤の選挙を支える主要人物が徐々に変化していたことは間違いないであろう。しかしながら、五月会の規約に「政治道徳の向上」が掲げられたことからすれば、加藤にかけられた期待の内容は変化していなかったともいえる。

なお、加藤の次期選挙での当選が会を結成する直接の目的であることは設立の経緯からいって明白だが、規約上に加藤の政治行動を支援する団体とは明記されていない[40]。

(3) 機関紙『時事公論』

以下、五月会の活動を、名古屋大学大学文書資料室寄託「加藤鐐五郎関係資料」に残されている機関紙『時事公論』を用いながら検討していくが、それに先立って、『時事公論』の性格について確認しておく。発行者は、第一号から「時事公論社」であるがその実態は不明である。また、編集発行兼印刷人は多々羅恬一（創刊号～第二二号）→河村忠之助（第二三号～第三一号?）→三浦孫一（第三二号～第四二号?）→多々羅（第四三号?～第八七号?）→社本清吾（第八八号～第九〇号?）→鈴木銀次郎（第九一号～第九七号?）→水野熊治（第九八号～第一〇一号）と変遷している。彼らのうち、多々羅は加藤の医学校時代の旧友で五月会の書記[41]、社本は昭和四年に名古屋市会選挙に出馬（落選）した早稲田大学出身の五月会員であり、五月会常任幹事辻欽太郎から「暇があるからやれ」といわれて編集発行人になっている[42]。また水野熊治は加藤の秘書役を長年つとめた人物であることはわかるが[43]、その他の人物の経歴は明らかではない。

大正一一年三月二七日付『時事公論』創刊号の刊行の辞をみると、同紙は「私共同志の名古屋に於ける時事を論ずる機関として其発行を思ひ立つたもの」であるとされている。創刊号には『時事公論』が一万部印刷されていると記されているが、これは大正九年の加藤同情者懇親会参加者数と比べて余りに多い。同時期の名古屋では、大正一一年三月五日に名古屋市の反憲政会・政友系グループとして新愛知新聞社後援のもと「名古屋振興会」なる団体が組織されており、その発会式には約一万五〇〇〇人が結集し、加藤は発起人代表として挨拶を行っている[44]。この経緯からすると、『時事公論』は刊行当初、広く名古屋市政友系紙といった性格を持っていたと推測されるが、創刊号以来加藤に関する記述がない号はほぼなく、五月会の動向も同紙から追うことができる。大正一三年四月一六日付第二三号からは「五月欄」という投稿欄が現れ、昭和二年六月八日付第四九号の「五月欄」には編輯局から「本誌は五月会員の機関紙でありますから、会員諸君の御投稿を希望します」と案内があり、五月会の機関紙であることが明瞭に示されている。第九八号に至り、題号の上に「五月会報」の文字が記されるようになった。また昭和一一年のことではあるが、印刷した『時事公論』総数三千五、六百通の発送作業を加藤の自宅と五月会事務所（加藤の自宅裏）で行っており、[45] 加藤の関与も明白といえる。確認されている『時事公論』は表4-3の通りである。[46] 創刊から一年ほどは毎月一回刊行しているが、その後は刊行間隔がまちまちとなっている。これも同紙の性格が、名古屋市政友系紙から五月会機関紙へと徐々に変わっていったことを示しているようにも思われる。

五月会の開催告知は、葉書等による会員への個別郵送、『時事公論』もしくは『新愛知』を通じて出されている。会員への葉書や機関紙の郵送は、当然ながら会員の住所氏名を会が把握していなければできないことである。加藤は五月会の名簿は戦災で焼失したと戦後に回想しているが、このような事実からも五月会が戦前期に会員名簿を有していたこと、会誌発送という実務を行える程度に会が実態を持っていたことは明らかである。後述するように、五月会の性格は時期によって少しずつ変化しているが、同会が曖昧模糊とした組織ではなかったことはこれらの事実からもわかる。

なお、確認できるのは全部で一〇一号、タブロイド判で全二～四頁で構成されており、[47] 最終ページはほぼ広告となっている。会員からは昭和期に至るまで購読料をとっていなかったようであり、長期にわたっての機関紙発刊の経費が広告収入のみで賄えたかはやや疑わしい（広告は診療所のものが多い）。残存している加藤の日記のうちもっとも古い昭和一一年の日記をみると、新愛知新聞社長大島宇吉を訪ねて「時事公論発行の件」を相談している（加藤日記昭和一一年七月九日条）。『時事公論』発行にあたっても新愛知新聞社の援助が大きかったと思われる。

表４－３　時事公論刊行号数と刊行年月日

号数	発行年月日	No※
第１号	大正11年３月27日	1434
第２号	大正11年４月24日	1434
第３号	大正11年５月22日	1434
第４号	大正11年６月26日	1434
第５号	大正11年７月24日	1434
第６号	大正11年８月21日	1434
第７号	大正11年９月11日	1434
第８号	大正11年10月９日	1434
第９号	大正11年11月27日	1434
第10号	大正11年12月25日	1434
第11号	大正12年１月29日	1434
第12号	大正12年２月26日	1434
第13号	大正12年４月９日	1434
第14号	大正12年５月７日	1434
第15号	大正12年６月４日	1434
第16号	大正12年７月16日	1434
第17号	大正12年８月13日	1434
第18号	大正12年９月17日	1434
第19号	大正12年11月５日	1434
第20号	欠	欠
第21号	欠	欠
第22号	欠	欠
第23号	大正13年４月16日	1434
第24号	欠	欠
第25号	大正13年７月20日	1434
第26号	欠	欠
第27号	大正13年９月11日	1434
第28号	欠	欠
第29号	大正13年11月11日	1434
第30号	大正13年12月４日	1434
第31号	欠	欠
第32号	大正14年３月15日	1434
第33号	欠	欠
第34号	大正14年６月22日	1367
第35号	大正14年８月18日	1434
第36号	大正14年９月21日	1434
第37号	欠	欠
第38号	大正14年12月15日	1434
第39号	欠	欠
第40号	大正15年１月27日	1434
第41号	欠	欠
第42号	欠	欠
第43号	大正15年７月26日	1366
第44号	欠	欠
第45号	大正15年11月25日	1369
第46号	昭和２年１月19日	1368
第47号	欠	欠
第48号	欠	欠
第49号	昭和２年６月８日	1371 1372
第50号	昭和２年８月10日	1373
第51号	欠	欠
第52号	昭和２年11月28日	1374
第53号	欠	欠
第54号	昭和３年２月11日	1375
第55号	欠	欠
第56号	昭和３年６月22日	1377
第57号	欠	欠
第58号	昭和３年９月26日	1378
第59号	欠	欠
第60号	欠	欠
第61号	昭和４年１月１日	1379
第62号	欠	欠
第63号	昭和４年５月15日	1380
第63号	昭和４年12月５日	1382
第64号	欠	欠
第65号	昭和４年10月13日	1381
第66号	欠	欠
第67号	欠	欠
第68号	欠	欠
第69号	欠	欠
第70号	昭和５年11月28日	1383 1384
第71号	昭和５年12月18日	1385
第72号	昭和６年１月１日	1386
第73号	昭和６年２月１日	1387
第74号	欠	欠
第75号	欠	欠
第76号	欠	欠
第77号	欠	欠
第78号	欠	欠
第79号	欠	欠
第80号	欠	欠
第81号	昭和６年11月30日	1388
第82号	昭和７年２月16日	1389 1398
第83号	欠	欠
第84号	欠	欠
第85号	昭和７年10月１日	1390
第86号	欠	欠
第87号	欠	欠
第88号	昭和８年１月25日	1391
第89号	昭和８年２月25日	1392
第90号	欠	欠
第91号	昭和８年８月11日	1393
第92号	欠	欠
第93号	昭和８年12月26日	1394
第94号	欠	欠
第95号	昭和９年８月17日	1395
第96号	欠	欠
第97号	昭和11年７月20日	1396
第98号	昭和11年10月30日	1397
第99号	欠	欠
第100号	欠	欠
第101号	昭和12年９月10日	1405

注（１）：資料 No. は加藤鐐五郎関係資料の登録番号である。

注（２）：第63号は発行年月日と内容が全く異なるものが２種類存在している。後に刊行された昭和４年12月５日号の号数が誤っていることは明白だが、欠号が多く12月５日号の正しい号数は分からないためそのままとした。また第70号には11月23日付の断簡が存在しているが、複数枚残っている11月28日付を発行年月日とした。

出典：名古屋大学大学文書資料室寄託加藤鐐五郎関係資料より。

（4）　五月会の動向

『時事公論』で最初に確認できる五月会関連記事は、大正一一年一一月に加藤が政友会に入党する前に開かれた五月会秋季総会に関する記事である(48)。参加者六〇〇余名を集めた総会では、小林清作による開会の辞、辻欽太郎による会務報告の後、加藤が挨拶をしている。加藤の挨拶の後、奥澤亀太郎が加藤の政友会入党を提議し、満場一致で可決された。会は会員の隠し芸などの余興により終了した。加藤は秋季大会決議に従い、床次竹二郎、大島宇吉の紹介で政友会に入党している。翌一二年四月に開かれた懇談会には四〇〇余名が集まり、加藤から「流血市会」における報告が二時間にわたりなされ、五月会万歳三唱で会は終了した(49)。

大正一二年は県会議員の改選年でもあった。九月には前年同様五月会秋季大会が開かれ、満場一致で加藤を県会議員候補者として推薦している(50)。この選挙は、関東大震災直後に行われたことから、加藤は「華々しき運動は一切遠慮」するとして、選挙事務所は自宅のみ、選挙当日の投票所付近の休憩所も設置しないことを『時事公論』上で広告している(51)。このような加藤の選挙戦術を考える上で興味深いことは、尾崎行雄が震災を受けて唱えた選挙運動中止論を紹介する記事が、加藤の選挙広告の隣に掲載されていることである。尾崎の主張は、選挙運動を中止しその資金は義援金とする、候補の選挙運動が中止されれば自然と名望の高いものが当選する、運動を中止して当選した候補の名誉は運動によって当選した者以上に尊ばれる、といったものである(52)。この記事は記者による「名古屋市民は華々しき運動候補者を極力排斥したいものである」という言葉で締めくくられている。加藤はこの選挙戦で、尾崎の述べるような理想論に同調することを選挙戦術として選んだといえよう。また、尾崎の選挙運動中止論をあえて加藤の広告の隣りに掲載していることからすると、加藤、もしくは加藤陣営が相当意識的にこのような選挙戦術を採ったことを示しているように思われる。『時事公論』によれば、この選挙で加藤は「候補者宣言依頼状もただ友人知己だけへ千枚(53)」出したのみであるにもかかわらず、一〇一八票を獲得し、定員一五人中七位で当選を果たした。

加藤当選後には、「徹頭徹尾理想選挙を標榜したにも拘わらず、千有余の得点を得たこと」について、「五月会及び応援団有志は、これ選挙界廓清の実現なり祝さゞる可からず、大いに祝さゞるべからず」と加藤の当選祝賀会が五〇〇余名を集めて開催された。会は五月会員堀場萬雄の尺八・ハーモニカの余興にはじまり、加藤から謝辞が述べられた後、出席者は全員五月会に入会、五月会強化、今後の選挙でも「今一層熱烈に加藤君を応援すること」の三件を満場一致で可決した。その後は会員による余興、演説、後に名古屋雩堂会の中心人物となる三輪信太郎による五月会及び加藤万歳三唱で会は終了した(54)。「理想選挙」の成功によって、五月会の意気も高く上がった様子が窺えよう。「清廉潔白」とでもいうべき加藤の政治家としてのイメージは、加藤にとって終生政治的資源とも、政治的制約ともなる。

5　政友本党期の五月会と加藤

(1)　政友本党への入党

政友会では、原敬総裁暗殺後に高橋是清が後任総裁となった。しかし、高橋総裁期には原総裁期より形成されていた高橋、野田卯太郎、横田千之助を中心とするグループと、床次竹二郎、山本達雄らを中心とするグループの対立が激化し、大正一三年（一九二四）一月の清浦奎吾内閣成立に至り、後者が離党して政友本党を結成し、前者が政友会に残留し分裂した。政友本党が清浦内閣与党となる一方で、高橋率いる政友会、加藤高明率いる憲政会、犬養毅率いる革新倶楽部が反清浦内閣を打ちだして第二次護憲運動へと突入する。

政友会愛知県支部では去就を決しかねたが、支部長で新愛知新聞社長の大島宇吉が「政友本党は、政友会本来の伝統的精神を以つて樹立することは、その宣言、政綱に見るも明かである、仍て政友本党に加盟して然るべしと信ずる」と意見を表明し、ほとんど全員が政友本党へ加入した。床次は一月三〇日付けで大島に対して感謝の書状を送っている。(55)

加藤も政友本党へ入党することとなるが、ここで五月会春季大会が二月一七日に開かれている。五百余名が集まった会では小林清作が座長となった。加藤は、政友会に残留すべきか本党に入党すべきか意見を求めている。登壇者の加藤清之助、手塚辰次郎らは、近年の思想悪化、危険思想の蔓延からして本党へ入党すべきであると論じ、これを受けて満場一致で加藤の政友本党入党が決議された。また、来たる衆議院議員候補者として加藤を推薦し、その当選を期すことも決議された。加藤は自らと会員諸氏の主張とが合致したことに感激していると述べ、思想悪化の昨今、過激危険の思潮を排し、穏健着実の気風を興すことが急務であると論じた。加藤の本党入党と、政友会愛知県支部の本党入党が前後していることからすれば、五月会の決議は加藤の本党入りのために形式を整えるためのものであったと推測してよかろう。(56)しかし、そのような形式を整える必要があったことについても留意が必要であろう。

大正一三年四月の総選挙では、愛知県第一区に政友本党公認の加藤重三郎、加藤鐐五郎、政友会公認の瀬川嘉助、憲政会公認の田中善立、小山松寿、中立候補として桐生政次が出馬し、三議席を争った。憲政会公認の二候補がそれぞれ約七〇〇〇票を獲得し、加藤鐐五郎は四三九二票、加藤重三郎は四二二三票となり、加藤鐐五郎は一六九票の僅差で初当選を果たした。この選挙においても、五月会は加藤後援団体として名が挙げられている。(57)選挙全体の結果は、護憲三派のうち憲政会のみが議席を増やし、清浦内閣与党の政友本党のみならず、政友会、革新倶楽部も議席を減らした。選挙の結果を受けて加藤高明を首班とする第一次加藤高明内閣が成立した。加藤高明は尾張藩士を父に持ち、愛知県出身者としては初の総理大臣でもあった。加藤鐐五郎としては、尾張・名古屋の生んだ総理と対峙することとなる。

なお、大正一三年の選挙以降、五月会は総選挙における新聞紙上の情勢分析で、必ずと言ってよいほど加藤の支持基盤として挙げられるようになっている（表4-4）。

（2）「床次会」と五月会

加藤は当選後に開かれた第四九議会に初登院し、七月一〇日の贅沢品等の輸入税に関する法律案特別委員会に参加して浜口雄幸蔵相に質問し、翌日の本会議でも同案への反対演説を行っている。加藤は議会終了後、早速議会報告を五月会と重陽会合同で開催している[58]。加藤は議会報告のなかで、同法案は輸入品のうち贅沢品に高率関税を掛けるものであるが、チーズや清涼飲料水、石鹸原料なども含まれており品種の指定がずさんであること、政府は勤倹節約を主張するが何よりも行財政改革が優先であると議会で主張したことを論じている[59]。また、加藤が政友本党に属するようになったことで、加藤の主張も政友本党の主張に沿ったものとなった。『時事公論』はもともと名古屋市会政友系の主張が多く掲載されていたが、加藤が中央政界に進出したことから、やはり政友本党の主張が多く掲載されるようになる。なお、憲政会単独内閣である第二次加藤内閣成立後は、上水道起債、中川運河開鑿市債など、名古屋市の諸事業が加藤内閣の緊縮策により滞っていることへの批判も紙面を飾るようになった[60]。

一方で、五月会としても大きな出来事があった。大正一四年五月の五月会春季大会が床次竹二郎政友本党総裁を迎えて開催されたのである[61]。会は加藤の案内で床次が登壇し、大島宇吉のほか、滝正雄、丹下茂十郎、倉元要一ら政友本党の代議士も参加し、会衆二〇〇〇人は万歳で迎えた。会は辻欽太郎司会のもと小林清作の開会の辞にはじまり、長屋弘の会務報告の後に「時局に鑑み、益結束を固うして会員の増加を図り、以て加藤代議士後援の実を挙げんことを期す」決議がなされた。この後、加藤が第五〇議会報告として浜口蔵相との質問応答を披露して政府の

表４－４　戦前・戦時期の選挙における加藤の得票数と支持基盤

選挙年	内閣	定数	党派	順位	得票数	１位当選者得票	次点候補得票	新聞記事に見る加藤の支持基盤
大正９年	原	3	無所属	4	1,835	4,332	—	医師団、理髪業組合、東春郷友会のほか、「新愛知新聞の間接援助」
大正13年	清浦	3	政友本党	3	4,392	7,552	4,223	医師会、後援団体「五月会」
昭和３年	田中	5	政友会	3	15,734	25,020	8,864	「母体は五月会…理髪業組合、運送業組合、愛知医大同窓会、紹介業者、露天組合、洋服加工組合、古物商組合、刃物業者、日雇業組合等の後援」
昭和５年	浜口	5	政友会	5	11,517	27,350	10,343	「後援団体たる五月会」、「地元である東区」、「同氏後援の中堅たる医師団有志、少壮弁護士団」
昭和７年	犬養	5	政友会	1	20,931	—	12,274	五月会、東区、「名古屋実業団」
昭和11年	岡田	5	政友会	2	18,374	27,939	14,232	五月会、東区
昭和12年	林	5	政友会	6	16,110	23,462	5位候補 16,875	五月会、東区
昭和14年	平沼	1	政友会	1	39,099	—	21,970	—
昭和17年	東条	5	翼賛政治体制協議会推薦	1	32,928	—	14,722	—

注：選挙区はすべて愛知県第１区（名古屋市）、昭和14年は再選挙。
出典：『加藤鐐五郎伝』、『衆議院議員総選挙一覧』、『名古屋新聞』大正９年３月25日、５月１日。『新愛知』大正13年４月25日、５月５日、昭和３年２月19日、昭和５年２月20日、昭和７年２月20日、昭和11年２月14日、昭和12年４月25日。なお、昭和14、17年選挙での新聞情勢記事には支持団体に関する記述を管見の限り確認できなかった。

極端なる消極政策、事業繰延、行財政整理の「失敗」、「追従外交」などあらゆる方面から加藤内閣を批判した。また、床次が政本合同の無意義などを演説し、大島宇吉の政友本党及び五月会の万歳で閉会した。

また、会員投稿欄の「五月欄」には、大正一四年の市会議員選挙が近づいてきたこともあって、常任幹事の辻らに対して早く会員募集を行い、会員を二千四、五百人から一万、二万と増やさなければならないといった投書がなされている[62]。大正一四年中には五月会弁論部会も組織された[63]。決議に即して五月会が会員増加を図っていることがわかる。

大正一五年一月には会員の年賀交換会が行われ、二〇〇余名が参加した。この会では加藤が摂政宮成婚記念として下賜された杯を用いて、年酒一杯が参加者に振る舞われている。この場合は、単に酒を振る舞うというより、宮中からの下賜品を用いた「固めの杯」の意味を持つと考えてよかろう。また、この会では会員有志の寄付による福引き大会や、一同を代表した会員が自動車に乗りながら五月会旗を掲げて熱田神宮へと参拝するという行事が加わっている。会は弁論部員と加藤の演説と続き、小林清作の五月会及び加藤万歳の後、「冷酒を汲んで醺酔裡」に散会している。全体として新趣向がみられるといえよう。一五年中には弁論部が移動部会を開催する一方で、会員による会費積み立ての上での一泊旅行が計画されるなど、会員の結束を固めるための様々な行事が開催されるようになっている[64]。

なお、加藤は「政友本党の現状に対しては最も慎重の態度を要する」、「自分は飽迄も此際自重し、其去就進退の如きは一に会員諸君の意向を尊重[65]」すると演説している。大正一四年末、政友本党は鳩山一郎、中橋徳五郎等二十二名が脱党していたことからすると、加藤は自身の進退は「会員諸君の意向を尊重する」と述べることで、会員間の動揺を未然に防ごうとしたのかもしれない。

一方、政友本党では床次がブレーンとした上杉慎吉の助言もあって[66]、普通選挙に備えるため各地に床次会を結成して党の支持基盤の拡大に努めていた。愛知においても大正一五年一〇月に愛知床次会が組織され、床次も参加した発会式には三会場に一万三千余人を集めた[67]。ここで興味を引くことは、第一に五月会常任幹事から「五月会員諸君に謹告」と題して、床次会発会式への参加と入会勧誘葉書が送付されている点である[68]。第二は「五月欄」に匿名の投書で述べられている次の点である。すなわち投書には「床次会は盛んに開かれました、而し五月会は其後どうされました、床次会も、五月会も結局は同一でありますが、余り放つて置いては如何と存じます」とあり、五月会としての会合の開催を求めている。これに対して編集子は「同様な御注意が各方面からあります」として懇談会や弁論部会を開くと答えている。同時代的には政友本党の床次会による支持基盤拡大路線が持った可能性を見出すこともできるし、戦後自民党を見据えれば、同党の特色である政党―代議士―個人後援会の連関がすでに萌芽的にあらわれているともいえよう。

（3）　政友会への復党

大正一五年一二月二五日の大正天皇崩御により、元号は昭和に改められた。年明けに再開された第五二議会の会期中には、病没した加藤高明の後を継いで内閣を組織した若槻礼次郎首相（憲政会総裁）と田中義一政友会総裁、床次竹二郎政友本党総裁による三党首会談が開かれ、若槻によって「昭和新政」を口実とする政争中止、妥協が図られた[69]。この後、憲政会と政友本党は徐々に接近し、昭和二年二月には憲政会と政友本党との間で「憲本連盟」の盟約が交わされ、六月には両党が合併して立憲民政党が創立された。

加藤をはじめ政友本党愛知県支部では、憲本連盟にも不満があった。政友本党愛知県支部長となっていた大島宇吉はすでに大正一四年末の段階で、多年の政敵である憲政会と提携するならば以後行動はともにできないことを床次に警告していた[70]。加藤としては、大島の意向に反して憲政会と合流することなどあり得なかったと考えられる。

加藤の真意は政友会への復党に決していたことは間違いないが、ここでも加藤は五月会臨時総会を四月三〇日に開いている。夜九時には四百余人が集まり、加藤は「自分は白紙なり」として各会員の意見陳述を求めた。会員からは熱烈な政友会復帰論が巻き上がったが、長屋弘らが「加藤代議士は現下の政情に鑑み善処せられん事を望む」との決議文を提示したところ、それでは生ぬるいとして議論が纏まらなかった。市会議員でもある市野徳太郎が「本会は加藤代議士後援会である、縦令加藤君より謙遜な申出であつたとしても、何政党に入るべしと決議するか如きは、余りに穏当でない」として沈静に努めたが、まだ承知しない会員がおり、座長の小林清作が「聡明なる加藤君は此光景を見て、断じて諸君の意思に反せらるゝことはないと信ずる」と諭して当初通りの決議文で決議がなされた。加藤は新党には断じて参加しないと答えた上で、「明日の愛知政本支部総会に於ては、挙党一致の行動をとるべく極力努力いたします」と述べている。会合は、辻欽太郎常任幹事から「此際是非共新愛知の援助を得なければならぬ」という提案がなされた後、五月会から委員を挙げて、大島にも復党を願うことを決めて閉会した(71)。先の政友本党参加の過程と比べると、政友会への復党という既定路線で事が進んでいたという共通点があるものの、決議文をめぐって市野、長屋、小林ら古参会員が押される場面が生じていた点に違いがある。その理由は明らかではないが、会の拡大と活性化がもたらした「副作用」だったのかもしれない。

6　多様化する会活動と政治的主張の変遷――政友会復党後の五月会と加藤

(1)　多様化する五月会の活動

政友会復党後の五月会では、会員の結束力を高めるための様々な行事が引き続き行われている。『時事公論』と加藤資料に残されている新聞スクラップ帳をもとに、五月会の活動のなかで特徴的なものを抜き出したのが表4-

表４－５　五月会で行われた諸行事

会合の内容	開催日時	出典※
・五月会納涼大会（於新愛知社屋露台） 会費は不要、加藤ほかの演説と高速度輪転機の見学会。	昭和２年８月16日	時事公論第50号
・五月会弁論部大会（於新愛知新聞社講堂） 新愛知新聞社言論部と合同開催。加藤はじめ50余名が演説。	昭和２年11月５日	時事公論第52号
・五月会懇談会（於武平町政友会支部） 会員の消息、政界秘話等の懇談。	昭和２年12月４日	時事公論第52号
・五月会幹事会 来会者500名、会員の５分間演説。	昭和４年４月10日	新愛知 S4.4.11
・五月会大会（於第１会場帝国座・第２会場歌舞伎座） 鈴木喜三郎元内相を招待、田中首相以下各大臣の祝電披露。	昭和４年５月20日	新愛知 S4.5.21
・五月会納涼大会（於新愛知社屋露台） 来会者2000余人、冷コーヒーと冷スイカ、浪花節などの余興の後に演説会。	昭和４年８月３日	新愛知 S4.8.4
・五月会時局懇談会（於新愛知講堂） 来会者数不明、浜口内閣糾弾演説会。	昭和５年７月22日	新愛知 S5.7.23
・五月会家族懇親慰安会 後援会員の家族を招いた家族慰安会、詳細は後述。	昭和５年10月27日	時事公論第71号
・五月会年賀交換会（於新愛知講堂） ５分間演説、浜口内閣糾弾演説、家庭舞踊の披露、御真影の設置、君が代斉唱（斉唱後に御真影還奉）、加藤の演説、福引き（鏡餅、「銘酒子の目」１本各１名、木杯17名）。	昭和６年１月７日	時事公論第73号
・五月会青年部帝都訪問航遊団の東京訪問 青年部主催、新愛知新聞社後援による３日間にわたる東京訪問、総勢180名。加藤も出発から同行、27日は宮城遙拝、帝国議会議事堂、政友会本部では犬養毅総裁、久原房之助幹事長、東武総務の慰労を兼ねた激励演説、28日は自由行動。政友会本部では揮毫や３枚組の絵葉書などが配布。	昭和６年10月26日～29日	時事公論第81号
・五月会賀新会（新愛知講堂） 来会者1000余人、加藤商工参与官就任祝い。加藤が参与官就任時に拝受した御真影へ敬礼、拝受した金杯で年酒振る舞い。	昭和７年１月６日	新愛知 S7.1.6
・軟式野球五月連盟大会 多数会員の要望もあって各自の親交を深めるため野球大会開催。加藤による始球式、キャッチャーは五月会常任幹事の友田久米治。会員の野球クラブのほか新愛知の野球クラブも参加。加藤揮毫の五月連盟優勝旗争奪戦。	昭和７年７月17日	時事公論第85号
・政界の真相を聴くの会 田中政友市議の市政談、横井恒治郎、高橋鉄五郎の満洲視察談、加藤からの第65議会報告、斎藤内閣成立から岡田内閣成立までの「政界秘話」、会員限定。	昭和９年７月15日	時事公論第95号
・御器所支部主催懇談会 御器所支部の懇談会。市議手島博章、田中政友ほか約500名参加。加藤の講演と会員からの質疑と５分間演説。	昭和９年７月15日	時事公論第95号
・五月会物故会員慰霊祭（於覚王山日泰寺） 物故会員約320名の慰霊祭、遺族を招いて開催。	昭和11年11月２日	時事公論第98号

出典：『時事公論』各号及び加藤鐐五郎関係資料 W16-1362「新聞スクラップ帳」に貼り付けられている『新愛知』各号による。出典は「時事公論第○号」、もしくは「新愛知 S4.4.11」のように略記した。

5である。

通常の大会や年賀交換会から、納涼大会、弁論大会、野球大会など様々な行事が行われていること、その内容も行楽的な要素の強いものから、鈴木内相招待会のように政治的要素が強いものまで多彩であることは一見して窺える。

なお、五月会事務所では昭和四年から五年、営業収益税や所得税の申告事務を会員のため扱っていたという[72]。このほか、昭和一一年には五月会事務所を会員向けに開放している[73]。さらに昭和一一年には物故会員の慰霊祭を行っているが、慰霊祭を行い得たこと自体が、会の求心力の強さを示しているともいえる。詳細は不明ながら、昭和九年時点ですでに地区ごとの支部もできていた。

諸行事のなかでも注目すべきは、昭和五年一〇月に五月会員の家族を招く家族慰安会が開催されていることであろう。この会は、「五月会は度々開かれますが、一家揃つて楽しむ家族的集会を催したこと」はないとして企画されたものである。帝国座において二回に分けて行われた会では、芝居の上演後、加藤と加藤夫人のまさえがそれぞれ挨拶をしている。『時事公論』によれば、二回とも大盛況に終わったと報じている（会費は徴収している）。加藤は挨拶のなかで「政治は生活である以上、生活の大半が台所にある以上、『政治は生活』、『生活は台所』、『台所は女性』女性でなくて真個の政治が分る訳がありませぬ[74]」と論じ、「『女でなくて政治が分るものか』といふ時代」が来たとして、「お良人お父兄」への激励を依頼している。第一章でみた通り政友会では政調会長山本条太郎の持論「政治の経済化」、「政治の国民生活化」に基づく政務調査活動がなされ、党としても経済問題を取り上げていた。加藤はそうした政党の変化を感じ取り、「政治は生活」、「生活は台所」、「台所は女性」と、五月会員の家族（多くは会員の夫人であろう）にも訴えかけていたのである。なお、会員家族を対象にした会合は昭和一〇年にも開かれ[75]、遅くとも昭和一四年には正和婦人会なる婦人団体も組織している[76]。

以上のように、加藤と五月会は多彩な活動を展開していた。多彩に行事・活動を展開する必要が生じた理由は、会の拡大にともなって、設立当初の「政治道徳の向上」を目的とした同志集団的性格が薄れ、加藤個人に帰属する後援会としての性格が濃くなったことにあるのであろう。会員の結束を保つために様々な行事を展開する五月会の様子は、戦後の後援会とほとんど変わらない様相を呈している。

このような活動を展開する五月会は、同時代においてどのように認識されていたのだろうか。先に挙げた昭和五年家族慰安会開催を伝える『時事公論』の記事のなかでは、一種の自己認識が示されている。

代議士加藤鐐五郎氏の後援団体である五月会は、此種団体中でも全国稀に見るの模範的団体たる事は世間識者の夙に認めて以て、ゆゑんある哉と吹聴して居る処であるが、折詰弁当に冷酒の瓶詰で会員を集める時代は、とつくの昔に去つて、今は何事も尖端を行く時代となつたので、兎角は常に此種団体のさきがけたるべく歩んで居る同会では折詰の深さ浅さや、かまぼこの厚さ薄さを気に病むやうな会合は、さらりと止めて、ずつと30年式に会員家族の懇親を主眼に五月会デー帝国座観劇家族懇親会を十月二十七日の正午と午後五時との昼夜に分つて、開催したのである(77)

『時事公論』に掲載されている記事であることを十二分に割り引いた上で窺えるのは、代議士の後援会（「此種団体」）がすでに同時代において多く存在しており、五月会はその「さきがけ」であるという自己認識である。そして、「此種団体」が折詰弁当や冷や酒で会員を集めることも常態化するなかで、「さきがけ」をいく五月会は「折詰の深さ浅さや、かまぼこの厚さ薄さ」を気にするような会ではなく、「30年式」の家族慰安会を開催したということである。五月会が「此種団体」の「さきがけ」であるという自己認識は、昭和七年の野球大会を開催した記事別として、昭和八年段階の名古屋では後援会が市議レベルにまで浸透しつつあったのである。

なお、昭和八年の市会選挙直前に掲載された「五月欄」での会員動静記事は、五月会系市議候補者の後援会を紹介している[79]。五月会が「全国稀に見るの模範的団体」であることが、どの程度「世間識者」に認められていたかはの冒頭でも示されている[78]。

(2)　五月会と選挙

それでは、様々な会活動によって、会の求心力を維持しようとしていた五月会は、選挙においてどのような機能を果たしていたのだろうか。注目すべきは、加藤の選挙の後援は当然のことながら、五月会が加藤の所属党派とは別に、市会議員、県会議員を推薦するようになったことである。大正一四年の市会選挙では、加藤と小林清作ほか二名を五月会として推薦している（加藤と小林が当選）[80]。また、昭和四年の市会選挙では、政友会推薦候補一七名のうち八名が当選しているが、五月会はこのうち七名に推薦を出していた[81]。昭和八年の市会選挙では政友会から一七名が当選しているが[82]、このうち東区からは井川一、田中政友、小林清作、西区からは伊藤勘兵衛、中区からは市野徳太郎、横井恒治郎、高橋鉄五郎、手島博章、南区から坪井研精、鈴村健の一〇名が五月会からも推薦を得て当選している[83]。五月会は加藤の後援会であるとともに系列の市会議員をも輩出し始めていたのである。昭和一四年のことだが、加藤は五月会の支援を受けて当選した市議から「五月会の幹部の諸君が、市会議員を軽視されること」への不平を告げられ、「観音様を彫む時は足で圧へて造つても出来あかれば拝まねばならぬです」と諭している[84]。ここには、代議士後援会と系列市議との関係性が如実に現れている。

なお、昭和五年の総選挙で、加藤は次点候補に一〇〇〇票差まで迫られながら当選している。このこともあって、昭和六年の『時事公論』は「五月会へ改造の声」と題した特集を組んでいる[85]。記事では、五月会は強固となったがそれだけに油断と緩みが生じたとして会員の様々な投書が掲載されている。具体的には、加藤が最高点間違いなしと聞いたので、政友会候補を二人当選させた方がよいと思い、人生で初めて加藤以外に投票したという告白や、青年会員を重用して欲しい、もっと会合を開いて欲しいといった注文、あるいは加藤と同じく政友会所属の田中善立の善友会、瀬川嘉助の疎山会が拡張に努力しており五月会も遠慮がちではいけないといった注文である。なかでも留意すべきは、昭和五年から加藤が政友会愛知県支部長に就任しているにもかかわらず（であるが故に？）、五月会は政友会の後援団体ではなくて「五月会は加鐐君の後援団体」であることを会員に熟知させる必要があるといった声である。同時期の新聞には、真偽の程は不明であるが、県議会選挙の候補者公認にあたって加藤、田中、瀬川が自派のものを公認にしようとつばぜり合いを演じたあげく、支部長の加藤が「五月会の者はぜひ当選させたいが疎山会や善友会の者はどうでもよい」と放言したという記事がある[86]。また、昭和七年の総選挙直前に発行された『時事公論』は加藤を応援するための記事に彩られているが、その一つに「五月会は政友会の五月会に非ず、加鐐後援の五月会なり」と題した記事が掲載されている[87]。記事は標題の通り、五月会は加藤の政治的活動を支持する以外に目的はないのであって、政友会の五月会の如く考えるのは趣旨の履き違えであり、「加藤氏の当落を犠牲にしてまで政友会を助ける必要はない」と断じている。

一方、同じ紙面は、「政治は生活である」と平素主張している立場から、議会で民政党内閣の減税案が不徹底で公約違反であることを批判したことや、加藤が政調会の理事として政友会の看板政策である「産業五ヶ年計画」の立案にあたったと紹介している[88]。また、産業五ヶ年計画を実行するのは商工省であるが、商工参与官となった加藤は「産業五ヶ年計画」・「産業国策」の「遂行主任者」であること、加藤の参与官就任は名古屋市の実業家が歓迎しているが、これは政友会、加藤が主張する補助政策が海外貿易を伸長させること、加藤の当選は商工業が命である名古屋の繁栄に結びつくことなどが喧伝されている。政友会の看板政策である「産業五ヶ年計画」の実行という軸で選挙戦を戦えば民政党候補との差異化は図れても、他の政友会公認候補との差異は見出しにくくなる。他の政友会候補との競合を制するために加藤と五月会は、加藤が商工参与官であり「産業五ヶ年計画」の遂行者であるということを強調し、他の政友会候補に優越する地位を得ようとしていたといえよう(89)。

なお、昭和七年の『時事公論』「五月欄」には、加藤の政治的地位が上昇するなかで、加藤が上京して不在がちであることへの不満も投書されている。「（議会中は別として）年中小生等の便宜を御計り下され度切望仕候、然らざれば、所謂公僕の意義消失することにあらざるか」といった内容である。これに対して記者は、意見は一応はもっともであるが、私達が加藤を推薦投票するゆえんは、名古屋に在住して諸君の雑用に加藤を煩わせるのが主目的ではなくて国政を研究調査して貰うことにある、よって不在がちなのも仕方がない、「私共は余りの些事に同氏を煩はし度ないのです、色々なお用は五月会の事務所があり、夫々機関もありますから、同氏不在と雖も相談役立つ積りです、公僕の意義御誤解なき様希望します」といった返事がなされている(90)。加藤の政治的な活動のうち、経済問題が占める割合が増えてくるのと軌を一にして、五月会員のなかにも加藤や五月会に求めるものが「便宜を御計り下され度」といった個別利益に変化しつつあったといえる。また、記者は「公僕の意義御誤解なき様希望します」と苦言を呈しているが、一方で「色々なお用は五月会の事務所があり、夫々機関もあります」という記述があることからは、五月会がすでに陳情処理の役割をも果たしていたことを示唆していよう。五月会が「政治道徳の向上」という理念のもとに集まった同志の結集体ともいえる組織であった時代から一〇年が経つうちに、先述の会活動の多彩さとあわせて、会の性格も徐々に変化していたことがわかる。

(3)　加藤の政治活動と『時事公論』

第一章で示したように、大正期以来「国民生活」という社会領域が浮上するなかで、政治の第一目標を「国民生活の安定」におく主張は珍しいものではなくなった。加藤の主張も初めて市会選挙に出馬したときとは異なり、徐々に経済、生活に関わる主張が増えていく。『時事公論』は加藤の議会での活動を紹介しているが、取り上げられるのは大正一三年の第四九議会では贅沢品等の輸入税に関する法律案特別委員会における奢侈税に関する加藤の質問であったり、昭和二年の第五二議会の本会議における加藤の営業収益税に関する質問であった。また、昭和三年の総選挙を前にして発行された『時事公論』は「帝国議会に於ける加藤鐐五郎君奮闘史」と題した記事を掲載しているが、紹介されているのは奢侈税で浜口蔵相と、薬品法をめぐっては若槻首相と渡り合い「大成功」を収めたことや、営業収益税、農村電化、大都市制に関わる問題であり、思想・外交問題は一つもあげられていない(91)。

昭和七年の総選挙では商工参与官という立場を活かした選挙戦を行ったことは先にみた通りである。犬養毅内閣崩壊後に参与官を辞任した後も、昭和七年の第六三議会の商業組合法案外一件特別委員会で加藤は、農村救済のため内務省・農林省の予算が拡大する一方で、中小商工業者救済のための予算は商工省でわずか三九万円しか計上されていないとして、中小商工業者の立場から、営業収益税の免税点引上などを主張しており、『時事公論』はこの議事録を転載している(92)。また、第五章で詳述するが、第六五議会で加藤は貿易調節及通商擁護に関する法律案（いわゆる通商擁護法）特別委員会委員長を務めており、加藤の本会議での委員会審議報告要旨がやはり『時事公論』に転載されている(93)。通商擁護法は外国による日本製品への高率関税、輸入制限措置といった貿易調整政策への対抗措置（輸入税の変更、輸出・輸入制限）を定めたもので(94)、同時代における貿易摩擦への対抗措置として制定されたものである。同号の「五月欄」には「東区一輸出商」から送られてきた、蘭印における陶磁器輸入割当制への対抗措置として陶磁器輸出業者は対蘭印向け陶磁器積み止め（昭和九年）を決行しており「代議士諸公に於ても、大に骨折つて貰いたし」といった投書や、「中区一貿易商」からの「吾々貿易商は、今や日蘭問題で血眼になつて戦つて居ります、通商擁護法を振り廻す時が来ます、加藤代議士の御自重を祈ります」という投書が掲載されている。また、六五議会での加藤の活動は、「非常時立法解決に獅子奮進（ママ）の加鐐君」として纏められてもいる。

加藤の中央政界での活動が、商工行政に関わるものが中心となっていくなかで、加藤も自身を名古屋選出の商工議員として宣伝するようになる。その点が端的に表れているのは、昭和一四年の衆議院再選挙である。

加藤は昭和一二年の総選挙で七〇〇票差で落選を喫した。その後は新愛知新聞社の顧問として記事を執筆しながら再起を期したが、そのチャンスは意外に早くやってきた。愛知県第一区で加藤を破って当選した日本革新党の山崎常吉が選挙違反に問われ当選無効となったため、昭和一四年五月に再選挙が行われることとなったのである。この選挙では、民政党が候補を擁立せず、選挙戦は政友会公認の加藤と山崎、政友会員の瀬川嘉助ら五名で争われることとなった。この選挙で加藤は、小山松寿から「常識では小山と加藤といふことになつて居る、私の方は起てぬ、無競争にしたい」と申し入れを受けており、民政党の応援も得て当選している[95]。

雪辱を期したこの選挙で加藤陣営が作成した両面刷りの印刷物には、加藤を推薦する人々の推薦文が掲載されている（表4-6）。多様な人々からの推薦を得ていることがわかるが、貴族院議員下出民義「商工政策と加藤君」、第一第二名古屋女子商業学校長市郁芳樹の「世界我が市場　貿易政策の加藤君」、瀬栄合資会社社長水野保一（陶磁器業者）の「商工行政に明るい加藤氏を議会へ送れ」といった、加藤が商工行政に通じていることを強調する記事が多く見られるようになっている。これらは見出しの活字も大きく、また紙面の上部に掲載されている。これらの推薦文は、産業経済の実情に通じ、国民生活と関わりの深い商工行政に明るい人物を議会に送るべきだとして、加藤を推薦するものである。

そして、大正期から昭和期にかけて加藤の政治活動の変化を取り上げているのは、元名古屋市議・元名古屋市長大喜多寅之助の「少壮雄弁から政策経綸へ」である。大喜多の推薦文は、加藤が県市会議員時代から弁論の雄として「実に華やか」な存在であったことを振り返る一方で、「政治家の生命は弁論にもあるが而し時代は更らに進ん

表4－6　加藤鐐五郎推薦文一覧（昭和14年）

題名	筆者	肩書き	掲載面
問題はたゞ人である　加藤君を当選させて下さい　郷里の皆様に是非お願ひ	松井石根	内閣参議・陸軍大将	表面
商工政策と加藤君	下出民義	貴族院議員	表面
スローガン	若山東一	（医師）	表面
東春出身の各位へ	田中斎	（国民新聞【新愛知傘下】主幹）	表面
政治的意思を加藤君に依て実現	大島宇吉	新愛知新聞社社長	表面
今度はカトウ	藤部文一	筒井町	表面
尾張部十一人の代議士中政友会は唯一人	樋口善右衛門	衆議院議員	表面
加藤君公認推薦に際して	樋口善右衛門	愛知県政友会支部幹事長	表面
親友加藤君を推薦す	尾関重	宮本物産常務	表面
必死の雪辱戦　滅私奉公の覚悟で起ち上つた応援陣	市野徳太郎他9名	（県・市会議員）	表面
謹でお詫び申上ます	辻欽太郎・友田久米治・長屋弘	（五月会常任幹事）	表面
商工行政に明るい加藤氏を議会へ送れ　十人の代議士より有力	水野保一	瀬栄合資会社社長	裏面
筋肉労働者諸君　清き一票を有効に	高野源三郎	杉村町	裏面
少壮雄弁から政策経綸へ	大喜多寅之助	（元名古屋市長）	裏面
世界我が市場　貿易政策の加藤君	市邨芳樹	第一第二名古屋女子商業学校長	裏面
政治家には稀な人間の確かさ	椙山正弌	椙山女学園長	裏面
加藤のをぢさん	小林龍二郎	愛知淑徳高等女学校長	裏面
「時代の若さ」を持つ政治家	大野正直	弁護士	裏面
理髪界の大恩人	服部正一	愛知県理髪業連合会会長	裏面
車の両輪	櫻木俊一	新愛知理事	裏面
カトウと書いて下さい	松波寅吉・黒田三樹三	（愛知県医師会長・副会長）	裏面
酒と煙草と加藤さん	近藤政寿	中村	裏面
一昨年選挙の報恩　全力を尽し加藤君へ	鬼丸義斎	弁護士	裏面
真実一路で清廉な人	桝田安太郎	東京	裏面
女から見た加藤先生	奥澤登起	名古屋ミシン裁縫女学院長	裏面
ポケット工場衛生の著者加藤さん	磯部鶴太郎	愛知時計	裏面
スローガン	樋口武雄	（詳細不明）	裏面
気の毒な立場の加藤さんを救へ	丹羽重左衛門	都島町	裏面
真摯奉仏の加藤君を推薦す	山田奕鳳	高顕寺	裏面
カトウ君をお助け下さい	日向野善次	名古屋土木建築請負業組合	裏面
カトウ君を御援助下さい	田中清吉	所得税調査委員	裏面
推薦の辞	多々羅恬一	（『時事公論』元発行編集兼印刷人）	裏面

注：ほとんどの人物に肩書きが付されているが、一部付されていない人物については肩書きを補った（括弧書きが補足部分）。肩書きに地名のみ記されている人物にはそのまま地名を記した。
出典：加藤鐐五郎関係資料W16-2647「（スクラップブック、加藤鐐五郎関係記事）」。

でそれ以上政策経綸の実行が政治家の第一任務とせられて来た」と政治家の任務が変化していると述べている。そして、加藤は衆議院当選以来政策研究に没頭し、それによって「実力在る中堅政治家」として商工参与官にも選ばれ、商工政策に対する抱負は議会で披露され重きをなしているとして加藤を推薦している。大喜多の推薦文は、政治家に求められる資質が弁論から実行へと変化していること、加藤が弁論と実行という二つの資質を持ち合わせていることを宣伝するものである。図らずも政治家としての加藤の変化を指摘するものとなっているともいえよう。

（4）戦時期の五月会

『時事公論』は昭和一二年刊行の第一〇二号までしか発見されていないため、その後の五月会については新聞記事と加藤の日記から簡単にみておく[96]。日中戦争開戦後の昭和一三年六月には、五月会出征家族のための武運長久祈願祭が名古屋市末広町の若宮八幡社で執り行われ、家族百五十余名が参列した。加藤は出征家族へ感謝の挨拶をしている[97]。五月会の行う行事が戦争の影響を受けて変化していることがわかる。昭和一四年、一六～二〇年の加藤日記をみると、昭和一七年一月五日には例年どおり賀新会が行われていることがわかる。同年三月一日には常任幹事だった辻欽太郎が没し、加藤は五月会を代表して弔辞を読んでいる。同年の翼賛選挙では、五月会員すべてに葉書が送られるなど、これまでと同様に五月会が加藤の支持母体であったことがわかる。翼賛選挙では、五月会系の一部市会議員が愛知県第一区から出馬した下出義雄（下出民義の子、実業家）陣営に転じることもあったが、加藤は三万票を超える大量得票で当選を果たした。しかし、これ以降は五月会に関する記述はほとんどみられなくなる。また、加藤は昭和一〇年代から五月会の中心的人物の結束力を高めるため「五三会」という団体も結成しており[98]、例月で時事問題を研究する会合を持っていたが、この五三会についての記述も昭和一八年以降みられなくなった。戦時下において、五月会は事実上休止を余儀なくされたようである。

7　代議士と後援会の相互作用と変化

本章では、大正二年の加藤の政界進出から昭和一〇年代までの動向を、特に後援会五月会と『時事公論』を中心に検討した。明らかとなったことは、大正期以来の行政国家化の進展、「政治の経済化」、そしてそれにともなう政党の変化のなかで、政治家としての加藤、加藤を支援する五月会が、相互に作用し変化していたという点である。清廉潔白と雄弁を売りとした加藤は、それに加えて「政治は生活」であると訴えるとともに、大都市名古屋にふさわしい商工政策に造詣の深い政治家へと自己のイメージを更新した。「政治道徳の向上」を旗印として結成された五月会は、会員数の増大とともに会員からの具体的な要望を聞き、会員の結束を高めるための様々なイベントを企画するようになったのである。第一章で検討した政党が自党の政策を変化させるのと軌を一にするように、個々の代議士も支持基盤とともに自らを変化させていた。後援会としての五月会は、加藤の政治活動の展開とともに徐々に形成されたともいえよう。さらに本章でもみてきたように、加藤は徐々に陶磁器業界との関わりを深めてもいた。第五章では、加藤の支持基盤の変化を特に陶磁器業界との関わりを中心に検討する。

なお、戦前期における後援会の事例研究は必ずしも多くないため、本事例を以て戦前期の後援会の代表例とすることはできない。しかしながら、少なくとも名古屋では、加藤以外の代議士（田中善立、瀬川嘉助、小山松寿ら）(99)や市議に至るまで個人後援会を組織していたことは明らかである。戦前日本における後援会の全体像については、さらなる事例を積み重ねた上で別稿を期すとして、戦前期に成立し、戦時中に休止を余儀なくされた加藤の後援会組織は戦後どのように復活したのであろうか。この点については第六章・第七章で検討したい。

第五章　戦時体制下の代議士と利益団体——支持基盤の維持と更新

1　戦時体制下における代議士の政治行動と支持基盤

本章では加藤鐐五郎の政治行動と、加藤が支持基盤とした愛知県の代表的な産業であり、団体の長を務めることにもなる陶磁器関係の利益団体との関わりを戦時期を中心に検討する。本章の対象とする時期は、愛知県公文書館寄託「加藤鐐五郎関係資料」にある加藤の日記が比較的残存していることから（昭和一一年、一四年、一六年〜二〇年）、本章では加藤の日記を中心に論じる。

序章でも触れた通り近年の戦時期における政党・代議士については、大きく分けて二つの側面から再評価が進んでいる。第一は、古川隆久[1]、官田光史[2]によって明らかにされた、中央政界における政策過程で様々な利益の実現・調整といった役割を果たしていた、という側面である。古川は、日中戦争下では利益団体の主張を代弁する議員集団によって、太平洋戦争下では代議士のほとんどが参加し、戦時体制下において事実上の与党であった翼賛政治会によって、農業・教育問題を中心に政策立案・利益調整がなされたことを明らかにしている。また、官田は、戦時期の代議士が翼賛政治会政調会を通じて、あるいは、昭和一七年（一九四二）内閣及び各省に設置された内閣委員・各省委員に就任することで、政府の政策過程へと浸透していく様子を明らかにした。

第二は、戦時期の代議士が多角的に新たな地盤を開拓するなど支持基盤を維持・更新していた、という側面である。昭和一七年の翼賛選挙に関する研究は、旧既成政党系代議士の得票数には戦前・戦時の間で大きな変化がなく、代議士間の地盤割りも残存していたこと、そして戦時期の代議士の支持基盤は強固であり、戦時体制を運営する東条内閣もそれを無視できなかったことを指摘してきた(3)。さらに、季武嘉也は秋田県選出代議士中田儀直の日記と地域紙を用いて、代議士が様々な団体と関係を構築し、多角的に新たな地盤を築き始めていたことを明らかにし、地域単位の集票数の比較に止まっていた上記の諸研究に対して「強固な地盤」の内実そのものにまで分析の範囲を広げ論じた(4)。

上記の諸研究は、代議士の政策過程における機能、代議士の支持基盤という二つの側面から、戦時期の代議士が無能でも無力でもなかったことを明らかにした。しかし、これらの研究はそれぞれ別個に進められたため、そもそも密接な関係にあるはずの代議士の政策過程における行動とその支持基盤とが、いかに相互に影響し、連動していたのかは論じられてこなかったといってよい。

そこで本章では、戦前期における代議士の政策過程への関与と、支持基盤たる利益団体との相互関係とが、日中戦争期〜太平洋戦争期という危機の時代においていかに変容し、あるいはしなかったのかを加藤と陶磁器業界との関わりから明らかにする。

なお、陶磁器業界と代議士との関わりについての先行研究はほとんどないが、白木沢旭児が一九三〇年代の恐慌下における陶磁器工業組合の統制に関して論じるなかで若干触れている。白木沢は、陶磁器工業組合においては組合の組織化が進展しており、業者の中には組合が業者の利益を直接国家に伝え交渉すればよく、代議士や地方議員の「顔」など必要としないといったコーポラティズム的発想があったことを指摘している。[5] 陶磁器業界の中でも代議士不要論とでもいうべき状況があったことが窺われるが、これに対して本章では、陶磁器業界と加藤との関わりが、戦前期から戦時期まで継続し続けていたことを示す。

2　陶磁器業界の概要

（1）陶磁器業界の同時代的な位置

はじめに加藤が支持基盤とした陶磁器業界の概要について、本章に関係する範囲で確認しておく。[6]

陶磁器業は、前近代よりの歴史を有する産業であり、明治初年には近世期に諸藩によって保護育成された産地が残存していた。しかし、明治二〇年代から昭和〇年代の間、愛知県、岐阜県、佐賀県、京都府、三重県が生産額で上位を占め続けるようになり、愛知県・岐阜県で五〇%から六〇%を占めた。とりわけ愛知県のシェアは明治三三年から昭和一三年にかけて三〇%から四〇%後半を推移し、昭和七年には五〇%を超えた。[7] なお、昭和一二年の陶磁器生産額は一一五一九万円であったが、このうち主要産地は、瀬戸市（一六四四万円）、土岐郡（一二三二万円）といった伝統的な産地を押しのけ、名古屋市（三七一四万円）が首位の座を占めている。主要製品は飲食器であった。[8]

これら製品は、およそ三〇%から五〇%が輸出向けに生産されており、主な輸出先は明治二〇年代以降はアメリカで、香港、中国が続いた。陶磁器業の生産額と輸出額は第一次世界大戦をきっかけに急増し、アメリカのほか、英領インド、蘭領インド向けの輸出が急伸した。昭和一五年には生産額が、一六年には輸出額がピークに達している（表5-1）。日本の総輸出額に占める陶磁器輸出額の割合自体は、大正一四年（一九二五）で一・五%、昭和一〇年（一九三五）で一・七%であったが、昭和九年のアメリカ、中国、蘭領インドにおける日本製品のシェアはそれぞれ五七・九%、八三・四%、八一・六%であり、各輸出先で国際競争力を有していた(9)。

(2) 陶磁器業の生産構造

続いて陶磁器業界団体についてその性質などを確認するに当たって、業界の生産構造について簡単に触れておく(10)。愛知県瀬戸、岐阜県東濃は、前近代以来の陶磁器産地である。しかし、第一次世界大戦後においては、主として釉薬をかける前の素地（半製品）を生産し、名古屋の製造業者や、加工問屋（生産部門を持つ問屋）へと供給していた。瀬戸・東濃の窯屋（陶磁器生産者）は、陶磁器生産過程でもっとも利益を生み、かつ最終段階の工程である上絵付・彩色について、絵付技術者を支配する名古屋の製造業者・加工問屋に依存していた。

第一次世界大戦後の陶磁器生産の中心となったのは、上絵付・彩色という工程を握った名古屋であった。名古屋

表5－1　全国陶磁器生産額及び輸出額

単位（千円）

年号	西暦	生産額	輸出額
大正元年	1912	16,546	5,452
大正2年	1913	17,677	6,637
大正3年	1914	15,561	5,914
大正4年	1915	17,532	6,953
大正5年	1916	25,220	12,040
大正6年	1917	29,338	14,474
大正7年	1918	44,214	19,958
大正8年	1919	64,660	22,630
大正9年	1920	62,840	31,452
大正10年	1921	54,070	20,792
大正11年	1922	60,492	21,211
大正12年	1923	54,741	23,460
大正13年	1924	68,533	25,437
大正14年	1925	78.178	35,273
昭和元年	1926	73,971	33,182
昭和2年	1927	74,363	30,491
昭和3年	1928	76,726	34,643
昭和4年	1929	74.767	36,963
昭和5年	1930	62,420	27,171
昭和6年	1931	54,198	19,307
昭和7年	1932	65,263	22,937
昭和8年	1933	85,247	35,634
昭和9年	1934	92,364	41,877
昭和10年	1935	99,368	42,734
昭和11年	1936	108,172	45,654
昭和12年	1937	115,191	56,266
昭和13年	1938	100,008	40,500
昭和14年	1939	104,431	48,619
昭和15年	1940	126.988	65,695
昭和16年	1941	158.178	46,440
昭和17年	1942	118.767	29,273
昭和18年	1943	80,990	18,249
昭和19年	1944	59,536	12,065
昭和20年	1945	39,902	2,052

出典：『概説近代陶業史』巻末表。

では、素地生産から絵付加工まで一貫生産し、問屋業務も兼ねて輸出まで行う日本陶器（現ノリタケカンパニーリミテド）などの大企業や、窯屋から仕入れた素地を自社もしくは下請の画工場で上絵付する業者が中心であった。そして、上絵付のみを行う業者のなかでも経営規模が大きかったのが、問屋業務も兼ね輸出まで行っていた加工問屋である。第一次世界大戦後の陶磁器業では、名古屋陶磁器業を中心に複雑な分業体制が築かれていたのである。そして後述するように、加藤が直接の支持基盤としたのは名古屋加工問屋を中心とする名古屋陶磁器業である。

（3）陶磁器業界の利益団体

①生産業者団体

日本陶磁器工業組合連合会（略称日陶連）は陶磁器業界で中心的役割を果たした団体である。そもそも陶磁器業界は、重要輸出品工業組合法（大正一四年制定、昭和六年工業組合法に改正）の適用業種であったことから、昭和元年には瀬戸と常滑で地区の工業組合が設置されていた。昭和恐慌期には岐阜県内で工業組合設立が相次いだ。瀬戸・美濃の素地生産業者は統一的包括的統制事業を行うため、商工省工務局・臨時産業合理局に連合会の結成促進を陳情し、その結果昭和六年二月に日陶連が設立された。当初は東海地区を中心としたが徐々に傘下団体を増やした。日陶連は、臨時産業合理局に設けられた陶磁器工業委員会統制案を受けて、愛知・岐阜・三重三県で陶磁器工業統制事業を実施し、生産統制・価格協定等を行った[11]。日陶連の統制事業のなかに取引先の指定が含まれていたことから、加工問屋に対する窯屋の発言力が向上することとなる。

窯屋の組織化に危機感を覚えた名古屋加工問屋は、自らも上絵付という工業工程を有した「加工完成業者」であると称して名古屋陶磁器工業組合を結成し、日陶連に加入する[12]。その際中心となった人物が、同組合専務理事（後に理事長）で後述するように加藤鐐五郎とも密接なつながりを有した水野保一である[13]。名古屋加工問屋の加入によって、日陶連は工業組合でありながら、生産者と問屋とが共存することとなった。窯屋と加工問屋（加工完成業者）は時に対立しながらも、統制による利益を享受した。

設立当初は業者出身者が理事長・専務理事以下の役員となっていたが、昭和一一年に統制強化を図るための組織改編がなされると、商工省の任命する官僚出身者が理事長・専務理事となり、商工省の意向が強く反映するようになる（理事長梶原仲次〈勧銀総裁〉→羽生雅則〈第一次近衛内閣内務次官〉、専務理事竹久豊市〈兵庫県事務官〉→出石於菟彦〈名古屋市厚生局長〉）。この際、日本陶器・名古屋製陶所といった大企業も日陶連へ加入している。(14)

日中戦争期に入ると、日陶連は陶磁器の製造原料の配給、燃料である石炭配給なども担うようになる。昭和一四年の価格等統制令によって物価、賃金が公定されたのちは、日陶連が陶磁器生産者価格の公定価格運営事業を担うなど、(15)陶磁器を取り扱うすべての業者は日陶連との関係なしには操業不可能となった。

②輸出業者団体

全国の陶磁器輸出業者によって昭和八年に組織された団体が大日本陶磁器輸出組合連合会（略称陶輸連）である。(16)陶輸連は輸出組合法（大正一四年制定、昭和一二年貿易組合法に改正）に基づく輸出組合である。陶輸連は、対外的なダンピング批判・日本陶磁器輸入制限を避けるため、輸出の数量・価格統制を実施した。

なお、水野保一をはじめとする名古屋加工問屋の有力者「五人衆」は、陶輸連の結成に先立って日本陶器専務の飯野逸平を理事長に擁立し、愛知・岐阜・三重等の業者が加盟する名古屋陶磁器輸出組合（略称名陶輸）を結成していた。(17)陶輸連の結成を主導したのも名陶輸であり、陶輸連所属組合員の陶磁器輸出額のうち約七割は名陶輸が占めていた。名古屋加工問屋は、工業組合と輸出組合双方に参加し、発言力を有していたのである。

③内地商業者団体

陶磁器商業団体としては、産地卸商からなる日本陶磁器卸商業組合連合会（略称日商連、昭和一〇年結成）、及び消費地卸商からなる全国陶磁器卸商業組合連合会（略称全陶連、結成年不明―昭和一六年五月全国陶磁器卸商連盟に改組）[18]がある。両者はいずれも商業組合法（昭和七年）に基づく商業組合であり、日陶連からの共同仕入等を実施していた[19]。

諸団体の関係を整理し図示すると、おおむね次の通りとなる[20]。

先の白木沢研究で示されているように、陶磁器関係団体は日常的には商工省・外務省、各県庁との折衝・陳情を行っている[21]。しかし、官庁への働きかけのみで要望が達せられない際に、業界が代議士に仲介を依頼する構図があった。次節で確認する。

3　支持基盤としての陶磁器業界

(1)　加藤と陶磁器業界の結びつき

戦前期の衆議院議員総選挙に関する新聞の選挙情勢記事を見る限りでは、陶磁器業界が加藤の支持基盤であることを指摘する記述はみられない。また、各利益団体の機関誌に目を転じてみても選挙に関わる記述はない。しかしながら、加藤日記からは、新聞史料からは浮かび上がらない加藤と陶磁器業界、特に名古屋陶磁器業界との関わりを析出することができる[22]。また、日本貿易協会創立五〇周年記念の会での加藤の発言からは、両者の密接な関わりをみることができる。

一九三〇年代、陶磁器の主な輸出先であるアメリカ、蘭印、オーストラリア等では輸入制限措置がたびたび実施されていた[23]。陶磁器輸出業者からなる陶輸連は、対蘭印向け陶磁器積み止め（昭和九年）のような強硬策や、輸出価格統制により貿易業の維持を図っていた。一方、昭和九年には貿易調節及通商擁護に関する法律（いわゆる通商擁護法）が制定された。同法は、外国による日本製品への高率関税、輸入制限措置といった貿易調整政策への対抗措置（輸入税の変更、輸出・輸入制限）を定めたものである[24]。通商擁護法について、加藤は昭和九年に開かれた日本貿易協会創立五〇周年を記念する会での挨拶で自己の見解を示している[25]。加藤は犬養総裁期の政友会が立案した輸入防遏・輸出増進による産業振興、恐慌克服を目標とする「産業五ヶ年計画」に触れつつ、犬養内閣では短期間ながらその政策的立場から関税改正を行ったことを述べている。また、同時期に省内で立案した伸縮関税の延長線上に通商擁護法もあり、自身は通商擁護法を審議する衆議院貿易調節及通商擁護に関する法律案委員会委員長として極力法案成立に努力したと語っている。さらに加藤は、陶輸連が行った蘭印向け陶磁器輸出の積み止めについて「痛快に堪へぬ」として、陶輸連の「整然たる統制」を評価するなど、陶輸連の事業と「産業五ヶ年計画」との親和性を強調していた[26]。輸入防遏・輸出増進による産業振興、恐慌克服を目標とする「産業五ヶ年計画」は、対外輸出に大きく依存する陶磁器業界にとっても受け止めやすい政策であった。「産業五ヶ年計画」は、加藤が陶磁器業界との関わりを深めるなかで有効に機能したといえよう。加藤の後援会誌『時事公論』でもこの問題が取り上げられていたこと、輸出業者からの投書があったことは第四章でみた通りである。

昭和一一年の加藤日記をみると、四月二五日に「日蘭、日暹問題で水野君訪問、政府は無為無能たゞ拱手傍観するのみである、との結論を得た」とある。蘭印では昭和一〇年七月に食器を中心とする陶磁器に輸入制限令を発布しており[27]、シャムでは昭和一一年三月に陶磁器関税が、旧率から最高二〇倍と大幅に引き上げられている[28]。第六九回帝国議会（昭和一一年五月四日〜五月二六日）の開会を前に加藤は、水野から貿易業に関する情報を得ていたと考えられる。

五月一四日の衆議院本会議重要輸出品取締法案外二件の第一読会で加藤は、貿易政策に関する質問を行っている。第一に日埃会商、第二に日蘭会商の現況について糺したほか、綿布・人絹織物の関税を引き上げたオーストラリアとの貿易については通商擁護法発動の決意を政府に促している。さらに対シャム貿易については、関税大幅引き上げの影響で愛知県及び近県を中心とする対シャム陶磁器輸出は途絶状態であるとして、シャムとの折衝の内容について経過報告と政府の処置決心について所信を問うている[29]。加藤は議会の場で、業界の主張を代弁していたのである。

議会終了後、六月六日の加藤日記には、「二時水野保君、訪問、日濠問題の報告也」とあり、水野に貿易問題に関して報告している。同日の日記には「陶磁器貿易業者は凡て吾党の応援者也、やはし真情を以て彼等を擁護するに限る」とまで記しており、関係の密接さが窺える。なお、期間は不明ながら、加藤は名古屋陶磁器輸出組合の顧問も務めている[30]。加藤は輸出用陶磁器の生産・輸出を担っていた名古屋加工問屋の有力者水野を通じて、名古屋陶磁器業界[31]、輸出陶磁器業界との関わりを有していたといえよう[32]。

なお、議会終了後の政務調査役員会に出席した加藤は、砂田重政政務調査会長の演説に対して、「枝葉末節」ばかりであり、「天下を引ゆるに足る甘味」もない、「国策と政策とは一寸意味が異ふ」として不満を有していた。そこで想起されたのは「産業五ヶ年計画」である。加藤は「山条氏産業五ケ年計画を立て、国際貸借の改善を計つた、今や貿易振興と原料国策、これが目下の急ム中の急ム也」として、この両者を大方針として政策を樹立すべきだと日記に記している（昭和一一年七月一日条）。政友会が「産業五ヶ年計画」を掲げた昭和五年から六年が経とうとしていたが、同計画は未だ加藤の中に息づいていたといえよう。

(2) 後援者としての陶磁器業界

加藤が昭和一二年の衆議院議員総選挙で発送した選挙郵便の推薦人からも、加藤と水野をはじめとする名古屋陶磁器業界との関わりを窺うことができる。昭和一二年当時、名古屋市には行政区が四区あり、そのうち三区の選挙郵便が残されており[33]、それぞれに一五名の推薦者が名を連ねている。各選挙郵便の推薦人一覧を比較すると、選挙郵便に名を連ねている推薦者が区によって若干異なっている（表5-2）。ここで注目したいのは、加藤の地元東区の選挙郵便にのみ先述した水野保一の名があることである。名古屋市が陶磁器生産の中心的役割を果たしていたことは先に述べた通りだが、なかでも東区には陶磁器関連企業の圧倒的多数が集中していた[34]。東区のみに水野の名前があることとも、加藤が東区に集中する名古屋陶磁器業者を支持基盤の一つとして認識していたことを示唆していよう。昭和一四年の選挙でも水野が「商工行政に明るい加藤氏を議会へ送れ」と加藤を推薦していたことは前章で確認した通りである。

なお、昭和一七年五月の翼賛選挙について、先取りして確認しておくと、加藤の日記には具体的にどの団体からどのような支援を得たかについて明確な記述はない。しかし、「組合で骨折つたものの効果が再選挙（昭和一四年）の時より多くなつた」、「連区町会長の推薦文も今度は多くなつた」といった、利益団体・社会集団からの推薦が多くなったという認識が示されている（昭和一七年四月二二日条）[35]。また、投票日の加藤日記には、水野保一が加藤を訪ねている様子や、「一、各組合を動かした、一、十枚私製はがきを前回は約八千枚出した代りに組合が加はつた」

表5－2　行政区別の推薦人一覧（昭和12年総選挙）

東区選挙郵便推薦人		西区選挙郵便推薦人		中区選挙郵便推薦人	
肩書き	氏名	肩書き	氏名	肩書き	氏名
新愛知新聞社社長	大島宇吉	新愛知新聞社社長	大島宇吉	新愛知新聞社社長	大島宇吉
元名古屋市長	大喜多寅之助	元名古屋市長	大喜多寅之助	元名古屋市長	大喜多寅之助
貴族院議員	下出民義	貴族院議員	下出民義	貴族院議員	下出民義
商友会名誉会長名古屋女子商業学校長	市邨芳樹	商友会名誉会長名古屋女子商業学校長	市邨芳樹	商友会名誉会長名古屋女子商業学校長	市邨芳樹
椙山女子学園長	椙山正弌	椙山女子学園長	椙山正弌	椙山女子学園長	椙山正弌
松波病院長	松波寅吉※	松波病院長	松波寅吉※	松波病院長	松波寅吉※
愛知淑徳高等女学校長	小林龍二郎	愛知淑徳高等女学校長	小林龍二郎	愛知淑徳高等女学校長	小林龍二郎
黒田病院長	黒田三樹三※	黒田病院長	黒田三樹三※	黒田病院長	黒田三樹三※
長屋歯科医院長	長屋弘※	長屋歯科医院長	長屋弘※	長屋歯科医院長	長屋弘※
瀬栄合資会社長名古屋陶磁器輸出連合組合理事	水野保一	労働病院長、元県会議員	河村愛治	県市会議員	宮地太市
商工会議所委員	廣瀬久彦	新道連《ママ》区教育会長	若山東一	県市会議員	市野徳太郎
筒井町惣代	藤部文一	大野医院長	大野哲哉	県市会議員	高橋鉄五郎
市会議員	井川一	新愛知新聞理事	櫻木俊一	市会議員	手島博章
市会議員	横井亀吉	県市会議員	市野徳太郎	元市会副議長	村瀬健次郎
県市会議員	田中政友	鈴木病院長	鈴木秀治	元県会議員	河村愛治

注（1）：網掛けが一つの区にのみ名前を連ねている人物。

注（2）：松波寅吉は愛知県医師会長、黒田三樹三は愛知県医師副会長、長屋弘は名古屋市学校歯科医会長を務めた。

出典：加藤鐐五郎関係資料W16-2646「（スクラップブック、昭和十二年四月衆議院議員総選挙）」。

といった選挙戦を振り返る記述がある（四月三〇日条）。

4　日中戦争期の陶磁器業界と加藤

本節では、昭和一四年・一六年の加藤日記を中心に、日中戦争期における陶磁器業界と加藤との関わりを検討する。

（1）石炭配給問題と政友会

昭和一二年七月の日中戦争開戦によって石炭需要は逼迫し、昭和一三年には石炭統制が開始された(36)。陶磁器業界では日陶連が石炭配給統制を行っていたが、政府から割り当てられた数量の石炭を購入することすら難しくなっていた(37)。

この頃、加藤の属した政友会中島派では、同年六月から八月の間に「全国銃後地方状況調査」を実施しており、全国に調査員が派遣された(38)。愛知県を含む東海地区については党顧問木暮武太夫と熊谷直太が視察に訪れ、陶磁器業者から石炭配給が不円滑であることを聴取している(39)。加藤の日記をみると銃後地方状況調査は名古屋商工会議所で行われ、加藤も立ち会っていたことが分かる。石炭問題については水野保一が状況を報告しており、加藤も水野の談を「いたく傾聴」している（七月六日条）。

加藤は九月七日に名古屋の日陶連事務所で幹部と石炭配給について協議し、この協議の翌日に東京で開かれた政友会銃後調査状況聴取会において、「一、陶磁器業と石炭配給、一、低物価政策と高級工芸品生産等の関係を考慮すべし」と述べている（九月七・八日条）。日陶連幹部との協議はこの聴取会に向けてのものであったと推測される。

また、一〇月二六日の政友会幹部会に党顧問の立場で参加していた加藤は、石炭、電力供給、石油対策など燃料に関する特別委員会設置を希望している。[40] 結局、燃料に関する調査は、党政務調査会に置かれ、加藤が部会長となっていた経済部会で行うこととなった（一〇月二七日条）。一一月二三日の加藤日記には、「政友会発表の石炭増産対策案を書いた」とあり、同月三〇日には、政友会幹部会において政務調査会が立案した石炭増産要望事項が議題となっている。幹部会での質疑では加藤が答えていることから、政調会の石炭増産要望案は加藤の筆によるものと考えてよいだろう。[41] 案は満場一致で可決され、東郷実政調会長、田邊七六幹事長、川島正次郎総務が党を代表して阿部信行首相、伍堂卓雄商相を訪問して要望を伝えている。[42] 加藤は「政友会がここ迄持ち来たりは僕の努力さ」と日記に記している（一一月三〇日条）。加藤は、石炭配給という問題を陶磁器業に引きつけて論じ、党の政策に反映させていたのである。この他、加藤は、水野保一、飯野逸平（日本陶器社長）ら陶磁器輸出業者から、昭和一四年に強化された円ブロック向け統制に関する問題で陳情を受け、商工省に交渉に赴いている（一一月九・一〇・一二日条）。

陶磁器業界では、生産業者、輸出業者ともに、加藤に政治的な働きかけを依頼するという構図の存在を窺うことができる。これは日常的に行っている商工省等との折衝で目的が達せられない場合に限ってのことと思われるが、加藤はそうした求めに応じて行動していることも明らかであろう。また、加藤が直接の支持基盤としたのは名古屋陶磁器業だが、石炭配給問題でみたように、陶磁器業全体に関わる問題についても陳情を受けていた。おそらくは、名古屋加工問屋が日陶連にも属していたことに起因すると思われる。

なお、日記を見る限り、陶磁器業者からの陳情を政府に仲介する際、他の代議士と行動をともにしている様子はみられない。農業団体では、明治四〇年には農政研究会、昭和一二年に農村振興議員同盟といった、農業団体の利益を代弁する超党派の議員集団が設立されていたが、陶磁器業界では昭和一〇年代の段階で、そのような議員集団は存在していなかったのであろう。

(2) 日本陶磁器商業組合連合会理事長就任依頼

これまで、生産業者、輸出業者との関わりを中心に論じてきたが、昭和一六年の加藤日記には陶磁器商業者の名前がみられるようになる。きっかけは戦時期における陶磁器配給機構の整備である。昭和一六年一月商工省は、元売・卸売・小売の各段階毎の利益調整のため「配給機構整備要綱」を通牒した(43)。陶磁器商業界においては、内需向け陶磁器の公定価格が決定した後、産地卸商の日本陶磁器卸商業組合連合会(日商連)と消費地卸商の全国陶磁器卸商業組合連合会(全陶連)とが利潤の分配をめぐって対立し配給の円滑を欠いていたため、その整備が課題となっていた(44)。

昭和一六年二月加藤は、産地卸商の団体である日商連から日商連理事長就任を打診されている(二月三日条)。この時加藤は考慮する旨を答えるのみで諾否を明確にはしなかったが、三月には、加藤宮蔵日商連理事長(岐阜県東部陶磁器商業組合理事長)ら幹部が理事長就任を正式に依頼した。加藤は「たゞ紙に書いた文字を読む、結婚式上の媒酌人たるのみ」と就任を承諾した(三月一五日条)。加藤が理事長に選ばれた経緯は明らかではないが、「結婚式上の媒酌人たるのみ」という記述からすれば、産地卸と消費地卸の仲裁役としての役割を求められてのことであったと考えられる。翌日、日商連幹部と会談した加藤は、「生産地卸商の我欲内輪話をした。公平に裁きをせねばならぬ」と、自らを理事長に推した産地卸商をやや突き放した感想を日記に記している。加藤は、戦時期における中小商業の整備政策によってもたらされた産地卸商・消費地卸商の軋轢に対して、両者の仲裁役たらんとしたといえよう(三月一六日条)。

加藤の理事長就任について猛反発したのは水野保一である。水野は「あんな手合の理事長を引受けなさることは、名誉にかかわる」として強硬に辞退を薦めている。加藤は「これでも幾分か陶業界に貢献し得られること」であり、「全国一丸となり国策に沿ふことであれば結構と思ふ」と、水野の態度に釈然としなかったようである(四月一三日条）。大島鎗一郎全陶連理事長（愛知県陶磁器卸商業組合・愛知県陶磁器小売商業組合理事長）が「水野君と宮蔵君とは犬猿の間柄」であるという助言を加藤にしたことや（一四日条）、日商連幹部に対する「各方面より注意」もあり、加藤は理事長を一旦辞退することとなった（二二日条）。

このの四月、商工省が新たに陶磁器配給機構整理要綱を示し、産地卸商業組合、消費地卸商業組合を一丸とした連合会の結成を指示した[45]。加藤は五月、産地卸商、消費地卸商の代表者の来訪を受け、連合会理事長就任を一致して依頼され、これを承諾した（五月二九日条）。なお、日商連理事長就任に猛反発していた水野も、「陶磁器も日陶連、輸出部、内地向、之れ等凡て打つて一丸とすべきもの也、この上に先生をいたゞきたし」と賛意を示している（六月七日条）。

陶磁器商業団体の長に就任することによって加藤は、従来から密接な関わりのあった水野保一ら名古屋陶磁器業者を中心とする輸出業者のみならず、商業者との関わりを深めることとなる。

5　太平洋戦争期の陶磁器業界と加藤

(1)　陶磁器配給系統一元化問題

昭和一七年三月、加藤は陶磁器商業団体新組織の準備委員長となり（三月一四日条）、七月二〇日の日本陶磁器商業組合連合会創立総会において理事長に選出された（以下、陶商連と略記）[46]。以後、加藤は陶商連の会合にたびたび出席し、時には体調不良を押して産地・消費地卸商の仲裁役となっている（八月八日、一〇月二日、一一月四日条ほか）。

さて、太平洋戦争開戦後、軍需品増産のため民需関連産業は政府の進める企業整備の対象となり、工場、労働力ともに軍需産業へ振り向けられることとなった。陶磁器業も工業・輸出・商業のいずれも企業整備の対象となり、業者の多くは企業合同、もしくは転廃業を強いられた[47]。企業整備が進められるなかで、以下みていくように陶磁器団体の再々編もなされることとなる。

陶商連では、企業整備の懇談会の場で「山田属[48]」から、突如「一組合一会社に結成したい〔陶磁器商業組合連合会を一会社にすべしという意味〕と思ふが如何」と提案があった（九月一八日条）。陶商連における元売卸商の企業整備懇談会のなかでは、「一年前商工省の命令で商業組合連合会を組織し、漸く呱々の声をあげたに、更らに会社組織にせよとは、余りに無定見ではないか」という議論がある一方で、「会社組織にした方寧ろ可也」といった意見もあり見解が分かれていた（一一月二日）。加藤自身は、岐阜県の有力な木材問屋で木材統制に反発し言論集会出版結社等取締法に触れ一時拘禁されていた平野増吉[49]から、木材では統制会社によって「真の木材飢饉が現出した、個人の創意を無視しての企業凡て如斯」といった「泣くが如き統制反対論」を聞き「凡て同感」している（一一月七日条）。加藤は会社組織論に反対であった[50]。

一一月一〇日の陶商連企業整備委員会の場で加藤は、「企業体を一地区別に一会社とするが如きは、創意を失し、努力心を消耗する」、「何れは以前の企業体に復帰すべきものであると信ずる」として「県木材会社の失敗談」を話したが、結局は「一商工省の属官の一会社説に恐れをなして、一会社論に各方面が大体一致」するに至った（一一月一〇日条）。加藤は、陶商連の企業整備懇談会の場で、「一商組一会社案で行くことにした、会社経営は愚の骨頂なれど仕方なし」と「諸君に説法」せざるをえなかった（一一月一四日条）。一連の記述からは、商工省の商業組合連合会を一会社に再編するという意向に陶商連の事業者が追従する様子が窺える。この問題についていえば、加藤は商工省の意向を覆す決定はできなかったのである。

①陶磁器配給機構整備と加藤の活動

さて、陶磁器配給機構整備については、組織体を組合とするか、会社にするか、といった形態の問題だけではなく、いくつかの機関に分かれていた配給機関の整備統合も課題となっていた。陶磁器業界では生産面では日陶連による一元統制が実現していた。その一方で配給面では陶商連だけではなく、衛生陶器・タイル等を扱う土木建築陶器統制株式会社（昭和一七年一月設立、社長は出石於菟彦日陶連専務理事）、金属製品などの代用品を扱う新興陶磁器統制株式会社（昭和一七年五月設立、日陶連と業者が共同出資、社長は出石）などが分立状態にあった。[51]

加藤は、「生産は日陶連、販売配給は陶商連で凡て取扱ふのが本旨」であるのに、「これで統制が出来るか」（九月二二日条）と陶商連主体の配給機構再編を志向していた。また「陶商連の諸君」からは、「生産は日陶連、配給は陶商連」とするため「高所から御話しありたし」と依頼を受けている（一一月二一日条）。加藤は陶磁器業を所管する商工省化学局山本茂局長と会談したが、山本からは「出来上がつたばかしの二会社」の合併は紛糾を増すとして難色を示され、問題は進展しなかった（一一月二八日条）。

この問題は、昭和一八年三月に商工組合法が成立したことによって再燃する。従来から存在していた同業組合・工業組合・商業組合は、統制事業を行う統制組合か、共同経営組織である施設組合のいずれかに改組する必要が生じたのである。[52]

加藤は五月二九日、商工組合法に対応する改組案について陶商連幹部と協議をはじめている。翌三〇日には、「時局柄我利〳〵的立派はやめて、陶磁器生産配給全体として、極めて合利的で且つ実際的の良案を考へねばならぬ、そして、これを商工省に硬談判実現さすべし」と、「陶磁器生産配給全体」の再編を考えてもいた（五月二九日・三〇日条）。また、翌六月の陶商連の会議のなかでは、「今度の案に就て確信を得たら、商工当局に懇願でなくて、堂々、斯く〳〵すべしと高調する積りだ」（六月一一日条）と意欲を示している。[53]

加藤は早速、日陶連の羽生雅則理事長に「今后企業整備（陶器）に就ては、両者協調してやりたい旨を申出」（六月一四日条）、商工省でも、菱沼勇物価局長官らと会見、「公正なる見地に立ちて、陶磁器、生産配給の現状を説明し、理想案現実案、改善案等につき説明」している（六月二一日条）。また七月八日にも商工省津田広化学局長、椙杜正太郎無機課長等に会見し「第一案、第二案、せめて第三案、配給の一元化を力説」した上で、菱沼に代わって物価局長官となった西川浩にも会見し「自分が陶磁器に関係して居るが故に、余程遠慮して此言をなす」と伝えている（七月八日条）。こうした加藤の積極的な動きについて、加藤日記には「日陶連では、余が商工省行を以て、一大何事かあると思意して、相当慌て、居るらしい」とあり、日陶連側が加藤の動向に注意を払っていた様子がわかる（七月二〇日条）。

陶商連としての案が決定するのは、八月二三日のことである。加藤は陶商連事務局に対して案作成を指示しており、同日には陶商連の両副理事長の賛意を得、日陶連に報告の上で副理事長が上京して課長以下に陳情することとなった。その内容は生産を担当する日陶連に対して配給を担当する〝統制組合〟として陶商連を位置づけ、陶商連が新興陶磁器会社を抱合する、というものである。しかし、九月二日に開かれた陶商連副理事長会で、加藤（宮）、大島、上地万太良等の幹部からもたらされた「東京の情勢」は「何れも悲観説多」く、結局加藤は陶商連幹部から再び「高等談判」を乞われる（八月二三日・九月二日条）。

加藤は同月五日に上京し、翌日に津田広化学局長、西川浩物価局長官、豊田雅孝企業局長官等と会談している。日記には、「陶商連として、死活の問題とされてゐる機構の件で大体成功した、代議士の自分でなくては出来ぬ藝也、両副理事長も安心せん」と、商工当局との会談で好感触を得たことが窺える（九月六日条）。

②会社組織か統制組合か

しかし、商工省側は、陶商連側の主張する統制組合ではなく、あくまで統制会社の設立を望んでいた[54]。一〇月二三日、加藤は、物資統制を担う商工省物価局から「成るべく統制会社で行きたい、日用品、全部を一括します、会社でも組合でも同じではありませんか」と説得され（一〇月二三日条）、二九日には陶商連と新興陶磁器配給統制株式会社を合併して作る新会社の社長就任を依頼される（一〇月二九日条）。

この依頼を受けて加藤は「日本の陶磁器全体に向つて自分の抱負を行つて見たい気分がした、幼時陶磁器の学校を出て政治界に入つても陶磁器に関しては努力した関係もあり、今の機会が一番よいと思つた」と意欲を示すに至り（一〇月三〇日条）、また、陶商連側も決定を歓迎している（一一月四日、九日条）。この間には、一一月二日に陶磁器統制に関する件で岸信介軍需次官・国務相に会見し、詳細は不明ながら「同感」という感想を得ている。

新興陶磁器配給統制株式会社を含めた会社結成となった点からすれば、陶商連の希望も容れられたといえるが、新会社の株は「新興と半々」（一一月二二日条）の対等合併であった。加藤日記の日陶連での準備委員会について記した箇所には、「日用品統制会社側の委員会を開く、何故か日商連《（ママ）》押され気味也、驚いた、株も新興と半々也、これでは新興が発展解消だと誇つたのも、其原因が分つた」とあることからすると、加藤はじめ陶商連側の認識が十分ではなかったようである（同日条）。

日本生活用陶磁器配給統制株式会社は、資本金三五〇万円、陶商連、新興陶磁器会社が各一四七万六〇〇〇円、日陶連および所属関係工業組合が三五万円、日陶連傘下の硬質陶器共販会社が一九万八〇〇〇円を出資し設立されることとなった。一二月には同社の発起人会が開催され、加藤が発起人総代となる（一二月一四日条）。同社は、生産団体である日陶連を改組して、生産及び配給を扱う全国地区の統制組合として新設されることとなった全国陶磁器統制組合（全陶統）の傘下に入ることとなった。全陶統は、日本生活用陶磁器配給統制株式会社、工業用陶磁器を扱う日本工業陶磁器配給統制株式会社を集約した上で地方統制組合を包摂し「わが国を中心とする大東亜共栄圏の陶磁需給計画の根本対策を樹立して徹底的な実践を行ふ」こととされた[55]。

こうした団体の再編は、加藤にとっていかなる意味を持ったのだろうか。指摘すべきは、生活用陶磁器配給統制会社が陶商連のみならず、代用品を扱っていた新興陶磁器統制株式会社、日陶連、日陶連所属工業組合の出資で設立されることで、加藤が団体の長としての活動範囲を広げる契機となったことであろう。組織面でいえば日陶連の傘下に入ったが、戦前期以来の名古屋陶磁器業者及び輸出業者や、戦時期に入ってから団体の長を務めるようになった商業者のみならず、後述するように生産業者と直接関わる機会がこれまで以上に増えたのである。

（2）交易営団の設立と輸出陶磁器業界

これまで戦時期における陶磁器商業者との関わりを検討してきたが、本節では戦前以来の輸出業者との関係が、戦時期においてどのように展開したかについて検討したい。

昭和一五年の日米通商航海条約失効、一六年の太平洋戦争開戦等によって第三国向け輸出はほぼ途絶するに至った。昭和一六年五月には貿易統制令が公布され、一二月二二日には貿易業整備要綱が示達された。陶磁器輸出業者は昭和一四年度・一五年度の輸出実績を基準に、会社の統合・転廃業といった企業整備を強いられた[56]。また、昭和一六年四月には陶輸連と名陶輸ほか各地区の組合が日本陶磁器輸出組合に再編・統合された。同組合では、陶磁器輸出振興株式会社（社長飯野逸平元日本陶器社長、専務取締役伊藤九郎、常務取締役永井精一郎、取締役水野保一）を設立し、同社は円ブロック向けの物資調達配給を担った[57]。

こうした変化はあったものの、加藤は依然として水野保一を介して輸出陶磁器界の情報を得るなど、関わりを有し続けていた。昭和一六年七月八日には水野が来訪し「貿易状態の談」があり、八月四日には水野から「凍結金の陳情」を受け、「これで名古屋地方の貿易は当分休止。仕方なし」といった認識を示している。この他、「輸出製造業者の苦労談」、「日陶理事長辞任の顛末談」、「其后の貿易問題の事情」について水野から情報を得ている（昭和一六年七月八日条、八月四日条、八月一二日条、九月六日条）。太平洋戦争開戦後の一二月二一日には、訪ねて来た水野と一時間半にわたり今後の貿易問題を語り、「南方貿易に希望が出たことを喜」ぶ一方、「蘭印の出張店は全部引揚げた」といった水野個人の経営についても聴取している（一二月二一日条）。

また、昭和一七年九月二一日には水野から「南方貿易に就て依頼」を受け、九月二六日には「水野保一君の依頼で陸軍省へ行」き、「課長や中尉に会見のために一時間も要す、局長にも会」っている（昭和一七年九月二一日条、二六日条）。水野率いる瀬栄合資会社は、仏印向け陶磁器の圧倒的シェアを握っており、昭和一六年四月に陶磁器輸出振興株式会社と並んで仏印での陶磁器輸出を担当する日仏印陶磁器交易株式会社が設立された際には、水野が社長に就任していた(58)。水野が加藤に対して行った「南方貿易に就て」の依頼も、仏印向けの輸出に関わるものであろう。

さて、昭和一八年六月、貿易の一元的統制及び重要物資保管の一元的管理のため交易営団が設立された（交易営団法による）。交易営団は、輸出入調整機関を吸収、もしくは受託機関化して交易業務と物資管理業務を担当することとなっており、三井物産・三菱商事など大手商社も営団の代行機関として位置づけられるに至った(59)。また、商品別に組織されていた輸出調整機関二八団体・会社のうち、一五が営団に吸収されることとなり、陶磁器輸出振興会社は営団に吸収されることとなっていた(60)。

陶磁器輸出振興会社常務永井精一郎の伝記によれば、民営統制続行のため従来より商工省に「コネの深い社長飯野、常務永井」が商工省と交渉するもなしのつぶてであったが、「上層部の政治的な判断が下される場合にかぎり、例外的に認められる可能性がある」感触を得たことから、「陶業界に因縁の深い加藤鐐五郎代議士や、当時の名商議所会頭青木鎌太郎の仲介」で、岸信介商相に陳情したとある。[61] この点を加藤の日記から確認する。

もともと、加藤は水野保一から交易営団の件についてたびたび訪問を受けていた（昭和一八年一月三日、三月一二日条）。六月二九日には飯野逸平から「交易営団に別箇の存立として、政治的解決」を希望する旨を伝えられている（六月二九日条）。上京した加藤は、七月五日に椎名悦三郎商工次官と会見、「交易営団に陶磁器輸出だけ一元会社を設立したし、此方便宜なりと力説」し、「大体ご最もなり」という返答を得ており、後日飯野から「御骨折りの甲斐ありて、好況を感じました」と連絡を受けている（七月五日・一九日条）。しかし決着は付かなかったようで、九月一三日には飯野と再会談、一六日には椎名次官と再会見、さらにその翌日に来訪してきた飯野等には「歩き乍ら策をさづけ」ている（九月一三日、一六日、一七日条）。

また、加藤自身、椎名次官、山本茂交易局長に「苟くも営団たるものは、些々たる仕事は之れを下請会社に委托し、高所大所より、交易計画為替操作をなすべし、それには練達せる当業者を打つて一丸とせる会社にやらすべしと言ふにあり」と強く主張している。しかし、「営団は絶対反対、事務当局も反対なり」と必ずしも芳しい反応がなかったことから「運命非なる問題に関係するは不快」と感想を漏らしている。とはいえ協議の末に「政府も考慮す」との返事を得て帰っている。また即日在京中の飯野、永井らに事の顚末を伝えている（九月一八日条）。[62]

最終的には、商工省から交易業務が移管された大東亜省によって輸出業者の主張は認められた。一二月には、陶磁器輸出振興株式会社を改組して日本陶磁器交易株式会社が発足し、[63] 同社の株式は各業者の輸出業績ごとに割り当てられることとなった。また、取締役社長は飯野逸平、専務取締役が永井精一郎、取締役が水野保一らからなり、「民営統制」の形式を維持することができた。

日本陶磁器交易株式会社の設立が内定した日は特定できないが、日本陶磁器交易株式会社の設立が新聞紙上で報じられた一一月一二日の三日前、九日には飯野から「お蔭様で主張が通りました」と連絡を受けており、加藤は、

「自分乍ら自分の力の大なるを驚いた、愉快である」と日記に記している（一一月九日条）[64]。また、水野保一からは「一つ先生が陶業界の王座になつて貰ふと、一同がどんなに嬉ぶであろう」といわれ、加藤は「御世辞でもあるまい、交易営団の件成功して、何んだか快心である」と受け止めている（一一月一〇日条）。

問題解決が加藤の「力の大なる」故かは別として、戦時期でありながら、加藤が戦前期以来のつながりを有す陶磁器輸出業者と商工省との間を結ぶ役回りを継続して果たしていたことがわかる。この後円ブロック向けの交易も先細りし、昭和二〇年にはほとんど絶無となるが[65]、水野との交流は昭和一九年以降も続いている。水野率いる瀬栄合資会社は金属代用品の生産や陶製手榴弾の製作によって陶磁器製造を続け、戦後に至っている。

（3）日本生活用陶磁器配給統制株式会社社長として

日本生活用陶磁器配給統制株式会社[66]の人事の調整を行っていた加藤は、陶磁器など日用品の生産・配給・消費を所管する農商省物価局（昭和一八年一一月一日発足）の事務官から、出石於菟彦日陶連専務理事を専務に薦められたことに対して、「羽生の手此辺まで延びたるや」と不快感を示している。しかし、結局は出石を平の役員として会社に受け入れることとなり（昭和一九年二月一七日、一八日、二二日条）、農商省・日陶連から会社の役員人事に介入されている。また、物価局で梶原局長に会社設立経緯を説明する会社理事の様子をみていた加藤は「政府は監督するにあらずして、一切を命令するのだ」と感想を漏らしてもいる（三月一三日条）。

人事で農商省・日陶連の介入を受けたものの、加藤は引きつづき業界のため奔走することとなる。加藤自身、生活用陶磁器株式会社諮問委員会の場で、「余が広く衆知を集めんがために独裁ならざらんがために、諸君の意見を拝聴したし」と代議士らしい抱負を語っている（三月二〇日条）。社長としての加藤が直面したのは、原材料、燃料が不足するなかで、生活用陶磁器の増産をいかに図るかであった。加藤は岸信介軍需次官（五月八日条）、内田信也農商相（五月二六日条）、椎名悦三郎軍需省総務局長（六月二日条）らと会見し、現状を説明したほか、「此際自分は非常の決心を以て隘路打開に猛進したい、せざる可からず」と決意し（五月一六日条）、生産品種を一七種に限定して増産を図ろうともしている（五月二三日条）。(67)

また、陶磁器の増産を図るため、次の三点について活動している。

第一には、深刻化する陶磁器生産用の燃料問題である。石炭の配給は戦局の悪化により激減しており、(68)加藤は生活用陶磁器配給会社総会で、「鈴木セト〔瀬戸陶磁器工業組合理事長鈴木舜一か〕、柴田多治見〔岐阜県陶磁器工業組合連合会理事長柴田耕三か〕其他より」、「生産業者は今や壊滅の状態」であり、「石炭配給御援助」を依頼されている。加藤は「全力を挙げて努力す」と返答し、早速行動を開始する（五月二二日条）。

加藤は六月に会社で薪に関する件で説明を受け、早速吉野信次愛知県知事を訪ね「協議会」の議題とするよう依頼している（六月一六日条）。日陶連で開かれた「会社燃料問題各県打合会」の場で愛知県の係官から「一つ高い所に御談下されば解決します」（八月二日条）と示唆された加藤は、上京し鈴木一農商省山林局長を訪ね「磁器薪材特配の件で要領を得」たほか（一七日条）、運輸通信省(69)堀木鎌三業務局長官らには豆炭について依頼している（一〇月一九日条）。一一月には「豆炭問題も薪材問題も順調に行くらし」という感触を得ている（一一月二日条）。石炭の入手は困難であったが、代替燃料入手の手はずを整えつつあったことがわかる。

第二には、静岡・愛知・三重を中心に人的・物的被害をもたらした東南海地震（一二月七日）の善後策である。(70)地震発生後、加藤の属する翼賛政治会では三重県に井野碩哉、静岡県に太田正孝、愛知県・岐阜県に加藤を派遣した。(71)地震発生時東京にいた加藤は、愛知県を視察し（一二月八〜一二日の間）、震災は「航空機生産の一大打撃、生活戦時必需陶業の一大打撃」であるとして、生活用陶磁器生産を航空機生産に次ぐ問題として認識している（一二月一二日条）。一一日には、名古屋に滞在中であり、従来より懇意だった広瀬久忠(72)厚相に対して、窯業の熟練工の徴用解除を進言し、広瀬は加藤の目の前で「早速警察部長に電話命令」している（一二月一一日条）。これは、他の軍需産業に徴用されていた熟練工の徴用解除によって、陶磁器業を含む窯業の生産態勢立て直しを企図するものであったと考えられる。一七日には広瀬厚相から「加藤君の注意により、熟練工の徴用解除は実行するよう、愛知県のみならず、石川県へも打電しました」と伝えられている（一二月一七日条）。徴用解除の打電を他の史料から確認することはできないが、一二月一八日の加藤日記に「名古屋へ電話、会社用也、『今解除された』と、昨夜も空襲であつたかと思つた」とあるなど、実際に徴用が解除されたことを示唆する記述もある。

さらに加藤は、自身も立案に参加した翼賛政治会政調会の非常災害対策案に「窯業其の他特別の工業に対し熟練工の徴用を一時解除すること」の一項目を加えさせている（全部で一四項目）。加藤は「これで東京に居た価値はあつた」と日記に記してすらいる（一九日条）。翼政立案の災害対策案は、松村謙三翼政会政調会長らによって小磯国昭首相に要望されることとなった(73)。

第三には陶磁器業界全体の頂上団体となった全国陶磁器統制組合への不満から始まる陶磁器業界団体再編への志向である。加藤は、農商省物価局で「日陶連《ママ》を改消《ママ》して、生活会社一本建にすべし、これ業者の声也、事務簡捷也、日陶連は盲腸の役にも立たず」と主張し、加藤に対応した石井幸一日用品第二課長は「其話は已に聴き居ります」と述べ、「改消二方法」も述べている（九月一八日条）。陶磁器生産業者のなかでも、全陶統への不満が高まっていたのである。加藤自身、九月二四日、全陶統で打合せに参加した際に生産業者の不満を聞いている。日記には「鈴木舜二君が日陶連《ママ》の悪口を言つた、何んの日陶連《ママ》に増産努力ありや、こんなものは廃止して可也、とまで極論した、これは驚いた、鈴木君は日陶連《ママ》の熱心家であつた」とあり、従来は日陶連―全陶統による統制事業に協力的だった業者すら強い不満を有していたことがわかる（九月二四日条）。なお、加藤が吉野信次愛知県知事に面会した折には、吉野が「日陶連なんかいらぬものではないか」という意味のことをたびたび述べたという（六月一六日条）。そもそも日陶連—全陶統による統制事業は、昭和六年当時、商工省工務局長を務めていた吉野によって進められた産業合理化政策の一環で始まったものである。生みの親ともいえる吉野の目にすら、日陶連—全陶統は「いらぬもの」と映っていたらしい。

　全陶統に対する様々な不満を聞くなかで、加藤は全陶統への不信感を高めている。先にみた燃料問題について代替燃料入手の目途がたった一一月二日には、「豆炭問題の如きは六月以来のことで、折角門司鉄局が善処すべきに、生産業者がしびれを切らして廃業せりと、日陶連（ママ）何事ぞ」と、「日陶連」（全陶統）への不満を爆発させ（一一月二日条）、「日陶連（ママ）を廃止して、会社手竈として生産者に接する方便宜と確信」するに至る（一二月二日条）。加藤は業界のために奔走するなかで、全陶統を廃止し、「会社手竈」[74]とすることで、自身を中心とする業界の再編をも志向していたのである。

　昭和二〇年の加藤日記は、名古屋空襲のあった四月の末日に途絶えるため、その後の加藤の動向は不明である。しかし、記述のある範囲でも、日本生活用陶磁器配給統制会社社長として活動を続けたことがわかる。日に日に悪化する戦況に対応するため会社倉庫の分散を指示したほか（一月六日条）、会社役員会で「通信杜絶、不能の場合は、現地毎に首脳者を配置し、機宜の措置をとるを必要とす」として機構改正を行うことを決定している（四月五日条）。

　一方で、一月一五日には物価局で「日陶連（ママ）解散のこと」を談じたほか、「震災対策、増産対策、増産奨励金対策等」についても談合し、「事ム官は一も二もなく賛成也」と賛成を得ている。また、岡本直人物価局長にも「日陶連（ママ）廃止論」を説明しているほか、二月二〇日にも物価局を訪ね、事務官、局長に増産計画と報奨金交付の問題を語り、至急実現するべきだと談じている（一月一五日条・二月二〇日条）。前年同様増産計画と全陶統廃止のため奔走する加藤の姿が日記に現れている[75]。

6　戦時体制下における結節点としての代議士

以上、本章では、日中戦争・太平洋戦争下における代議士の果たした役割を、加藤鐐五郎と陶磁器業界との関わりを中心に検討した。最後に内容をまとめる。

加藤は遅くとも昭和一一年には名古屋加工問屋及び輸出業者を「吾党の応援者」と認識しており、業者からの説明を受けて議会の場で陶磁器輸出に関する質問を行っているほか、石炭配給問題については、所属政党（政友会）の政策へ反映させてもいた。この際、加藤と業界とを繋いでいたのは名古屋陶磁器業界の有力者水野保一であり、水野は加藤の選挙推薦人となるなど加藤の支援者であった。また、交易営団の設立によって起こった陶磁器貿易機構の改編問題にあらわれているように、加藤は戦時中に至るまで陶磁器輸出業者の主張実現を図ろうとしていた。

陶磁器商業者から団体の長への就任を依頼され、昭和一七年に日本陶磁器商業組合連合会理事長に就任した後は、たびたびの「高等談判」が求められるなか、代議士の立場を活かして商工省に赴き、団体の主張実現を図った。陶磁器配給機構の再編により生まれた日本生活用陶磁器配給統制会社の社長就任後は、陶磁器増産のため奔走するなかで陶磁器生産過程にまで直接発言するようになり、業界全体の再編まで構想するようになっていたのである。

以上のように、加藤は戦時期において、戦前以来の関係性を有する名古屋陶磁器業者、戦時に加わった商業者からの要請（「高等談判」）等によって、陶磁器業に関するミクロな政策過程へ関与していた。もちろん、自身の意図をあらゆる局面で達することができたわけではなかったし、達成された成果もあくまで戦時体制の枠内で達成されたものであったことは留意すべきである。しかしながら、業界の意向を受けながら、事ある毎に関係省庁に赴く加藤の姿は、「無能」・「無力」といった評価からはほど遠いものがあろう。また、業者側からのたびたびの陳情は、戦時下においてすら代議士の仲介が事態を好転させるための手段として認識されていたことを示している。

加藤は、戦前期以来の陶磁器業界と官庁との間を結ぶ役割を、日中戦争期〜太平洋戦争期という危機の時代においてはその範囲を広げながら果たし、存在感を発揮し続けていたのである。加藤がこうした存在感を発揮し得たのは、事実上の与党である翼賛政治会に属したという点が大きかったことは間違いない。昭和一八年、軍需省設置に伴って民間軍需会社に対する政府の直接的指揮態勢を及ぼすため軍需会社法が制定されるが、加藤は帝国議会の審議において軍需会社法案特別委員長を務め、会機関誌『翼賛政治』に法案の内容を説明する文章を寄せるなど、戦時体制下の与党議員としての役割を果たしている(76)。

しかし、本章から浮かび上がってくる加藤の姿は、より身近な、かつ部分的な「民意」と政府とを結ぶ結節点としての姿である。本章は、あくまで加藤と陶磁器業界という一事例を扱ったに過ぎない。しかし、加藤同様、戦時期に統制会社社長、もしくは各種団体の長を務め、なおかつ戦後政界に復帰した戦前派代議士に、安藤正純（全日本施設社会事業連盟理事長、戦後文部大臣）、船田中（日本商工会議所理事長、戦後衆議院議長）、星島二郎（日本布帛製品統制株式会社社長等、戦後衆議院議長）、牧野良三（繊維製品統制協議会会長等、戦後法務大臣）等がいる。加藤を含めてこうした事例は、戦時体制下の社会における代議士の機能について、再検討を促しているといえよう。

さて、昭和二一年、加藤は翼賛政治体制協議会の推薦を受けたこともあり公職追放の対象となった。同年の衆議院議員総選挙に立候補することもできなくなり、政治的には逼塞を余儀なくされた。敗戦直後の選挙において、加藤が戦時期に深め、広げてきた陶磁器業界との関わりが、支持基盤として機能したか否かが試される機会も失われたのである。それでは、加藤の公職追放、そして占領下における社会の変動は、加藤と支持基盤だった陶磁器業界との間にいかなる影響を与えたのだろうか。戦時期に維持・更新された関係は、占領期を経ていかに加藤の政界復帰へとつながるのだろうか。この点を次章で検討する。

第六章　公職追放された代議士の占領期と戦後——支持基盤の再生

1　公職追放をめぐる諸研究

昭和一七年（一九四二）の翼賛選挙において、翼賛政治体制協議会から推薦を受けて当選した代議士は、戦後初期の公職追放によって政治的活動を禁じられた。彼らのうち、追放解除後に国政へ復帰できたのは約一〇〇名である。[1]彼らは、公職追放という逆境の中で、有権者との関係性や支持基盤をいかに維持・更新し、戦後政界に復帰し得たのだろうか。本章では、公職追放された加藤が、戦前期における支持基盤との関わりをどのように維持・更新していたのかを検討することで、昭和二七年の総選挙で加藤が支持基盤を再生し、政界へ復帰できた要因を明らかにする。

当該期の先行研究では、増田弘の一連の著作によって公職追放政策の執行過程が明らかになっている。[2]また、鳩山一郎、芦田均をはじめとする戦時議会の非主流派政治家、清瀬一郎、大麻唯男、太田正孝、鶴見祐輔といった主流派政治家の動向や政治構想に関する研究も存在する。[3]しかしながら、追放された戦前の代議士が、占領期において有権者、特に自身の支持基盤との関わりをいかに維持・更新し、戦後政界に復帰したかという点は論じられることが少ない。また、論じられるとしても、選挙における地域単位の集票数を戦前と戦後とで比較し、集票構造が変動していないこと、代議士間の地盤割りが残存していたことが指摘されるにとどまっている。

本章の構成は次の通りである。第二節で戦前・戦時期における加藤の政治資源とその特徴について確認し、第三節から第五節では加藤の陶磁器業界との関わり、及び加藤の事業経営を中心に、加藤が占領期に各業界との人脈をいかに維持できたか、できなかったかを明らかにする。第六節では追放解除後における加藤の政界復帰に向けての活動を、地元名古屋政界との関わり、及び後援会の再構築過程を中心に検討する。

2　戦前・戦時期における加藤の支持基盤

(1)　後援団体五月会・正和婦人会

戦前・戦時期における加藤の支持基盤については前二章で詳述したが、あらためてここで簡単に整理しておく。加藤にとってもっとも有力な支持基盤だったのは、大正九年（一九二〇）に結成された後援団体の五月会である[4]。また、遅くとも昭和一四年には正和婦人会なる婦人団体も組織している。しかし、戦時中に両団体とも組織としての活動は休止状態となった。

(2)　愛知県財界・教育界との関わり

加藤は愛知県政友派のリーダーとして、同県財界・教育界との関係も有していた。代表的な人物としては、名古屋電灯・愛知電気鉄道・大同電力などの経営者として知られる下出民義、愛知時計製造社長で名古屋商工会議所会頭（昭和一一～一五年、一八～二一年）を二度務めた青木鎌太郎[5]、興亜紡績〔後に興服産業、現在の興和〕社長で同じく名古屋商工会議所会頭（昭和二一～二五年）も務めた三輪常次郎らの名が挙げられる。

教育界では、椙山女学園創設者の椙山正弌や、愛知淑徳学園創設者一族の小林清作・慶一郎・龍二郎といった、愛知県における私学女子教育の担い手たちとの関わりを加藤の日記から読み取ることができる。特に小林清作とは大正期以来、小林が没するまで密接な関わりを有していた。

（3）医師会、名古屋帝国大学医学部との関わり

加藤自身医師であるため、医師会との関わりは深く、大正二年に名古屋市医師会議員に選出されたのを皮切りに、愛知県医師会代議員、日本医師会議員などに選ばれている[6]。また第三章でみた通り、昭和一〇年初頭、国民健康保険法案に含まれた医療利用組合に関する規定をめぐって、産業組合と医師会が対立していた際には、加藤は強硬に医師会の利益を代弁していた。この他、加藤は昭和一八年に財団法人立の病院「喜安産院」を設置しているが、この病院の運営は名古屋帝国大学の支援によりなされるなど、同大との関わりも密接であった[7]。

（4）陶磁器業界

第五章で明らかにしたように、加藤は陶磁器業界との関わりも密接であった。名古屋市、特に東北部（現在の東区・北区）には陶磁器関連企業が集中していた[8]。昭和一一年には「陶磁器貿易業者は凡て吾党の応援者也、やはし真情を以て彼等を擁護するに限る」と日記に記すなど、加藤は業界を明確に自党の支援者として認識していた。また昭和一七年になると、加藤は産地・消費地卸商の統合団体日本陶磁器商業組合連合会（陶商連）の理事長となり、一九年には商業団体を改組して設立された日本生活用陶磁器配給統制株式会社の社長に就任している。加藤は陶磁

器商業団体の長としてたびたび「高等談判」を要請されたほか、統制会社社長就任後は業界全体の再編まで構想するようになっていた。

加藤の支持基盤とその特徴をあげるとすれば、第一には五月会という強固な支持基盤を有していたこと、第二に医師会、私立学校といった、大都市部において会員数・学校数が多い業界との関わりが密接であったことである[9]。第三は、東海地区の在来産業である陶磁器業の中心地だった名古屋において、業界との関わりが強固であったことである。加藤は名古屋という大都市において多様な業界から支持を得ることで、一度の落選を除いて当選を続けていたといえよう。

それではこうした支持基盤との関わりは、占領期を経ていかに変容したのか。次節以降で確認していこう。

3　陶磁器商業界と加藤

(1)　公職追放

終戦直前に結成された大日本政治会（旧既成政党主流派）を母体にして、昭和二〇年（一九四五）一一月に日本進歩党が結成された（総裁町田忠治〈就任は一二月〉、幹事長鶴見祐輔）。大日本政治会で総務を務めていた加藤は、進歩党でも総務に就任する。しかし、昭和二一年一月四日に連合国軍最高司令官総司令部（GHQ／SCAP、以下GHQと略記）から「好ましくない人物の公職よりの除去に関する覚書」を発せられたことをラジオ放送を通じて知り、驚愕している（加藤日記昭和二一年一月四日条）。

一月七日、進歩党総務会に出席した日の加藤日記には「マ司令部ノ追放令ハ深刻ナ衝動ヲ与ヘタ、余自身ノ如キモ之レデ政界ストップトナル、今一歩ニシテ大臣タラン矢先キ、蓋シ容易ナラヌ指令也、党本部火ノ消ヘタルガ如シ」と、（主観的には）大臣を目前としたなかで追放を受けたことへの無念さと、党本部の沈滞が記されている。

二月一〇日には進歩党愛知県支部発会式があり加藤は支部長となったが、一三日には衆院選への出馬を正式に断念する（加藤は昭和二二年の総選挙に、いわゆる身代わり候補は立てていない）。三月末の日記メモ欄には「政界沈黙ハ一年位、再起ノ日ヲ待ツ」とあり楽観的だったが、これ以降、昭和二六年の追放解除まで、加藤は政治的逼塞を余儀なくされる。加藤は主たる生活の場を名古屋に移し、株式投資や事業経営で日々を暮らすこととなる。加藤の五年にわたる雌伏の時代が始まる。

（2）陶磁器商業団体の離合集散

①統制会社の解散と協議会の結成

加藤が社長を務めた日本生活用陶磁器配給統制株式会社に関わる資料はほとんどないため、詳細は明確ではない。しかし、加藤の日記から、昭和二一年二月二五日に会社が解散されたことがわかる（二月二三日条・二五日条）。とはいえ、加藤はその後も陶磁器商業者との関わりを有し続けていた。

長年にわたり陶磁器業界団体の事務局を務めた三井弘三によれば、昭和二一年に加藤、飯野逸平（日本陶磁器交易株式会社）、佐伯卯四郎（日本陶器株式会社）、水野保一（瀬栄合資会社）らによる研究グループから、①業界団体の統合（生産・輸出・販売）、②業界代表者の議員を新国会に送り出すという方向が打ち出され、昭和二一年四月に全国陶磁器協議会が結成されたという(10)。

加藤の日記からは、加藤が業界団体統合の主唱者の一人であったことがわかる。昭和二一年三月五日に「陶磁器界根本問題相談会」なる会合に参加している。また、三月一二日には、加藤と同様愛知県選出の商工大臣小笠原三九郎以下、商工次官・局長・課長等に会見し、陶業界全体の発展のためには中央協議会ではなく、「中央強力ナル機関」でなければならないと述べている（三月五・一二日条）。加藤は、「陶磁器業界ハ生産配給交易打ツテ一丸トシ、各部局ニアッテ、従来ノ組合ノ機能ヲ活用サス可シ」として、協議会ではなく、業界団体全体の統合を目指していたのである。

しかし、昭和二一年一月には、すでに旧日陶連を母体に日本陶磁器工業協議会が設立されていた（GHQによる閉鎖機関指定を受けた後、昭和二三年に日本陶業連盟として再結成される）[11]。四月一日、水野保一を訪ねたが、生産側は「自己ノ権限縮小サル故反対」であると伝えられ、加藤は団体統合を断念している（同日条）。生産・輸出・販売の垣根を越えた統合は各団体の利害関係もあって成功しなかったのである。全国陶磁器協議会は四月二日に発足し、加藤は同協議会の副会長に選出されるが、この間の経緯に対する不満から就任を辞退した[12]（四月二日・四日条）。

同年四月一五日、陶磁器卸商を中心として日本陶磁器卸商業協議会が結成された。理事長は加藤、常務理事などの役員は戦前の陶商連―統制会社でも重役を務めた加藤宮蔵、上地万太良といった面々で変化はない[13]。しかし、懇談会のなかで「斡旋事業ヲヤルコトヲ決定シタ、包装材料購入ノコトモ農業会ト関係ヲ結ブコトモ申合セ」るなど、陶磁器包装材料の共同購入をはじめとする斡旋事業に着手することとなった（九月五日条）。

また、一二月一八日には事業会社の設立が決まっている（一二月一八日条）。事業会社が設立された背景には、協議会を構成する各地方組合からの要望があった。一二月五日に開かれた定例理事会では、参加者一同から「連合会ノ体面ハ保チタイガ、経費ハ全部負担出来ナイ」として、「或ル程度自活ノ途ヲ講ジテ貫イタイ」といった意見があった。前日の四日にも加藤宮蔵と協議の上、「卸全体ノ利益ヲ計ルタメ事業部ヲ真剣ニナッテ活動利用サスコト」で意見の一致をみている（一二月四日・五日条）。生活用陶磁器配給のための統制団体から衣替えをはかる中で、協議会の組織存続のために、事業会社による事業運営が必要だったのである。こうした状況の変化は、加藤と陶磁器商業団体との関わりにも変化を与えることとなる。

②占領期の物価統制政策と加藤

なお、加藤は戦前と同様に業界の主張を背景に、商工省へ陳情のため赴いている。経済統制は占領期にも継続しており、「限界価格」の名称で製造業者価格、卸業者価格、最終（小売）価格が都道府県の査定委員会もしくは日本陶磁器工業協議会によって定められていた（昭和二四年七月まで統制継続）。日記には限界価格の件で加藤が上京し、商工省で星島二郎大臣、小林錡政務次官らと面談している様子が窺える（六月一二日・一五日条）。

③陶商会、陶商連産業株式会社設立

日本陶磁器卸商業協議会では、昭和二一年に成立した商工協同組合法に基づく新組織として全国規模の協同組合設立を図った。昭和二二年五月二三日には創立総会を終え、加藤は日本陶磁器卸商業協同組合連合会理事長に理事会による互選で当選した（昭和二二年五月二三日条）。しかし、同じ頃に開会されていた第一国会に提出された商工協同組合法改正案は、資本金・雇用数による参加制限を設けることで大企業を排除し組合運営の民主化を図ること、組合の集合限度を府県単位までとして全国単位のものは認めないとした[14]。昭和二二年八月には「商工協同組合法の一部を改正する法律案」の附則第二条で「全国の区域をその地区とするものは、この法律施行の日から三ヶ月以内に解散しなければならない」と定められた[15]。これによって、陶磁器商業者は全国規模の協同組合設置を見送らざるを得なかった。

結局八月二日には日本陶器社長で参議院議員となっていた佐伯卯四郎と加藤が会談の上、卸商業協議会は解散して「陶商会」を新設し、事業会社も新設することとなった。八日に卸商業協議会は解散し、陶商会と陶商連産業株式会社創立が諒承された。加藤は「微なれども健や[か]に生育せよと祈るのみ。而し考へて見れば現状は哀れなる哉、何千、何億の国策会社の創立議長をつとめた自分が」と述懐している（八月一九日条）。結局のところ、商工協同組合法に基づく全国規模の団体が設立できず、任意団体の陶商会と、その事業会社としての陶商連産業株式会社が設立されることとなった。

④公定価格廃止運動

任意団体となった陶商会の理事長としての加藤は、引きつづき団体の長として活動を続けた。その一つに、陶磁器の公定価格廃止運動がある。陶磁器業界では、戦時中より続く陶磁器価格統制への不満がくすぶっており、昭和二三年から統制撤廃を求める運動が盛んとなったが(16)、その端緒は陶磁器卸商の活動である。同年一月一五日、名古屋市生活必需品商業協同組合理事長の大島鎗一郎、東京都陶磁器商業協同組合といった消費地卸のほか、瀬戸、常滑、美濃東部、西部、四日市萬古、九州有田等の生産地卸商組合代表者等との懇談会が開かれ、加藤を座長として協議がなされた(17)。

この後、全国二三府県の有力者六〇余名が発起人となり、大島を会長に「生活用陶磁器統制価額撤廃期成同盟会」が結成され、物価庁、商工省、両院議員等に請願・陳情を行うこととなった。また、「業体《ママ》の中心地名古屋に於ては陶商連―元日陶商業連合会理事長加藤鐐五郎氏――今は有力な親睦団体――も勿論一体となつて各方面に之が貫徹運動を猛烈にする」こととなった(18)。加藤が依然として陶磁器商業団体の代表格として業界で認知されていたことがわかる。

⑤価格差益納付金問題

その一方で、陶商会による業者間の利害調整が付かず、団体の分裂を招く事態も起きた。そのきっかけは、価格差益納付金の同業者間の負担割当である。昭和二二年七月五日、政府はインフレーションの昂進から新価格体系を設定することを閣議決定し[19]、「価格改訂によって、公団、生産業者及び配給業者の在庫品につき生ずる価格差益」は徴収し、新価格体系維持安定のために活用することとなった。価格差益納付金は経由団体を通じて調査、割り当てられることとなった[20]。

陶磁器商業団体では、卸商業協議会―陶商会が政府と陶磁器商との間に立っていた。しかし、物価局から課された価格差益納付金の額が一〇〇〇万円であったのに対して、陶磁器商側の推計は一〇〇万円と大きな開きがあった（昭和二三年二月二五日条）。加藤は「余ガ仲裁シテ甘クマトメヨウトス、可能也」と納付金の割当をめぐる調整に自信を見せていたが（前掲二月二五日条）、調整は容易ではなかった。なかでも瀬戸陶磁器商側は加藤に割当の変更を陳情しており（四月一一日・一二日）、加藤は「乃公出馬せざれば駄目也」（七月八日条）として自ら瀬戸市の瀬戸陶磁器卸商業協同組合との会談に臨んだが[21]、陶商会の専務理事である上地万太良を「切るべし」という強い反発に直面している（七月九日条）。業界誌『陶業タイムス』は、「陶磁器の価格差益金割当の際、他地区にくらべて瀬戸の業者は過重なりとし、当時物価庁と業者の間に立って諮問機関をつとめたとみられる陶商会の態度につき内心不満を抱くものがあったと噂されていた[22]」と伝えており、地域間の対立が存在していたことが窺える。

七月一九日には、瀬戸市を中心とする陶商協会が陶商会とは別に設立されるに至った[23]。陶商協会へは、美濃西部、瀬戸、名古屋、常滑、品野、三河、笠原、滝呂、市之倉、下石、妻木、高田、京都等の商業組合代表が参加しているが、多くは陶商会の会員も兼ねるなど各地区の陶磁器商業団体は二つの業界団体に両属する形となった。陶商会では、九月三日に瀬戸を除く、名古屋、品野、万古、常滑、美濃東部、美濃西部の各陶磁器商組合理事長などが会議を持ち、両者一体となった業界振興を再検討するよう申し合わせを行っている。昭和二四年に入ると、消費地卸商の名古屋市生活必需品商業協同組合理事長大島鎗一郎が産地卸・消費地卸・小売を一丸とする組織結成を提唱しているがこれも実現せず、陶商会と陶商協会の併存状態が続くこととなった[24]。

価格差益納付金に関わる一連の過程が示しているのは、戦時期の統制団体が占領期に任意団体へと変化していくなかで、従前のような指導力を発揮できなくなっていたということである。

⑥会社経営

また、卸商業協議会当時と同様に、陶商会とその事業会社である陶商連産業は、同業者団体として同業者に対して存在意義を示す必要性に迫られていた。陶商会は、藁縄などの藁工品を取り扱い、加藤は昭和二一年末以降、たびたび「藁の件」、「藁問題」で県市町村当局、農業会を訪ねているほか、藁縄の売り込みにはげんでいた(25)。昭和二二年一二月八日には、戦前来の支援者である三輪常次郎を訪ねて「縄の件」について相談している。

昭和二一年一二月には藁工品の協議会を、昭和二三年一月には藁工品の協同組合を設立している（昭和二一年一二月一四日条・二三年一月一四日条）。加藤は自ら方々に電話で売り込みをかけるなか、昭和二三年二月三日には、日本陶業連盟会長も務めた佐治タイル社長佐治博を訪問し、藁縄の注文について依頼している。同社の資材部長から「加藤先生の来訪電話で選挙のことかと早合点した」と話しかけられた加藤は「注文取りです」と返している。また、芦田均内閣の成立が目前となっていた二月二六日の日記には、「芦田君ハ天下取リ、余ハ注文取リ、天地ノ相違トナツタガ愉快ヲ感ジテヤレル」と記している。

とはいえ、事業経営は芳しくなかったようで、昭和二三年の末には「会社の将来は積極消極の二あり、消極的には会社清算終了后自分は無報酬でやりたい」と上地万太良に漏らしていた（一一月二二日条）。昭和二三年に行われた陶商会主催の陶磁器見本市は盛り上がりに欠け、事業経営も好転しなかった(26)。

また、先述の陶商会と陶商協会の並立状態もあってか、昭和二四年一〇月二七日には水野保一に相談の上「やめるべし」との議論に落ちついた（水野との関わりについてはすぐ後に述べる）。二九日には岐阜県駄知へ赴き業界人と五時間の会談の上で、加藤の「陶商連理事長《ママ》」辞任、会社解体について打ち合わせをし、一一月二一日には正式に委員長を辞任した(27)。その後も加藤と陶磁器商業者との関わりは継続しているが(28)、昭和一七年以来、組織形態は変わりながらも継続して務めていた陶磁器商業団体の長からは退くこととなったのである。

4　嫌煙薬「キンエン」をめぐる人脈の交錯

(1)　喜安病院の設立と名古屋大学

開業医だった加藤は、大正一二年の衆議院議員当選により一旦休業している。しかし、戦時中の昭和一八年に、名古屋帝国大学医学部の協力を得て産婦人科医院「喜安産院」を開業した。加藤自身は内科医であり、名大産婦人科医局から医師が派遣されていた(29)。病院は二〇年五月の空襲で焼失したが、二一年八月一七日に再開院した(30)。一旦休業を余儀なくされたが、名古屋大学医学部付属病院の助教授・講師を派遣して貰い、昭和二一年九月一日に「〔名古屋〕大学総長初め各教授其他二十五名出席」の上で、「喜安病院」としての開院披露式が行われた。

先述の通り加藤は、名古屋大学医学部の前身である愛知県立医学専門学校卒業生である。昭和一二年に一時的に議席を失っていた頃からは名古屋帝国大学医学部解剖学教室に所属し、昭和一九年には医学博士の学位を得ていた(31)。また、加藤は昭和二一年一月に名古屋大学総長となった田村春吉と親交が深かった(32)。昭和一八年の「喜安産院」披露会では、当時医学部長だった田村から「加藤鐐五郎君は私の恩人である、名古屋文化の恩人である」といった挨拶を受けていた（昭和一八年一二月五日条）。また、昭和二一年一月の日記メモ欄には「田村君ノタメニ帝大総長ノ選挙運動ニ大車輪トナル、成功シタ」とあり、名古屋大学総長選挙へも関与していたことがわかる。昭和二二年一〇月一七日には、総長に就任していた田村が自身の表彰式の場で「学長総長ニナツタハ全ク加藤サンノオ陰デス」

と述べてもいた。さらに、喜安病院の顧問は田村をはじめ、名古屋大学医学部長の戸苅近太郎教授、産婦人科部長の吉川仲教授らが名を連ねており、極めて密接な関係が窺える[33]。

加藤は名古屋鉄道の局長、社長などを歴訪し、喜安病院が名鉄の指定病院となれるよう依頼し、九月一〇日には契約まで持ち込んでいる（九月一〇日条）。加藤は自らのことを再び「丸デ注文取リナリ」（九月六日条）と自嘲している。陶商連産業社長として、また喜安病院理事長としての加藤は、「注文取リ」を自称しながら、戦前来の政治資源を使って、占領期において事業経営を行っていたともいえよう。

（2）水野保一の協力

さて、追放中の加藤を支えた一人が、戦前から加藤を支援していた名古屋陶磁器生産・輸出業界の最有力者である水野保一であった。水野は、戦後にも日本陶業連盟常務理事、日本輸出陶磁器工業協会委員長等を務めるなど戦前同様業界に強い影響力を保持し、「陶磁器界の法皇」の異名を取った[34]。加藤日記からは、両者の関係がこれまで以上に親密となる様子が窺える。

なお、占領期から戦後にかけての陶磁器業界の復興は比較的速やかだった[35]。生産額は昭和二一年には約一億円、二三年には約六八億円、二五年には約九九億円、占領末年の二七年には一二五億円に達していた。このうち、輸出が占める割合は昭和二四年以降常に五割を超えており、陶磁器業は戦前同様の輸出産業として復興していたことが分かる。また、二二年から三九年にかけての陶磁器産業の日本全体の輸出額に占める割合は二％を超えるなど、外貨獲得産業としての側面も有していた。なお、昭和一二年から昭和三八年まで名古屋港における輸出品目第一位を占めたのも陶磁器である。こうした状況を背景に、昭和二三年には生産者の全国団体である日本陶業連盟が組織された。また、昭和二七年には輸出業者により日本陶磁器輸出組合が結成され日本陶業連盟とともに輸出対策の推進に当たった[36]。

水野は、昭和二二年八月に「平和商事」なる会社を設立する[37]。水野の伝記には加藤を同社社長にしたとあるが、加藤日記における平和商事についての初出は、昭和二二年一〇月二一日条の「水野保一君を訪ふ、平和商事会社の件也、社長を辞職す」である。同月二五日には水野が報酬を持参しているが、加藤は「之レハ絶対ニ貰フ可キモノデナイ」（一九月二五日条）として一旦は「水野君へ返金シタ」（一〇月二七日条）。しかし断り切れなかったようで、一一月一日には「平和商事ノ社長報酬ヲ受クルコトトナッタ[38]」。水野の加藤に対する経済的援助と考えるのが妥当であろう。

また加藤は、追放中に名古屋大学医学部付属病院の鷲野栄万蔵らの協力を得て、硝酸銀を用いた嫌煙薬「キンエン」を製造、発売している。キンエンは、薬局や主婦の友社の協力を得て発売し話題となった[39]。このキンエンの発売にあたっても水野保一の協力があった。

加藤が嫌煙薬を思いついたきっかけは判然としないが、昭和二三年三月には県薬務課を「部外薬品ノ件」で訪ねたり（一六日条）、鷲野と「売薬の相談」をするなど（一九日条）、この頃には嫌煙薬の発想があったようである。水野保一に会った際に話題にしたところ、水野も「禁煙剤に対して熱心」に関心を示している（四月一七日条）。その後、四月二五日には元貴族院議員で尾張徳川家の当主徳川義親も関心を示し、「キンエン大賛成主婦友社で座談会をやる」こととなり、キンエンの製造・販売に向けての動きが本格化する。

五月に入って加藤が商品の図案を描き始めたところ、水野が意匠を持参したため、加藤は「気がキイてゐる」と評している（五月一八日条）。また、薬品を入れるガラス瓶の斡旋、薬品の名称決定、商標登録、販売などに当たっても水野との協議の上で決定されている（六月二日・三〇日、八月三一日、九月三日各条、「医師日記」昭和二四年一月一一日条）。

キンエンは昭和二四年二月一五日に販売が開始された。主婦の友社以外に、名古屋市の昭和薬品株式会社を通じて販売されることとなり、以後加藤の日記には調剤の様子が記されることとなる。八月二九日には主婦の友社から送られた一万円を持参して水野を訪ねているが、水野は「どうしても」受け取らず、加藤は仕方なく帰宅している（八月二九日条）。

なお、キンエンは昭和二五年に入ると朝日新聞をはじめ新聞紙上で取り上げられ反響が大きくなる。加藤は「新聞発表後の各種統計表、収入状況等を集め」て水野に報告するとともに、再び「二万円を提供」したが、やはり水野は「どうしても」受け取らなかった（昭和二五年四月二三日条）[40]。水野の真意は不明だが、加藤を一貫して支援する水野の姿が窺える。

5　人脈の連続と非連続

（1）深まる水野保一との関わり

①千種工廠の貸与

陶磁器商業団体との間に距離ができる一方で、陶磁器生産・輸出業者である水野保一との関わりは一層深まることとなる。昭和二二年、名古屋陶磁器工業協同組合理事長だった水野は、民間貿易の再開を目前に控えて産業復興公団の制度を利用して輸出陶磁器業者の共同絵付工場の設置を計画した。昭和二三年には名古屋市千種にあった国有地（千種兵器廠跡地）の払い下げも内定し、「名古屋輸出陶器株式会社」が創立された。しかし、昭和二三年末にはGHQの指令によって産業復興公団の制度を利用できる業種が限定されたため、二四年二月に共同絵付工場は頓挫していた。

その後水野は個人として旧陸軍兵器廠の建物と用地の貸与を希望し、昭和二五年に正式に貸与されることとなり、同地は水野の経営する瀬栄陶器の中核的な加工完成工場となった。こうした経緯について水野の伝記は、共同絵付工場として国有地貸与の内定を得るに当たって「地元代議士」加藤も尽力したとあり、水野個人が貸与を受けるに当たっても、「自由党有力者」加藤が尽力したとある。[41] 水野の伝記は追放中の加藤を現役代議士のように記すなど錯誤があるが、加藤が貸与に尽力していたことは確かであった。

加藤と水野は先に述べた「キンエン」の関係もありたびたび会見しているが、千種工廠跡地に関する日記上の記述は、昭和二三年六月一八日条の「市長ト会見、絵付共同工場ノ件也」が初出である。その日のうちに水野が加藤を訪ねており、情報交換がなされたと推測される。やや下って昭和二五年五月一三日には、水野から「千種兵機〔器〕廠の経過報告」を受け、六月二七日には水野から「千種兵機〔器〕廠跡借方成立したと礼を述べ」られている。さらに、興味深いことは、次の七月一七日の日記の記述である。

水野保一さん来訪、吉橋鐸美財ム局長〔昭和二四年六月から二七年三月まで東海財務局長〕に同道してくれよとのことで、十一時四十分財ム局に訪問した。局長の云ふところによれば、「これは千種兵機〔器〕廠跡借受けに対し、如何はしき人物、事業者には貸したくないので、其実情を更らに調査しかけた時で来訪を得て会見事情を承つて結構でした」

以上の記述からは、水野が加藤の同道を求めたのは自らの身元保証をしてもらうためであったこと、吉橋財務局長も加藤を同道した水野の説明を受けて、事情を承知した様子が窺える。重要なことは、加藤が公職追放中で現役の代議士ではないにもかかわらず、こうした影響力を保持していたという点であろう。[42]

結果、水野は同地の貸与を受けることに成功した。「工廠の進行程度」を聞くため水野を訪ねた加藤は、「これで日陶を瞥目に見ることが出来ます」と、新工場の設置で意気軒昂の様子であった水野の姿を日記に留めている（昭和二五年八月三日条）。また加藤自身、完成した工場を見学した際には「堂々たる大鉄骨工場也、これでは《ママ》外人が来ても恥しくなし、水野君もさぞかし快心のことならん、余も嬉し、吾事の如く感じられて」と感想を記している（昭和二六年三月一五日条）。

②追放解除運動

水野は加藤の追放解除も支援した。昭和二四年二月八日、総理府に設けられた公職資格訴願審査委員会（第二次）では、追放処分の再審査がなされた。専門家からなる訴願委員会が、昭和二四年五月までの申請を受理し、審査がされている(43)。審査の結果一万三〇〇〇人が追放解除となった。政界では石井光次郎や、鳩山一郎系の安藤正純、牧野良三、大久保留次郎、片山哲内閣農相罷免後に追放された平野力三らが解除されている。

加藤は公職資格訴願審査委員会が設立されてまもなく、申請書の準備を行い、四月三〇日に訴願申請書を提出している（同日条）。提出までには、前田米蔵、羽田武嗣郎、有田八郎ら旧知の政治家のほか、水野保一や日本陶器東京支所などの協力を得ている(44)。

その後昭和二五年に入ると、加藤は周囲から訴願委員会に対して陳情書を提出するよう促されている。二月二二日青木鎌太郎から、「是非訴願委員会に知事、市長、会議所会頭の陳情書を提出されたし、而して是非共一同の願意を入れて参議院に立候補されたし」と勧められている。九月二三日には、再び水野を訪問し、水野と同行して水野が引き立てた陶磁器輸出業者服部義一を訪ねている（各日条）。以後、両者は加藤の追放解除のため運動している(45)。

加藤の追放解除は昭和二六年に入ってからのこととなるが、加藤の追放解除に水野保一が尽力していたことがわかる。

(2) 不老会への参加

これまで喜安病院や「キンエン」を通じた名古屋大学医学部との関わりと、陶磁器業界との関わりを中心に検討してきたが、占領期における加藤の位置を考えるうえで欠くことのできない場が存在していた。愛知時計製造会長で昭和一一年から一五年、一八年から二一年まで名古屋商工会議所会頭を務めていた青木鎌太郎主宰の「不老会」である。(46)

青木によれば、会のはじまりは、昭和六年(一九三一)に愛知県知事に就任した香坂昌康からの求めで、兼松煕(元豊田式織機社長ほか実業家)、下出民義(大同特殊鋼ほか実業家)、大岩勇夫(元名古屋市長)、磯貝浩(貴族院議員(多額))と青木が集まり、時々知事官舎で「政党政派を超越して愛知県を中心に東海地方の発展について意見を交わし」たことがきっかけであった。会は香坂の知事退任後も継続され、戦後になってからは加藤や大喜多寅之助(元名古屋市長)、佐藤正俊(元名古屋市長、愛知商工信用組合長)らも参加するようになった。青木は追放中の加藤に自身の経営する愛知時計会社社長への就任を依頼する等、(47)不遇をかこつ加藤のことを気に掛けていた様子が窺える。加藤を不老会に招いたのも、そうした配慮の一つであったように思われる。

不老会では、青柳秀夫愛知県知事や塚本三名古屋市長、東海銀行鈴木享市頭取、東邦瓦斯塚田実則社長、名古屋鉄道神野金之助社長、岡谷鋼機創設者の十代目岡谷惣助、(48)中部配電(中部電力)の大岩復一郎社長や井上五郎副社長、新愛知時計の白石豊彦社長、新愛知起業の五明得一郎社長といった、名古屋市、あるいは中部政財界の第一線で活動している人物を招き、意見交換をしていたという。加藤日記を見る限り、昭和二二年末から加藤は参加しており、毎月一〇日とされていた例会にも頻繁に参加している(表6-1)。加藤は不老会への参加によって、名古屋の有力者グループの一員としての格を維持し得たともいえよう。なお、青木は昭和二七年一月に没し、加藤の政界復帰を見届けることはできなかった。

追放中の加藤は政治的活動は制限されていたとはいえ、陶磁器商業、病院経営、薬剤販売など事業を経営するとともに、追放以前の人脈を繋ぎながら占領期を暮らしていた。加藤が戦前期に形成していた人脈は、その関わりが薄くなるにせよ（陶磁器商業団体）、濃くなるにせよ（水野保一）、占領期の社会のなかで不変のものではなかったのである。

6　政界への復帰を目指して

（1）公職追放解除

昭和二五年の朝鮮戦争勃発、公職追放政策を推進してきたダグラス・マッカーサーの連合国軍最高司令官解任、マシュー・リッジウェイの司令官就任によって、追放解除は一挙に進展することとなる。リッジウェイの就任まもない昭和二六年四月には、新聞紙上でも追放政策の転換が報じられるようになる[49]。

加藤の周囲でも追放解除を見越した動きが起きる。昭和二六年五月三日、加藤は青木鎌太郎から「解除は近き日にあると思ふ、其際一つ解除組を集めて、名古屋の位置をしつかり中央に見せて貰いたし」と激励されている（五月三日条）。加藤には、中央における名古屋の存在感を示してほしいという期待が掛けられていたのである。

また、同年の愛知県知事選挙では元官選愛知県知事の桑原幹根と元一宮市長の吉田万次の決選投票となっていたが、吉田が医師だったこともあり医師会は吉田を支援していた（結果は桑原の当選）。五月一五日、加藤の旧来の支援者で、名古屋市学校歯科医会会長の長屋弘[50]は「吉田桑原決選投票で医師会側で極力運動した」が、これは加藤の

表6－1　不老会の開催日

開催日		加藤日記記載内容（抜粋）
昭和22年11月4日	火	大喜多寅之助と同行。知事、市長、田中元知事出席。雑談二時間。
昭和22年12月4日	木	大喜多寅之助と同行。下出民義。
昭和23年1月10日	土	（詳細記述なし）
昭和23年2月10日	火	於覚王山。大喜多寅之助と同行。
昭和23年3月13日	土	於東山荘。市長の迎えあり
昭和23年4月10日	土	於覚王山。「今日ハ GE ノ馳走」
昭和23年6月10日	木	於愛知起業クラブ。「盛会也」
昭和23年7月10日	土	於覚王山中村会館。大喜多寅之助と同行。
昭和23年10月11日	月	於覚王山
昭和23年11月10日	水	於覚王山、大喜多寅之助と同行。「殆んど全員出席」
昭和23年12月2日	木	於中部配電若竹寮、名古屋鉄道神野「名古屋に工業クラブようのものを組織したい」
昭和24年1月14日	金	於愛知起業。塚本三市長「GHQ 情報部長と政治上の意見を交換して貰たし」。吉野信次、神野名鉄、大岩中配ほか。
昭和24年2月10日	木	於愛知起業クラブ。大喜多同行。
昭和24年3月10日	木	於覚王山。大喜多同行。井上五郎中部配電「電気の談」
昭和24年4月11日	月	於愛知起業クラブ。「青鎌君」迎え、大喜多同行。会合「ドッヂのこと」
昭和24年5月10日	火	於東山荘。迎えの自動車。「薫風中老人等と語つた」
昭和24年6月10日	金	於一粒荘。大喜多、兼松同行。
昭和24年7月10日	日	於愛知起業知多荘。大喜多同行。名鉄主催。
昭和24年8月5日	金	大喜多、下出同乗。午後二時迄雑談「連中が連中だけありて財界、政界、市発展策が主題」。
昭和24年9月10日	土	於東山荘。迎えの自動車。中川君「共産党の談」。僕「クウデターは、東京で五百人の団結あれば出来る」
昭和24年10月10日	月	於名古屋城猿面茶屋。
昭和24年11月10日	木	於鈴木東海銀行頭取宅。
昭和24年12月10日	土	於常磐ホテル。ガス会社招待。
昭和25年1月11日	水	於常磐ホテル。青木鎌太郎追放解除祝賀会。大喜多、下出、知事、市長。
昭和25年3月10日	金	於愛知起業鶴舞寮。大喜多、下出と同乗。「不老会は今日は中々の盛会で、又た色々の用件も達せれた」

昭和25年4月10日	月	於新愛知起業岩の花屋。大喜多、下出。
昭和25年5月10日	水	於東山寮。大喜多、下出と同乗。井上五郎「アメリカ事情」
昭和25年6月10日	土	於常磐ホテル。大喜多、下出同乗。市当局「市状況」
昭和25年6月22日	木	大喜多下出同乗。
昭和25年7月10日	月	於新愛知起業クラブ。大喜多、下出同乗。吉橋財務局長。
昭和25年9月9日	土	於河和知多荘。
昭和25年10月11日	水	於若竹寮。下出、大喜多同乗、井上中配副社長「電力再分配の実情報告」
昭和25年11月10日	金	於山翠寮。下出、大喜多同乗。中部日本新聞社招待。
昭和26年1月10日	水	於河文。東海銀行頭取招待。大喜多同伴、下出。
昭和26年2月10日	土	於丸栄。県知事招待。青木より「東京報告をやれ」との談で加藤が「講和の時期、追放解除の時期」等に就いて一分間語る。
昭和26年4月4日	水	於常磐ホテル。「老人連総出でゝ賑やかであつた」。下出、大喜多同乗。
昭和26年5月10日	木	於ABCクラブ。朝日新聞支局長黒住征士の招待。
昭和26年6月9日	土	於名古屋城猿面茶屋。大喜多、下出同行。
昭和26年7月12日	木	於堀田宅。「海東君も来ていた、二十五名余となつた、不老会も一勢力だ」
昭和26年8月10日	金	於常磐ホテル。名古屋精糖の横井招待。日銀支店長、桑原知事等二十名。
昭和26年11月14日	水	於常磐ホテル。「青木老今回欠席。翁なくては不老会はセミの抜けがら也」
昭和27年4月19日	土	於東山荘。「集るものは有閑老人のみ、これでは魅力なし、依て幹事に杉山中日、神田君を煩はすことにした」
昭和27年6月14日	土	今堀、富田らと相談（市会の情勢について）、中部日本本荘論説記者「マ元帥政策失敗談」

「瀬踏み運動のため」であり、「追放が解除になつたら、一大祝賀会をやりたい」として加藤へ準備を勧めている。また、吉田も加藤を訪ね、「先生出馬の場合は馳せ参じ、懸命の努力をします」と伝えられている（六月七日条）。医師会との関わりについては、追放中、加藤が医師会のために政治的働きかけを行った形跡は日記上にはみられない。また、昭和二二年に新制の医師会へと切り替わった際、加藤の地元東区の医師が医師会長立候補の挨拶に来ている程度

であったが（一二月一四日条）、医師会側にも加藤の追放解除を待ちわびる人々がいたことがわかる。

追放解除が近づくと、加藤は追放解除を前提として動きはじめている。まず第一には、長屋弘（歯科医）、友田久米治（弁護士）といった戦前以来の五月会会員、あるいは加藤の支援者だった三輪常次郎といった人々の活動である。昭和二六年六月一〇日には、長屋、友田から解除祝賀会を催したいと申し込みがあり、三人で祝賀会のやり方について協議をしている（昭和二六年六月一〇日条）。

また、水野保一とは六月一二日に「追放問題政局の近情」を話し、三輪常次郎へも同様の話をしたところ、三輪から「追放が解除になつたら、立候補する旨を発表して貰いたい、そうすれば、僕は加藤君だ、もうこれ一本で誰れも相手にしない」と奮起を促されている（六月一二日条）。

六月二〇日に追放解除が発表されると、加藤は翌二一日に礼回りを行っている。加藤が「これは一番に行かねばならぬ」として訪ねたのは水野保一であった。次いで青木鎌太郎、三輪常次郎、青柳秀夫前愛知県知事を訪ねている。七〇歳を目前にした加藤は家族の反対を押し切って復帰に向けて活動を開始する。[51] 加藤は、「少年時代からの功名心と政治家として大臣として、何にか天下にのこしたいとの気持ちが、この冒険的行動をとらしむる」と自らを突き動かす原動力について日記に記している（八月二六日条）。

旧五月会員のなかでも中核メンバーを集めた「五三会」・「十一日会」による加藤の追放解除祝賀会には二八〇名が集まった。会は、長屋弘の開会の辞、水野保一の祝辞、佐藤太十郎市会議員のほか、愛知淑徳学園理事長小林慶一郎らの五分間演説、椙山女学園理事長椙山正弌の「医学博士加藤鐐五郎先生万歳」で締めくくられている（七月一〇日条）。

また、吉田万次の県知事選出馬の際に結成された愛知県医療団（医師、歯科医師、鍼灸師、整骨師、看護婦、助産婦等医療関係団体の連合組織）の主催による加藤の追放解除祝賀会も開かれ、一五八名が来会した（七月五日条）。[52]

（2）加藤の自由党入党と名古屋政界

加藤が政界へ復帰するには、当然ながら選挙という洗礼を経る必要があった。加藤は自らの再選を確実とするため支持基盤の再構築を図ることとなるが、そのなかで問題となったのは、加藤がいずれの政党に所属するのかという点である。そもそも愛知県における進歩党支部結成に尽力したのは加藤であり、加藤に近い旧五月会系名古屋市議の多くも進歩党に参加していた。旧五月会系の名古屋市議は進歩党を経て民主党・国民民主党へ入党し、市議会では会派民主クラブを結成していた。

一方、加藤は旧政友会の領袖で戦時議会の指導的立場にあった前田米蔵が自由党へ入党する意向であったことから、自身も自由党への入党を考えるようになる。追放解除に先立つ五月二五日に前田系の元代議士が集う二十五日会に参加した加藤は「今後吾等前田党は行動同一」をとることを主張し（同日条）、前田にも「適当の機会に〔名古屋市の〕全公職をつれて行きたい」と伝え、その段取りについても語っている（七月二四日条）[53]。加藤は、鬼丸義斎、早稲田柳右衛門、河野金昇といった愛知県選出の国民民主党国会議員から入党の勧誘を受けた際に答えを濁していたが（六月二六日条）、その真意は自由党入りにあった。

①自由党への入党

加藤の自由党入りについては、青木鎌太郎、三輪常次郎、水野保一らが賛意を示している。三輪は、「アナタは旧政友会、当然自由党に入るべきである、アナタが自由党に入れば横亀君も入党するであろう、名古屋の天地は自由党一式《(ママ)》になる、速かに入党然るべし[54]」と賛意を示した（九月六日条）。また、水野保一も自由党入りを加藤に勧めていた（九月七日条）。

しかしながら、戦前期に五月会会員として、また市議会議員として加藤を支えた名古屋市の公職者は、加藤が自由党入りすることによって、民主クラブへ残留するか、加藤と行動をともにするかを迫られることとなる。加藤は市会議長に就任していた旧五月会員横井恒治郎（民主クラブ幹事長）と面談したものの、横井は自由党入りについて即答しなかった（六月二三日条）。加藤は青木鎌太郎に依頼して、加藤と横井は保守合同のため努力すべきであると横井に慫慂してもらうこととしたが、横井は「一時愛市同盟の如きものを組織し、各党の有力者をもうら《網羅》し、それ等が一挙して某党に入党すれば如何」と慎重論を提案している。しかし、加藤は「一挙自由党入党説」を主張して押しきり、青木から塚本三名古屋市長にも協力してもらうこととした（八月九日条）。

とはいえ、加藤は市会民主党系議員全員を自由党に引き入れることが可能だと考えていたわけではない。加藤は、大麻唯男、松村謙三等旧民政党元代議士が国民民主党を主体とした「第二保守政党を作る計画をして〔い〕る以上」、「旧民政党市長（塚本三）等をつれて自分と同一行動をとれと云ふことは中々の困難」であるとして、「旧五月会系の数人を連れて出れば結構、これに満足すべきであるまいか」としている（八月二六日条）。加藤は、旧五月会員の市公職者、現職・元職市会議員の意向を探ることとなるが、当選後のことを考えれば自由党行きが「常識」だといった賛成意見がある一方で[55]、「愛知連盟の如きを作つて、政派を超越して団体を作られては如何」といった慎重意見や[56]、「気乗りしない」といった態度を示すものもあった[57]。

九月に入り、加藤は旧五月会系の現職・元職市議ら八名[58]と手島博章名古屋市助役を集め、彼らの党籍離脱及び時期をみての自由党入党と、加藤の自由党先行入党を決定した（九月一二日条）。この際加藤は参加者から市会各会派の提携成立後に自由党へ入党してほしいと要請されたものの、「バスに乗り後れる」として、慎重論を押し切っている。また、加藤は「二階に上げて梯子をとっては困る」[59]と念を押したうえで入党の承認を得た。加藤は自由党に入党していた前田米蔵の紹介で自由党へ入党した（九月一六日条）。

②名古屋政界の動揺

加藤は自身の自由党入党が「愛知県政は大な変事を来たす」（九月一二日条）こと、そして国民民主党への入党に比べて選挙の時に不利であることは予期していた。また、旧五月会員のうち、市会議員横井亀吉は社会党に入党していたことから、加藤の自由党入党は名古屋政界を揺るがせるであろうことは新聞紙上でも論じられていた[60]。しかし、入党後の展開は、名古屋政界の動揺と相俟って混迷を極めることとなる。

旧五月会系統の市議のなかでも、加藤は横井恒治郎と横井亀吉の両者をともに自由党へ引き込むため再三に亘って交渉したが、彼らは自由党に入党しなかった。昭和二七年一月一四日には、横井亀吉から「中央政党其儘直入せず市政上のクラブを作りたい」と伝えられている。この間、国民民主党と、大麻唯男・松村謙三ら旧民政党系政治家が合流し、改進党が設立された。加藤は三輪常次郎と協議の上、「横亀と旧民主党議員と提携、クラブを作らすこと。民主党議員は改進党に入党せず、静観的態度を保たし保守合同の気運を増大すること」とし、三輪から両横井に勧告することとした。また、桑原幹根愛知県知事とも会談の上、市会民主クラブが改進党に入党しないよう「静観的態度」をとらせることなどを協議した（二七年一月一四日条、二月一四日・一七日条）。こうした工作の成果もあり、市会民主クラブは改進党への入党を取りやめている。また、加藤は両横井が会派を離脱して無所属となることについても言質を得た（二月一八日条）。続いて三月四日には『朝日新聞』紙上で、名古屋市では中央政党とは別に市政無所属組を作り、衆議院議員選挙には随意に候補者を応援することを申し合わせたという記事が掲載された。加藤は「これは余の立場を作り、余を応援するために横井君等が画いた大芝居であった」と日記に記している（三月四日条）。

しかしながら、このような政界工作が徐々にあらわになるにつれ、民主クラブ内では「無所属の名を藉りて横井恒治郎、横井亀吉両氏が旧交を温め一気に加藤鐐五郎氏の政界カムバックを狙うコンタンだ」という批判が高まった[61]。こうした状勢のなかで名古屋市会では議長・副議長をはじめとするポストをめぐる争いが起き、民主クラブの推す議長候補に対して、自由クラブが横井亀吉を急遽議長候補とし、横井が議長に就任することとなった。これにより、民主クラブと自由クラブの関係は悪化し、党派を超えて旧五月会議員を糾合しようとする加藤の構想は潰えた。

六月二三日には横井恒治郎から「これから市長に会見、吾等、一同改進党に行き、其上自由党と保守連繋で行く旨報告する積りです」と告げられた。加藤は「僕はどうなる」と問い返したが、「選挙は自由意志でやる積りです」と返されている。加藤は「形勢最悪」、「あ、此日で大体の運命は決した」と日記に記さざるを得なかった（六月二三日条）。加藤は来たる選挙での旧五月会市会議員の応援が期待できなくなったのである。加藤は翌日の日記に、自らの票読みを記している。「この選挙には二万票だけ減つた、医師会二五〇〇〇、陶器一〇〇〇〇、自分一〇〇〇〇、公職者十名として二〇〇〇〇票で合計六万五千としていたものが、四万五千となつた、これでは当選は困難だ、大奮発か、中止か何れかの道を選ばなければならぬ、重大の岐路に立つた」（六月二四日条）。加藤は、その後さらに動揺を続ける民主クラブへの働きかけを継続して巻き返しを図り、数人の市議を自陣営に取り込んでいるが[62]、その一方で市会議員に依存しない形で、支持基盤の再生を図る必要に迫られたのである。

（3）　支持基盤の再生

①五月会の再建

加藤は昭和二〇年の名古屋空襲によって自宅を失っており、この時に後援会名簿も焼失していた[63]。加藤は昭和二七年一月一六日に五月会と正和婦人会の政治団体としての結成届を東区役所に提出し、両会は正式に再発足した[64]（昭和二七年一月一六日条）。五月会は友田久米治、正和婦人会はミシン学校長の奥澤登起を「責任者[65]」としており、両人とも大正期以来の加藤の支援者だった。以後加藤は、五月会と正和婦人会の再生のため、会員の拡大を図ることとなる。奥澤は、加藤の支援者だった奥澤亀太郎（名古屋ミシン裁縫女学校長）夫人で、戦前期には婦選獲得同盟の愛知県支部（婦選獲得愛知県支部）にも名を連ねた、戦前期以来加藤が交友を持った女性である(66)。

ここで加藤が出した五月会と正和婦人会の趣意書と規約をそれぞれみておこう。

・五月会趣意書(67)

現下の政界腐敗堕落は言語に絶す、これが浄化の第一歩としては選挙界の刷新と粛正をなすことが急務である。今の選挙は眼目であるべき候補者の人物識見等は殆んど顧みられず、ただ金力の洪水と人海戦の競争のみであつて醜態の極みである。

私共はこの悪弊を根絶し、正しい明るい選挙で人格者を選挙し以て、新日本の再建に努力せねばならぬ。

五月会は往年選挙粛正のため加藤鐐五郎君を中心として結成された、純真無垢なる団体である。然るにここ六年間、加藤君の追放によつて、一時運動を中止していたが、今や解除によつて再び勇躍出発するときが来た。

時事を痛憤する市民諸君、正義を愛好する青年諸君、純情純真なる婦人諸君、願はくば来たり来たりて入会、理想選挙の運動を助けられんことを望む。

・五月会規約

第一条　本会は五月会と称し、選挙界の粛正と、政界の革新を計るを以て目的とする。

第二条　本会は、年一回総会を開き必要に応じ臨時総会を開く

第三条　本会に幹事若干名を置く。

第四条　本会の経費は寄付金を以て支弁する。

第五条　本会は左の所に事務所を置く（以下略）

・正和婦人会趣意書[68]

政治の眼目は国民生活の安定向上にあります。選挙や議会はこれに行く一手段であります。政治は台所に直結しています。米価も、物価も、医療も、教育も、私共家庭生活の凡てがこれに直結しています。

講和条約も批准されました、これからは日本も私共も凡てを建て直さねばなりませぬ。就てはお互時々集っては、此等の問題を研究し談合い、物心両方面の向上を計ろうではありませぬか。正和会は此目的で加藤鐐五郎夫妻を中心として組織された婦人団体です。御入会を希望します。

・正和婦人会規約

第一条　本会は正和婦人会と称し、婦人の政治智識の向上と相互の親睦を計るを以て目的とする。

第二条　本会は年一回総会を開き必要に応じ臨時会を開く。

第三条　本会に世話人若干名を置く。

第四条　本会の経費は開催の都度実費を徴収する。

第五条　本会は左の所に事務所を置く（以下略）。

五月会が「選挙粛正」、正和婦人会は「国民生活の安定向上」といった調子で記されているほか、前者が常体、後者が敬体で記されているところに、獲得したい有権者の違いがあらわれているといえよう。加藤の日記からは、毎日のように市内各所を訪ね、支持基盤拡大を図っている様子が窺える。

なかでも興味深いことは、加藤の女性票獲得の動きである。遡ること昭和二六年一〇月二一日、「八木、奥沢、佐藤はるよ、若山、加藤かつ、有馬の六女史」を集め、正和婦人会の規約を作成するとともに、「各区に支部長の如きものを設けて」会員募集を始めている。一二月一日には、「八木、奥沢、川合、片桐、星島、志田の諸君出席者と十余名」が「連区に百名程度の婦人入会者を作る」と述べる様子を、加藤は「婦人の気焔中々」と評している（昭和二六年一〇月二二日条・一二月一日条）。

また、加藤は医学博士号を取得していたこともあってか、椙山女学園大学、中京女子短期大学の教授に就任していたほか、愛知淑徳学園の理事にもなっていた[69]。加藤は「ツマラないと思つた博士号が大に役立つ訳である、椙山、中京、淑徳、三女学校の関係は大収穫」と日記に記している（昭和二六年一一月二日条）。現存する正和婦人会趣意書及び入会届には、椙山女学園の椙山正弌、中京女子短期大学を運営する内木学園の内木玉枝を同窓会有志代表とし、両者を入会届宛先としたものが残っている[70]。教育基本法に触れない範囲で、同窓会ネットワークを自身の支持基盤に取り込もうとする試みといってよいだろう。

また、東海銀行の鈴木頭取や、中部電力の井上社長といった名古屋財界の最有力者にも会見し、好意的な返答を得ている（昭和二七年四月四日条）。このほか、加藤は鍼灸学校（昭和二六年九月一一日条、一一月二六日条）、戦前以来の理容師業界や、洗染加工業協同組合（昭和二七年五月二日条）などからも支援を取り付けている。選挙後のことではあるが、昭和二七年一一月頃までに「一万三千位」の五月会新入会員があったという（昭和二七年一一月二七日条）。

こうした広範な支持の拡大を図る一方で、加藤は医師会と陶磁器業界という二業界をそのまま自身の後援会に引き込もうとしている。

②医師会

昭和二六年一一月一〇日、加藤は愛知県医師会が別に設立していた愛知県医政連盟臨時総会に出席している。加藤の演説は「医師の政治力結集の必要を力説し、愛知県医師会は二十年間日本医師会を指導して来た」という会員の過去の記憶を呼び起こそうとするものであった。自身と医師会との関わりが長年にわたるものであることを想起させる意図があるのであろう。

名古屋市では市医師会がこの間結成されていなかったため、加藤は各区の医師会、歯科医師会をまわっている（表6-2）。また、加藤は医師会全体を再び自身の支持基盤とするため、名古屋市各区医師会長会議において、医師会員の五月会入会と、医師会員一人あたり一〇〇名の新会員を募集するよう促すことなどを協議した（昭和二七年七月九日条）。

七月一五日には五月会入会に関わる書類が各区医師会長に送付された。文書は愛知県医師会長の絹川常二と名古屋市各区医師会連絡協議会長福井富雄の連名のものと、愛知県歯科医師会長北村二郎、愛知県歯科医政協会委員長益川勘平の連名のものの二種類があり、それぞれ「医界の政治力強化に就ては平素一方ならぬ御尽力を煩して感謝に堪えません」という挨拶にはじまり、「今回法規研究の結果、同業加藤鐐五郎君の後援団体たる五月会（選挙界の粛正を目的として既存のもの）の会員を募集することが一番合法的であります〔圏点は史料ママ〕」として、一人百名程の会員募集を促すものであった[71]。

また、青年医師の集まりでは、一会員から「医師会員中には左派社会党員もあり、それ等が先日協議して赤松代議士には金一封を送つて今度は挙つて先生を応援することに決しました、これで以て一般医師の態度御推察を乞います」と告げられている（二月二四日条）。左派社会党の赤松勇に流れていた医師票が、加藤の立候補を機に加藤のもとへ戻っていたことがうかがえる。

なお、加藤は母校名古屋大学との関係も自身の政治資源として活用しようと試みている。前名古屋大学医学部付属病院長の吉川仲教授を訪ね、吉川から「大いに今度はやります、局員にも依頼して置きます」（昭和二七年四月四

表6－2　加藤の医師会との接触――昭和27年1月～8月（選挙前まで）

年月日	加藤日記記載内容
昭和26年12月16日（日）	「昭和区医師総会に招かる、厚意を謝す」
昭和27年1月27日（日）	千種区歯科医師会招待（長屋弘と同行）。「医師政治力の今昔を語る」
昭和27年2月3日（日）	東区青壮年医師会。「二十四、五名で初面識のもの多し」「森川世話人、川地会長等余のために努力したし」
昭和27年2月9日（土）	千種区医師会。四十余名、「医師会の政治力の談を二十分程した」
昭和27年2月9日（土）	名古屋各区歯科医会。会長十二名と懇談、「一同の熱のあげ方中々である」
昭和27年2月10日（日）	北区歯科医師会。三十名位、「税金問題で真剣研究中」
昭和27年2月16日（土）	中区医師会。「政治力の強化を高調」
昭和27年2月17日（日）	南区歯科医師会。「雑談」
昭和27年2月19日（火）	東区医師会。五十余名。
昭和27年2月24日（日）	青年医界〔会〕。一会員「医師会員中には左派社会党員もあり、それ等が先日協議して赤松代議士には金一封を送つて今度は挙つて先生を応援することに決しました、これで以て一般医師の態度御推察を乞いますと」
昭和27年4月9日（水）	絹川会長と会談。「医師会と医政協会」の「一本化」、「三師会とて、医師、歯科医師、薬剤師の三団体一本となつて大にやります」
昭和27年4月18日（金）	中川区医師会幹部と会談、「『大にやります』云々で上々吉」
昭和27年4月19日（土）	西区医師総会「一寸あいさつして帰る」
昭和27年5月10日（土）	県医師会館の医政連盟総会に出席
昭和27年5月21日（水）	各区医師会長会。「皆々熱心也」
昭和27年6月17日（火）	東区医師会講演会
昭和27年6月20日（金）	瑞穂区医師会。堀田医師会長ほか十余名で「しんみり色々相談、効果的」
昭和27年7月2日（水）	絹川愛知県医師会長と会見「(一) 獣医師会、(二) 薬剤師会、(三) 会費徴収、(四) 印刷物配布、(五) 会長会議等の件を希望した、絹川君尽く諒承努力すると」
昭和27年7月4日（金）	県獣医師会長高井与一
昭和27年7月9日（水）	各区医師会長会議。「極めて熱心裡に協賛された、心より。五月会入会は現行規定で合法的であるので、医師が入会をすゝめる八月十日で〆切る、一人当り百名募集すること等協議出来た…今日の医師会長の決議は極めて有力で、これによつて二万票は獲得されると思ふ」

昭和27年7月15日(火)	「全市医師会長に五月会用紙を届けた、何所でも好感は嬉しい」
昭和27年7月17日(木)	東区医師役員会議出席、五月会の件を説明。「諸君の熱意には敬意を表さゞるを得ぬ」
昭和27年7月18日(金)	瑞穂区医師会総会「五月会が微力になつても医師会の応援はこれを補ふて余りあると思ふ」
昭和27年7月18日(金)	熱田区医師総会
昭和27年7月18日(金)	全市歯科医会長会議
昭和27年7月19日(土)	南区医師会
昭和27年8月3日(日)	東大出身者のみの鉄門会。余を推薦してくれる。演説「医政会の回顧談」
昭和27年8月13日(水)	愛知県医療団理事会評議員。「満場一致で医療団政治力結集の申合せを行つた、たゞ薬剤師会、産婆会が欠席した」
昭和27年8月18日(月)	医会長会議

日条）との回答を得ている。また、勝沼精蔵総長を訪ねて協力を依頼し、勝沼は「公務員の許す範囲全力をあげてやります」と応えている（七月一日条）。

昭和二七年九月七日には、中京女子短期大学の講堂で愛知県医療団連合会主催の会が開かれ五〇〇名が集まった。会では元日本医師会長中山寿彦参議院議員、有田八郎元外相が来賓として招かれたほか、日本医師会副会長の榊原亨が「保険診療制度の不合理を痛罵して、之が改善には有力なる政治力を持つ国会議員の出馬」を望むと挨拶している（九月七日条）[72]。

③陶磁器業界

陶磁器業界では、追放解除直後に陶磁器貿易関係者による加藤の追放解除祝賀会が行われた。八〇名程が集まった会は、水野保一のあいさつにはじまり、佐伯卯四郎日本陶器社長、永井精一郎ら業界有力者の祝辞があった（昭和二六年七月二二日条）。加藤は業界人との会合も重ねている。昭和二七年二月一日、早速加藤は永井精一郎を訪ね、永井は「大にやります、吾々業者も貧者の一燈を奉らねばなりませぬ」と話している（昭和二七年二月一日条）。また六月一一日、森村商事の専務取締役水野智彦を訪ねているほか、六月二九日には佐伯卯四郎を訪ねてやはり「大にやります」とのやりとりを交わしている（六月一一日条・二九日条）。

業界の選挙協力を得る上で軸となったのは、やはり水野保一である。この頃水野の経営する瀬栄陶器は一時的に経営難に陥っていたようで、加藤は水野からその様子を聞き、「余の一大損失は別問題として同情に堪へず」と記している（昭和二七年六月一八日）。水野は相当弱気になっていたらしく、「事業以外何等道楽をせず、而して此始末、死んだ人の気持ちが分る」、「私がこんな状態で陣頭に立てないので申訳けありません」とまで加藤に語っている（七月四日）。加藤は水野に同情を示しながら、自身の苦境について述べると、水野は他の業界有力者の名前を挙げ「私も表には出ます」と応えている。加藤は「親友の苦悩を幾分にても軽快さしたいため」水野のために薬を調剤して持参している。加藤は再度水野に「公然応援を申込」み、水野から「陶業界名の如く強からず、而し、一度首脳部を集めてやつて見る」と回答を得た（七月二六日）。同じ日には名古屋貿易会長で日本窯工貿易株式会社社長の飯野逸平も「大に恩人に報います」として協力を約束している。

昭和二七年八月二日、水野の尽力によって名古屋陶磁器会館ポッタリークラブに陶磁器業界の有力者が集められた(73)。会合には、水野のほか、永井精一郎、佐伯卯四郎、飯野逸平、井元松蔵、岡田義一、松村陶弘(74)、加藤隆市といった「元老諸君も交つて五十余名」が参加し、業界一致で五月会の会員募集を行うこととなった。また「各委員長各幹部十名位を訪問する」、「外郭団体には、加藤もあいさつ廻りをする」ことなどが決まっている。業界誌『陶磁界』は次の通り会合の様子を伝えている。

八月二日ポツタリークラブに於て永井精一郎・水野保一氏等業界大物を始め多数が出席、先ず永井氏の挨拶に続いて井元松蔵氏が司会飯野逸平氏が加藤鐐五郎氏こそは業界の恩人と称え、佐伯卯四郎氏が人物を送り業界の政治力を発揮せよに続いて、水野保一氏が業界の力を示せと力説、井元謙一、岡田義一、松村陶弘、加藤隆市氏等が熱弁をふるひ加藤鐐五郎氏が力強く熱望に応へた。……業界代表がなかつた為に辿つた業界苦難の道は過去に多くの実例が示されて政治力の欠乏が痛感されていたが、先に参議員佐伯卯四郎氏が退き参議員候補山本茂氏が惜敗して以来いよいよ業界の大きなマイナスが響いて大きな不利が痛感されていた。純国産陶磁器産業が輸出に占める比重は大きく、為に対内外共に多くの難関に直面している業界に取つて率直に中央に意見・要望を反響させる業界代表が最も必要であり、その点加藤氏の活躍は業界に取つて大きなプラスが確信され、業界総力を結集して断固強力な推進を行はねばならない

記事にもある通り、昭和二一年参院選愛知県選挙区から当選（三年議員）した佐伯卯四郎は一期のみで退任していた。代わりに業界が昭和二五年参院選に擁立した山本茂（元商工省・大東亜省交易局長、全国区）は落選し、業界は自らの利益を代弁してくれる国会議員を失っていた。陶磁器業界では、業界の直面する難題を解決するための代表が必要であり、その適任者が加藤であるという方向で会合が進んだことを伝えている。以降加藤は、業界廻りを開始し、支持拡大に努めた（昭和二七年八月六日条、九日条、一二日条、一六日条）。

九月七日には、医療団の結集会が行われた後、そのまま中京女子短期大学の講堂で五月会の発会式を開催して一二〇〇名の会衆を集めるに至っている（九月七日条）。

なお、政治資金については、三輪常次郎へ「選挙費として少なくとも三百万は用意せねばならぬが、五六十万しかない、若し望みなくば中止せねばならぬ」と率直に状況を説明し、「自分としては大に努力するから、大にやつて貰いたし」との約束を得ていた（昭和二六年一二月二〇日条）。選挙直前には三輪に選挙事務長・責任者を依頼し承諾を得た（昭和二七年八月一八日条）。こうして、加藤は選挙準備を整えつつあったのである。

ちなみに再出馬を目指した加藤は、自らが公職選挙法に違反しないよう細心の注意を払っていた。加藤は昭和二

七年四月二七日、前田米蔵後援会の結成式に参加したところ、会終了後に冷や酒が配られていた様子を「前田さんですら此俗悪なことをやらねばならぬ」と苦々しくみていた。また、七月三一日には名古屋市選挙管理委員会で選挙法について聞き「五月会として違反のないように」勉強し、「五月会、選挙母体が当初生れた精神を保持して、公明選挙の範を示したい」と考えてもいた（四月二七日・七月三一日条）。前田が昭和二七年の総選挙で陣営から選挙違反者を出したことが翌二八年総選挙での落選へとつながり、結果的にそのまま政界に復帰できなかったことからすると、加藤の選挙違反を警戒する意識は自己の政治生命を保持する上で重要だったといえよう。

（4）第二一回総選挙

昭和二七年八月二五日、名古屋市長塚本三が急死すると、加藤は保守統一候補として市長選へ出馬するよう説得されている。結果として名古屋政界に混乱を招いていた加藤を保守統一の名古屋市長として推薦することは、市会内の対立を棚上げする意味があったのかもしれない。しかし、加藤としては、この期に及んで名古屋市長選挙へ出ることはできなかった。加藤は説得者に対して、「市長に魅力なく、衆議院議員の名が好きだ、陣笠で構はぬ」と応えている（昭和二七年八月二七日条）。また、日記には「余は追放なくば、市長になつても構はぬが、意地にもなれぬ」と心境を記している（九月二日条）。加藤は水野保一からも「何故当選安全、地位よき市長を捨て、不安な衆議院に出られるのか」と説得されるも「今更ら仕方なし」と答え（九月三日条）、手島博章助役を市長候補に推薦した。(75)

八月二八日、加藤の想定より早く衆議院は解散され、加藤は九月五日に立候補を届け出た。以降一〇月一日の投票日まで市内各所を演説等で回り続けている。日記には、陶器会社での個人演説（九月一九日条）、トラック演説や（九月二六日条）、「西区松岡、羽根田、岩瀬、其他西区医師会の諸君総出で〻夫々受持ちの区域で自分の名を呼んで」くれたことなども記されている（九月二六日条）。『愛知県医師会史』は、愛知県医療団が「加藤候補直属の五月会と呼応して日夜の運動は白熱化」したと記している[76]。

開票の結果、加藤は五〇八九四票を獲得し第二位で当選を果たし、国政への復帰を遂げた（選挙結果は表6-3）[77]。加藤は昭和二七年一〇月二日の日記に喜びを記している。

一大バクチであつたが、余は生きた、一人の市議員をつれず、自由党へ入党した、冒険であつた、市長候補を辞退した、あれ程熱心にすゝめられ、選挙は楽で当選確実であつたのに、主義主張は一貫して衆議院選挙に真一文字に進んだ、幸いに当選した、而かも二位で悠々と

加藤当選を取材した『陶業タイムス』には加藤のインタビューと支援者の声が掲載されている[78]。加藤は「五月会、陶業界を始め皆さんの支持によつて」当選できたこと、自由党員として党の政策を進めることを述べるとともに、陶業界のことは「ブランクがあつて分らないが業界のよい公僕となるよ」と答えている。

また、「業界より直接火花散る選挙戦に参加その参謀を勤め上げた」名古屋陶磁器事業協組専務理事の長谷川玄慶は、「政治力の弱い陶業界が何んとか業界の事情に精通した人をとの熱意が実を結んだ」として、「世界経済界の激動が鋭敏に反映する業界でありながら対政府発言力の弱いため、どれだけ業界が損をして来たかは我々は身をもつて知つている、ここに陶業界の事情に明るい、しかも中央に発言力の強い加藤先生が当選されたのは業界としても非常に心強い」とあけすけに語っている。「陶業界の元老であり五月会員として加藤氏当選の日まで寝食忘れて活躍し、同じ運動員をして賞讃せしめた」水野保一は、「政界安定なきところ、経済の安定はあり得ず、第一に中間派大物として両派の和を計り政界を統一し経済安定の基礎の上に立つて、業界発展策を考えていただきたいと存

表6－3　第25回衆議院議員総選挙愛知県第1区の結果（昭和27年）

候補者	党派別	新前元	公認	千種区	東区	北区	西区	中村区	中区
赤松勇	社(左)	前	公	6,345	4,123	7,203	7,163	8,357	4,397
加藤鐐五郎	自	元	公	4,759	7,045	5,082	4,885	4,972	5,277
辻寛一	自	前	公	2,992	1,622	2,188	3,154	3,880	3,539
春日一幸	社(右)	新	公	3,154	1,898	2,257	2,162	7,359	1,992
田嶋好文	自	前	公	1,326	3,509	2,521	5,072	3,584	1,579
山崎常吉	社(右)	元	公	1,745	1,240	1,808	2,405	4,866	2,430
田島ひで	共	前	公	2,237	1,532	1,604	2,027	2,193	1,915
横井太郎	自	新	公	5,343	719	700	1,624	2,458	1,481
奥村鉄三	改	新	公	496	411	463	1,239	3,249	1,504
橋本金一	改	前	公	740	608	912	1,082	2,068	3,962
山田泰吉	自	新	公	696	527	480	1,641	4,174	1,090
石黒幸一	改	新	公	1,174	2,204	2,540	707	1,034	642
福田子好	改	新	公	531	655	272	739	1,051	1,247
飯田久雄	自	新	公	539	475	343	518	798	951
青山雅彦	諸	新	公	1,184	183	175	201	341	278
西脇和義	無	新		385	236	207	188	272	220
下田金助	労	新		59	149	169	167	98	116
太田政市	協	新		90	113	58	102	68	323
得票数計				33,795	27,249	28,982	35,076	50,822	32,943
有権者数				55,400	43,687	46,824	60,671	83,606	61,644

候補者	党派別	新前元	公認	昭和区	瑞穂区	熱田区	中川区	港区	南区	計
赤松勇	社(左)	前	公	7,467	8,709	5,688	5,424	5,298	8,850	79,024
加藤鐐五郎	自	元	公	4,166	4,023	2,390	3,220	2,006	3,069	50,894
辻寛一	自	前	公	6,178	4,805	1,992	2,568	1,295	3,464	37,677
春日一幸	社(右)	新	公	1,986	2,088	1,570	2,314	1,879	2,743	31,402
田嶋好文	自	前	公	1,754	2,640	1,896	2,613	1,551	2,209	30,254
山崎常吉	社(右)	元	公	1,370	1,762	1,819	2,040	1,418	2,277	25,180
田島ひで	共	前	公	2,075	2,665	1,819	1,612	1,515	2,790	23,984
横井太郎	自	新	公	870	1,021	2,340	1,553	586	1,206	19,901
奥村鐵三	改	新	公	622	1,138	1,004	8,146	358	809	19,439
橋本金一	改	前	公	1,076	1,009	1,482	1,041	792	1,346	16,118
山田泰吉	自	新	公	476	442	771	789	414	456	11,956
石黒幸一	改	新	公	866	791	498	288	212	597	11,553
福田子好	改	新	公	673	454	358	444	213	205	6,842
飯田久雄	自	新	公	670	921	291	552	225	369	6,652
青山雅彦	諸	新	公	264	214	129	129	70	297	3,465
西脇和義	無	新		165	219	181	183	98	151	2,505
下田金助	労	新		87	89	86	47	122	123	1,312
太田政市	協	新		86	129	99	67	31	57	1,223
得票数計				30,851	33,119	24,413	33,030	18,083	31,018	379,381
有権者数				53,461	53,954	39,454	53,826	32,175	50,980	635,682

出典：衆議院事務局『第二十五回衆議院議員総選挙一覧』（昭和28年）。

じます」として、吉田茂、鳩山一郎の対立が激しくなっていた自由党のなかで、中間派として活躍して欲しいということ、そしてその上で業界発展も考えて欲しいと答えている。いずれにせよ、陶磁器業界の擁する大物として期待が掛けられていたといえよう。

なお、医師会でも、日本医師連盟推薦代議士祝賀会を開催して代議士加藤を迎えた（昭和二七年一一月二七日）。

7　戦前派代議士の「強固な地盤」の実態

以上、本章では、公職追放された戦前派の代議士がいかに支持基盤との関わりを維持・更新し、再生し得たのかを、加藤と支持基盤との関わりを中心に検討した。最後に本章の内容をまとめる。

加藤と陶磁器業界との関わりについては、戦前期より関係を有していた名古屋輸出陶磁器業者との関わりと、戦時期に形成された陶磁器商業者との関わりの二つで異なる様相を見せていた。戦時期に作られた陶磁器商業者との関わりは、占領期にも継続していた。ただし、法に基づく協同組合設置とならなかったことから、戦前・戦時期から比べると組織化の程度は低く、業界としての結集力も弱まった。事業の行きづまりもあって、加藤は戦時期から継続して務めていた陶磁器商業団体の長を退いている。

陶磁器業界のなかでは、名古屋陶磁器輸出・生産業者の水野保一との関わりが突出して深まっていた。水野は加藤の事業経営を支えるなど、戦前以上に加藤との関わりは密接となっていた。加藤と水野の関わりも、戦前から占領期にかけて単純には連続していないのである。加藤が追放解除後に陶磁器業界から支持を得る上で水野が軸となっていたことからすれば、加藤が事業経営を通じて水野との関わりを深めたことは、加藤の政界復帰にとっても重要であったといえる。

なお、昭和二五年に陶磁器業界が参院選に擁立した山本茂には、愛知と並ぶ陶磁器産地岐阜県では予定の票が投じられた一方で、愛知では予定以下の票しか投じられなかった。選挙戦を取り仕切った水野に対して、業界ではその失敗を責める声が大きかった[79]。水野にとって、自らと親しく、また業界への関心を有している加藤を再び政界に送り込むことは、単に友情のみならず、自らの失地回復の意味も有していたといえよう。

医師会との関わりでいえば、陶磁器業界における水野のようなキーパーソンとの関わりが深まった形跡はない。しかし、名古屋大学総長選への関与、自身の経営する喜安病院の運営における名古屋大学からの援助、嫌煙薬「キンエン」の製造をはじめ、名古屋大学総長の田村春吉、勝沼精蔵等名古屋大学教授陣との関わりが占領期にも維持・更新されていたことは明らかである。愛知県医師会には名古屋大学医師会も参加していたことなどからすれば、名古屋大学医学部との関わりの深さは、追放解除後の加藤が医師会を支持基盤に組み入れる過程で隠然たる効果をもたらしたと考えられる[80]。

陶磁器商関連、病院経営、あるいは「キンエン」販売は、日記を見る限り必ずしも順調ではなかった。加藤の政治的資源は、事業のための「注文取リ」などと引き替えに取り崩されている感もある。しかし、占領下で政治的逼塞を余儀なくされた加藤にとって事業経営は、加藤本人の意図とは別にして、社会との関係性を維持・更新する機会になったともいえよう。そして、加藤は占領期に維持・更新した人脈を用いて地盤の再生を図った。期待していた旧五月会系市会議員の応援が充分に得られなかったことから、加藤は医師会と陶磁器業界を両輪に据え、後援会の再生を図っていたことはこれまでみてきた通りである。また加藤がはじめて有権者として向き合うこととなった女性票の獲得については、私立学校との関わりでみえるように、自身の学位をも利用して支持拡大に努めていた。

加藤は、自身に連なるあらゆるものを支持基盤に組み込むことで再選を果たしたのである。

先行研究では、地区毎の獲得票数が変わっていないことを以て、戦前・戦後にかけて戦前派代議士の地盤が強固であったという指摘がなされてきた。これに対して本章は、代議士の「強固な地盤」の内実は、占領期の社会変動のなかで動的に変化していたことを明らかにした。ここで、加藤がなぜ支持基盤を再生し得たのかについてまとめておく。

第一に重要なことは、加藤は戦前期、具体的には大正中期から大都市名古屋において後援会を組織するとともに、昭和戦前期にはすでに医師会、陶磁器業界という二つの業界を支持基盤として組み入れていたということである。利益団体の戦前と戦後の連続と断絶について辻中豊は、戦前、もしくは昭和三〇年代までに社会過程のなかでしっかりと根を下ろしえたかが、いわゆる五十五年体制下における団体の力や行動を考えるうえでのポイントになると指摘している(81)。団体の結成が早かった医師会と商業者を除く陶磁器業界とが、占領期においても団体としての結集力を維持していたことは、加藤の政界復帰にとっても重要であったといえよう。

第二に、そうした支持基盤との関係性は、占領期に減衰しなかったということである。ただし留意すべきは、先に指摘した通り、病院や薬品製造といった加藤の事業経営が、加藤本人の意図とは別に結果として関係性の維持につながっていたことである。支持基盤との関係性の維持・更新・減衰は、占領期という激変期において、当人達の意図を超えたところで起きていたのである。加藤の事例が示唆しているのは、戦前派代議士の多くが、戦前から戦後にかけて不変の「強固な地盤」の上に乗って戦後政界に復帰したのではなく、変化する支持基盤との関わりを、本人の意図するところ、あるいは意図しないところでそれぞれ維持・更新し、「強固な地盤」を再生したということである。加藤の「強固な地盤」は、戦前から戦後にかけて単純に連続したわけではなかったといえよう。それでは政界復帰後の加藤と加藤の支持基盤との関わりは、いかに展開したのであろうか。この点を次の第七章で検討する。

第七章　戦前派代議士からみた戦後復興と高度成長——支持基盤の再構築と終焉

1　錯綜する政策的主張と政治的野心

六二歳で公職追放を受けた加藤鐐五郎は、昭和二七年の総選挙で政界に復帰した時にはすでに六九歳となっていた。加藤は自らの日記のなかで「余の年になつて選挙を争ふこと、他人のことであれば『もうどうですか』と云ふところ也」と記すなど、自身の年齢に自覚的であった（昭和二七年一月七日条）。しかし、加藤は衆議院議員総選挙への出馬を決意し、当選したことは先にみた通りである。

そこまでして政界に復帰した加藤は、復帰後の政界で何を目指したのだろうか。一つは政治的に再び上昇したいという野心である。加藤は日記に「自分も年七十に達し、たゞ現状に満足していれば楽隠居で狭いながらも新居で悠々余生を楽しめないこともない、而し少年時代からの功名心と政治家として大臣として、何にか天下にのこしたいとの気持ちが、この冒険的行動をとらしむるのだ」（昭和二六年八月二六日条）と自身の思いを赤裸々に記している。こうした野心と同居するのは「政治の根本は、国民のくらしをよくすることにある」という政策的主張、なか

でも地元名古屋の発展である。この点は次に掲げた昭和二七年選挙での加藤の政策的主張からも確認できる。(1)

〔前略〕日本は講和条約を結んで独立国となりました。然しまだ松葉杖をついた不完全な独立国ですから、今後お互に努力して国力を増し、本当の独立国にしたいと存じます。

内政の問題として、私は先づアメリカの占領政策を考え直す必要があると思います。それは占領政策の目的が、結局日本を精神的、経済的に弱くし、再び強国として立上らせないことにあつたからであります。

そこで私達は、日本の現状を無視した外国そのまゝの制度や法律、青年を惰弱にしたり、経済力を弱めるためにとられた幾多の手段は、独立を機会に断固改廃すべきであると思います。

然し基本的人権の尊重、男女同権、封建思想の打破、民主主義の徹底、労働者の基本的権利の保障、言論出版の自由等は、その根本精神に於て、私の三十年来の主張と全く一致し、今後一層その健全なる助長、発展を計らねばなりませぬ。

次に申上げたいのは「政治の根本は、国民のくらしをよくすることにある。」ということであります。現在の国民のくらしをよくすることは政治家の重大な責任であります。

私は自由党ですから、党で公約した政策の実現に最善を尽くす考でありますが、特にその内、日本として、産業都市名古屋として最も重要且つ切実な問題があります。

それは産業をもつと盛んにし、貿易の振興を計り、そのために必要な外国資本を入れることであります。

更に中小企業を保護するため、長期の金融を計り、小企業所得に対して大巾に減税し、又戦争犠牲者を救い、遺家族の年金を増し、海外の引揚を促進し、尚健康保険の制度を改善し、住宅を思いきつて早く沢山建設すること等であります。

私はこれ等の政策の実現に全力を挙げて努力致します。

最後に、私は敗戦により失われた国民の道義心を高めることに最善の努力を尽くしたいと思います。

今や官界は腐敗し、国会は堕落して国民の信用を失つて居ります。如何にも憤慨に堪えませぬ。

これ私が微力をも顧みず、決然立候補した次第であります。〔後略〕

加藤の主張を大きく分ければ、第一は占領政策の見直し、第二は国民生活の向上、第三は国民道義心の高揚である。戦前から戦後にかけての加藤の動向を主として利益団体、後援会を中心に検討してきた本論からすると、注目したいのは第二の国民生活の向上である。加藤は「政治の根本は、国民のくらしをよくすることにある」として、特に産業都市名古屋の「最も重要かつ切実な問題」に産業・貿易の振興と外国資本の導入とがあると説いていた(2)。また、加藤は新聞記者からの取材に対して、「名古屋を中央が軽視しているので、これを正当視するよう努力したし、又た名古屋実業家も政治に直結するよう力めねばならぬ」（昭和二七年一一月二七日条）と語っている。

加藤が政界復帰を目指した背景には、政治的に再上昇したいという欲求、なかんずく大臣への就官欲求と、自らの政策的主張の実現、特に地元名古屋の発展という二つが併存していたといえよう。前章でも紹介したが、公職追放中の昭和二六年五月、加藤は青木鎌太郎から「〔追放〕解除組を集めて、名古屋の位置をしつかり中央に見せて貰いたし」と激励されていた（昭和二六年五月三日条）。加藤には、中央における名古屋の存在感を示してほしいという期待も掛けられていたのである。名古屋の発展と加藤の政治的上昇は、加藤にとって否応なしに結びついていたといえる。そして政界復帰後の加藤は、自らが中央政界と地域社会を直結するための結節点となることで二つの課題の達成を図ろうとする。本章では、加藤が戦後復興期から高度成長初期にかけて現れる様々な地方利益・業界利益と関わる問題についてどのように関与し、支持基盤からの要望に応えようとしたかを、加藤が衆議院議長に就任する昭和三三年までを中心に検討する。

なお、当該期における代議士と支持基盤に関わる研究は序章で掲げた通り多数あるが、代議士と支持基盤との関わりを代議士の日記という一次史料から検討した研究は、本論と同様に加藤鐐五郎の日記を用いて、いわゆる医薬分業法をめぐる政治過程を論じた奥健太郎の研究のほかは多くない(3)。本章では、代議士個人の日記から当該期における代議士とその支持基盤との関わりを再検討したい。

本章の構成は次の通りである。第二節では、加藤が地元名古屋の発展を旗印に、中京財界からの後押しで国務大臣への就任を目指す過程を、加藤、財界、自由党の三者の思惑を整理して紹介するとともに、大臣就任後も引きつづき地元名古屋と中央との媒介者として活動する加藤の姿を明らかにする。第三節・第四節では、加藤の支持基盤だった陶磁器業界、医師会という二つの利益団体との関係性を比較検討し、その相違を明らかにする。第五節では加藤の後援会五月会が戦後に再び拡大するものの限界をみせはじめる過程を、加藤が出馬した選挙の分析を踏まえつつ検討する。

2　国務大臣就任を目指して――地方利益の媒介者として

(1)　入閣への期待

加藤が自由党への入党を決めたのは、戦前以来関係を有する前田米蔵が自由党に入党したことによる。昭和二七年の政界復帰後、加藤は前田米蔵を事実上の領袖として仰ぐ二十日会に参加している(4)。選挙後の第四次吉田茂内閣組閣の直前に、加藤は「見ともないこと」ではあると思いながら前田に厚相への就任を希望した（昭和二七年一〇月二七日条）。翌日には、「選挙の時は有権者に頼み、何故大臣になるのに頼まれぬのか」などと自問自答を繰り返した上で佐藤栄作郵政相を訪ねたところ、前田から既に聞いていると告げられている（一〇月二八日条）。しかしながら、加藤は入閣できなかった。

加藤が大臣への就任を希望した背景には、自身の野心もさることながら、周囲からの期待、視線もあったと思われる。加藤は地元名古屋の地方紙『名古屋タイムス』の記者から「何のための立候補か、当選直后直ちに大臣にならざれば意義なし」といった批評があったことを伝えられてもいる（昭和二七年八月一日条）。

その後、昭和二八年四月のいわゆる「バカヤロー解散」による第二六回衆議院議員総選挙で、自由党は第一党となったものの過半数を下回る一九九議席しか獲得できず、加藤も前回より票を減らし当選した【巻末付表】。また、この選挙で前田系の議員は領袖である前田をはじめ多数落選し、加藤は同志の多くを失った。それでも加藤は自らの政治的地位上昇（大臣就任）のため活動を続けている。

選挙後の第五次吉田内閣組閣直前には佐藤栄作幹事長を訪ねている。佐藤から「医師会がアナタ一人を頼みにすると言つていた」と伝えられた後、「一つ此際考へて貰いたい」と大臣へ就任できるよう依頼している（昭和二八年四月二七日条）[5]。加藤は日本医師会の武見太郎副会長に対しても自身の後援を依頼したところ、「必要あり、二十万呈上す、是非使用して下さい」と現金を提示されている。加藤は「運動だけ是非たのむ」として現金は受け取らなかった（五月一九日条）。また、加藤が商工政務次官を務めた米内光政内閣以来、関係を有していた有田八郎元外相にも後援を依頼している（五月六日条）。前田系で数少ない当選者だった羽田武嗣郎からは「今度は是非共大臣に出ていたゝきたく、前田先生も近く緒方君に会見されます」と伝えられたほか、五月二〇日には佐藤幹事長が加藤の名前を吉田に提示したという情報も得ている（五月六・二〇日条）。

加藤の日記によれば、組閣当日は午前中まで前田、池田勇人らから「厚生大臣濃厚」と伝えられ、新聞紙上でも加藤の名前が厚生大臣として挙がっていたが[6]、ここでも入閣を逃した（五月二一日条）。加藤日記をみる限り、厚相のポストは参議院枠であったこと（厚相は第四次吉田内閣の山県勝見参議院議員が留任）が入閣失敗の理由であったらしい。緒方竹虎からは「七月まで加藤君に待つて貰いたし」と慰撫されている。佐藤栄作からは「ポストがまづかつたでした」と伝えられ、小笠原三九郎からは「山県君は今度の選挙に相当に努力したとのこと、其厚生の椅子に向つたことが失敗の因で、建設大臣ならなれた」（五月二二・二三日条）と伝えられている（加藤が厚相を希望した理由は後述）。

加藤は「新聞辞令でも出ないよりは出た方可かも知れぬ」と自らを慰めたが（五月二二日条）、「新聞辞令」後に行われた後援会五月会の中区懇談会は予想以上の盛会となったほか、千種区五月会では「厚生大臣加藤鐐五郎の新聞記事を余程喜んでいる」等（六月一日・二日・三日条）、支持者の期待が盛り上がったことがわかる。加藤は入閣に失敗したものの、入閣予定者として名前が挙がったことで支持者からの期待をつなぎ止めることができた。また加藤は五月会員から、「是非入閣を願いたし、吾等署名運動三万人したし」などと激励を受けていた（一二月二八日条）。加藤は「熱の入れ方感謝の外なし」と感想を日記に記しているが、支持者の入閣への期待が高まれば高まるほど、次の内閣へ入閣できるか否かは、加藤の政治生命を左右しかねないものになりつつあったともいえよう。

（2）中京財界と加藤

加藤は第四次吉田内閣に農相として入閣していた田子一民から、第四次吉田内閣における選挙資金調達の経過を聞いている。それは、「（一）吉田首相は閣議で選挙募金を閣僚一人当五〇〇以上、又た其以上の分は二割差引いて差支へなし、（二）山県〔勝見厚相、以下はすべて第四次内閣時点での肩書き〕、大野木〔秀次郎国務相〕、岡野〔清豪文相〕は中々集めた。（三）小笠原〔三九郎通産相〕、木暮〔武太夫〕は直接首相に持参した、（三）《ママ》内田信也君は二、〇〇〇持参した、オールドボーイで〔麻生〕和子夫人の本当のボーイである、（四）《ママ》首相も中々のものである」といった選挙資金の調達方法をあけすけに語るものであった（昭和二八年五月二七日条）。内閣法により国務大臣は内閣総理大臣を除いて一六人であるから、一人五〇〇万円としても閣僚だけで八〇〇〇万円を集めたことになる。加藤は「嘆ずべき哉」と日記に記しているものの、自身も政治的上昇を図るため党への献身を図ることとなる。その方法は、地域の発展を旗印にして中京財界人と自由党を結びつけることであった。遡ること五月七日、加藤は吉田と三〇分ほど会談している（五月七日条）。吉田が「築港の問題、伊セ南端の観光地の件、四日市燃料廠のこと、軍需業のことなぞ努力する」と述べたのに対して、加藤は「名古屋を一層重視されたし」と述べたほか、名古屋から中央の各種審議会委員を選ぶことなどの希望を伝えていた。

加藤は財界側からも行動を起こしてもらう為、中京財界人との会談を重ねている。六月一日には加藤の支援者でもある元名古屋商工会議所会頭・興服産業会長の三輪常次郎を訪ね「組閣当時の経緯」と「中京財界の覚悟」を語った。三日には日本陶器社長で中部経済連合会副会長を務める佐伯卯四郎を訪問し、「中部日本発展策と、吉田総理会見の顛末」を語り、佐伯から賛同を得ている。佐伯は、伊藤次郎左衛門松坂屋社長（名古屋商工会議所会頭・中部経済連合会会長）、三輪、神野金之助名古屋鉄道社長らと相謀って、四日市港・名古屋港の発展をぜひ具体化したいと述べ、加藤に伊藤への面談を奨めた（六月一・三日条）。加藤は佐伯の奨めに従って、神野名鉄社長、伊藤会頭を訪ねて「中部発展の件」を述べている。神野は「何れ総裁〔吉田〕にも含みもあり、一、二回は要件なくたゞ敬意を表したし」、「加藤さんはたゞ財界喜べりでなく、何れ近く御礼に参上すとの回答されたし」と、財界人と吉田との面談に至る段取りまで具体的に話している（六月一日・三日・四日条）。

中部経済連合会は、「自分のことは自分で、中部のことは中部で解決するのが本当だ。東京の団体に金を納めて、いつか何かをしてくれるだろうと待っているなどは愚だ。我々は団結して他地区に流す金と団体を整理して、我々の手で中部の産業振興に当たるべきだ」という佐伯卯四郎の提唱によって、昭和二六年三月に設立された中部地域の財界団体である[7]。同会は、各種の勉強会・懇談会などを実施するほか、中部地域の諸問題にも取り組んでいた。また、昭和二八年六月には、中部経済連合会が主導し、愛知・三重両県知事、名古屋・桑名・四日市・鈴鹿の四市長、名古屋港管理組合管理者、名古屋・桑名・四日市・鈴鹿各商工会議所会頭等を発起人として「伊勢湾工業地帯建設期成同盟会」が結成された（会長は伊藤次郎左衛門）。設立趣意書には、「伊勢湾港及び臨海工業地帯の建設、用水、電力、道路、通信、輸送、住宅地の整備確保に全力をあげて中部経済圏の画期的発展を期す」ことが謳われた[8]。加藤の「名古屋実業家も政治に直結するよう力めねばならぬ」という主張は、戦後復興から高度成長へと移行するなかで地域の産業、経済発展を目指す中京財界側の動向を捉えようとするものであったといえよう。

加藤は自由党と中京財界の懇談会開催を計画するが、財界側のとりまとめ役となったのは三輪常次郎である。六月、加藤は東京で三輪と会談し、三輪が桑原幹根愛知県知事と協議の上、佐藤幹事長から三輪に中京財界のとりまとめ役を依頼するという段取りをつけ、桑原知事からも快諾を得た（六月一六・一七日条）。七月八日には三輪が佐藤幹事長、緒方副総理、そして吉田首相と会見した。吉田は「党勢拡張のことは別で、中京方面のことは努力します」と上機嫌で答えている。加藤は「中京財界と自由党の提携は極めて好都合に進展した」と日記に記している（七月八日条）。このようなお膳立てを済ませたあと、加藤は桑原知事、三輪と「中京財界懇談会の日時、招集氏名等」を相談した（七月一四日条）。また佐伯と会談し、「自由党中京財界懇談会」で名古屋港・四日市港を調査題目にすると報告し、佐伯を喜ばせている（七月二七日条）。

そして八月一五日、自由党と中京財界人の懇談会が名古屋商工会議所で開かれた。『中部経済新聞』によれば、自由党からは、佐藤栄作幹事長をはじめとする一行が参加し、地元からは桑原愛知県知事、青木理三重県知事、村岡嘉六名古屋商工会議所副会頭を始め約百五十名が参加し、伊勢湾工業地帯の整備促進、愛知用水の建設を要望した[9]。新聞紙上には現れていないが、加藤は懇談会の最後に、「今回の懇談会は吉田首相が名古屋方面の諸問題に就て関心の大なるに驚き、此機会を利用して、当方面の重要問題を党に於て絶対権を有する諸君に訴へ実現さしたい、今日の産業経済は断じて政治を離れて存在しない、名古屋は此政治力を利用せずして、政治と産業と別々にした、これ価少評価されたワケだ、願はくば此れを機会に大に活用されたい」と挨拶している（八月一五日条）。

翌日、加藤は日記のなかで「今度の行事は大成功で、而して凡て余のために行はれたものだ、これで内閣改造あれば、先日の不運は回復される」（八月一六日条）と記している。懇談会は加藤にとって自身の閣僚への就任を確実にするためのセレモニーでもあった。

しかし、このセレモニーは加藤のためだけに行われたものではない。八月一八日佐藤栄作幹事長に面会した加藤は、佐藤から「熱のさめない中に宜しく頼む」と、暗に財界からの献金を促されている。加藤は「政党の幹部が財界人に会見する時必ず金が付くのは政党の品位に汚点をつけるのだ」とはしながらも、「献金位は充分心得ている」と内心を吐露している（八月一八日条）。九月八日、加藤は吉田と再度会見している。[10]吉田が加藤から送られていた瀬戸製の陶器人形について「皆が独乙か仏かと申します」と礼を述べたのに対して、加藤からは中京財界人の代表者が「敬意を表したい」と申し込んでいる旨を伝え、吉田から快諾を得ている。そして、加藤は桑原知事と三輪とともに目黒公邸で吉田に面会し、「微意五百」を党費として寄付することを申し出た。吉田は「幹事長が喜ぶでしよう」と答えている（九月八・一一日条）。[11]

一方、八月二五日に加藤は、桑原愛知県知事と会見の上で、佐藤と「名古屋港改修の件」で打ち合わせた。二六日に加藤は大蔵省を訪ね、愛知揆一大蔵政務次官に「桑原知事在任中に改良費交附されたし」と交渉して快諾を得、翌日には伊勢湾工業地帯の核となる名古屋港の改良費が計上されることとなった。加藤は三輪常次郎に「先日の懇談会で名古や市は五億円を得た」と伝えている（八月二五〜二七日条）。

このような経緯を踏まえれば、八月一五日の自由党と中京財界人の懇談会は、加藤にとっては党と財界の媒介者として自身の存在を誇示することで、大臣就任を確実にするため、佐藤、あるいは吉田にとっては党の政治資金獲得とともに中京財界との関係を構築して「党勢拡張」を図るため、そして地元中京財界（と桑原知事）にとっては加藤が述べるように「政治力」を「活用」した地域の発展のため、とそれぞれの思惑が交錯したセレモニーであったと位置づけることができよう(12)。

加藤は昭和二八年末に入閣の打診を受けることとなる。公邸で会見した福永健司官房長官から「先刻も総理、麻生君等と談じたことでしたが、先般はお気の毒でしたが、今度は一つはいて戴きたい、あなたは医学博士でしたネ、厚生大臣はと存じまして」と打診を受けた。続いて福永からは「誰れが見ても尤ものポストは厚生だが、他に適当は何にですか」と問われ、加藤は「以前商工省に二度勤めまして」と答えている（一二月二四日条）。結局、加藤は昭和二九年一月八日、第五次吉田内閣に国務相（無任所）として入閣を果たした。加藤の他、草葉隆圓（厚相、参議院議員）、愛知揆一（通産相）が入閣している。小笠原三九郎から電話で入閣の連絡を受けた際、小笠原は「当分御辛棒願いたし、其中他に変つて貰ふ筈」と伝えているほか（一月八日条）、池田勇人からは「当分沈黙を守られたし、今度厚生省に御変りを願ふのだと思つています」（一月二六日条）と告げられている。先述の入閣交渉の経緯からすれば、加藤は無任所であることにやや不満を有していたかもしれない。とはいえ、加藤は一月一七日にお国入りし、桑原愛知県知事、小林橘川名古屋市長や、五月会員をはじめ多数の人々の歓迎を受けている。加藤は大臣就任により支持者に対する面目を保つことができたといえよう。

なお、国務相に就任した加藤は、昭和二九年一月八日から一二月九日までの在任期間中に国家公務員等の給与事務担当に任ぜられたほか、いわゆる「洞爺丸台風」の発生後には災害連絡本部長となっている。しかし、在任中の最も大きな出来事は、造船疑獄に関わる犬養健法相の指揮権発動後の辞任により法相に一時転任したことであろう（四月二一日～六月一九日）。加藤は法相就任とともに、一挙に政局の渦中に飛び込むこととなった。とはいえ、こうした加藤の活動は、本論としては本筋から外れるため割愛する。

（3）加藤会の設立

鳩山一郎・石橋湛山・岸信介ら自由党の反吉田系、改進党等の合流によって、昭和二九年一一月二四日に日本民主党が結成された。同党が左右社会党とともに吉田内閣不信任決議案を提出し、吉田内閣は総辞職することとなり、加藤も大臣を辞することとなる。

昭和二九年三月一九日に前田米蔵が没して領袖を失った加藤は、大臣在任期間中から吉田内閣副総理でその後継と目されていた緒方竹虎へ接近するようになった。加藤は中京財界人と緒方との間を取り持とうともしている。昭和二九年六月、三輪常次郎のもとで興服産業社長を務め、名古屋の百貨店丸栄の再建に従事していた川崎音三も協力する形で、加藤と中京財界人との懇談会が行われていた（昭和二九年六月二四日・二八日条）。昭和三〇年に入ると、吉田に代わり自由党総裁になっていた緒方と石井光次郎幹事長に中京財界人との懇談会を持ちかけた（昭和三〇年一月七日条）。緒方は自由党愛知県支部演説会にあわせて来名し、一一日に懇談会が開かれている（一月一一日条）。懇談会に先立ち加藤は、三輪常次郎より「一万田口、自由党口、后者稍々少なし」と献金について連絡を受けている（一月一〇日条）。日本銀行出身の佐々部晩穂名古屋商工会議所副会頭（松坂屋副会長、中部日本放送社長）は、民主党入りした元日本銀行総裁で蔵相の一万田尚登と日本銀行で同期だったこともあり、名古屋にも「名古屋一万田後援会」が組織されていた[13]。中京財界と中央政治を結びつけようとする動きは、何も加藤に限ったことではなかった。加藤は佐々部晩穂名古屋商工会議所副会頭に献金は自由党、民主党とも平等にして欲しいと申し入れ、神野金之助名古屋鉄道社長、白石豊彦愛知時計電機社長の賛同を得ている（一月一一日条）。加藤の行動は一種の巻き返しともいえよう。ただし、昭和三一年四月一五日には、日本碍子社長の吉本熊夫が「中部箕山会」[14]を組織し、佐伯卯四郎や加藤が支持基盤とした陶磁器業界関係者も多数参加するなど、中京財界と中央とのパイプは加藤一人が独占できるようなものではなかった。

さて、左右社会党の合流を機に日本民主党と自由党が合同し自由民主党が結成されると、昭和三一年三月には自由民主党愛知県支部連合会が結成され、自由党出身の加藤が県連会長に、民主党出身の河野金昇が幹事長となった。加藤は愛知県自民党の重鎮として遇されることとなる。その一つの現れは同年九月に中京財界人を中心とする「加藤会」なる会が結成されたことである。中部箕山会ができたその日、加藤は来名中の鳩山一郎首相が中京財界人と会談したこと、岸と中京財界人との懇談会が開かれたことを察知している。三輪常次郎からは電話で「昨日神野、川崎、塚田〔実則・東邦瓦斯株式会社社長〕三君集合、加藤后援会を作ろうではないか」と話し合ったことを伝えられている（昭和三一年四月一五日条）。以降、加藤は三輪とたびたび後援会の件で相談している（四月二三日条・六月八日条）。六月一二日には、興服産業での「内談」の後、加藤と中部財界人との間での懇談会が名古屋商工会議所で行われた。会合の末、神野金之助名古屋商工会議所会頭、三輪常次郎、伊藤次郎左衛門の三人を発起人として、財界人を中心とする後援会―「加藤会」の結成が決まった。第一回の加藤会には、神野金之助名古屋商工会議所会頭、川崎音三・白石豊彦副会頭、桑原幹根愛知県知事、飯野逸平名古屋貿易会会長（日本窯工貿易社長）、水野保一ら五〇名が参加している（九月五日条）。加藤会は三、四ヶ月おきを目安に開かれ、加藤が中央政界事情を講演したほか（一二月二八日条）、名古屋港、愛知用水、名古屋市営地下鉄、名古屋四日市間国道（名四国道）など、名古屋の地域開発に関する話題についても懇談している（昭和三二年六月三日条）。

昭和三五年に作られた加藤会名簿を見る限り、中京財界の有力者が集まっていることは明らかである（表7-1）。また、会の常任幹事には、川崎音三、飯野逸平、永井精一郎が就いている。(15) 川崎は先述の通り三輪とともに加藤を支えた人物であり、飯野、永井は戦前からの陶磁器業界の最有力者であった。加藤と陶磁器業界との戦後における

表7－1　加藤会名簿（昭和35年６月現在）

氏名	会社・団体名	肩書き
五明得一郎	愛知機械工業株式会社	取締役社長
小田邦美	愛知機械工業株式会社	専務取締役
桑原幹根	愛知県	知事
白石豊彦	愛知県時計電機株式会社	取締役社長
芝田健次郎	愛知県時計電機株式会社	専務取締役
小杉仁造	愛知紡績株式会社	取締役社長
千村幸男	旭コークス工業株式会社	取締役社長
荒川長太郎	荒川長太郎合名会社	代表社員
安藤俊三	安藤証券株式会社	取締役社長
井上愛一	井上護謨工業株式会社	取締役社長
今枝金治	今枝株式会社	取締役社長
井元松蔵	井元産業株式会社	取締役社長
上田知一	上田工業株式会社	取締役社長
竹崎宇吉	エンパイヤー商事株式会社	取締役社長
田中文雄	王子製紙株式会社	専務取締役 春日井工場長
浅田磯弌	岡田工業株式会社	代表取締役
岡谷康治	岡谷鋼機株式会社	取締役社長
大洞勘治	オリムパス製糸株式会社	取締役社長
塚原周助	鍛冶要工業株式会社	取締役社長
八神興明	株式会社八神商店	取締役社長
松岡正礼	株式会社エルモ社	取締役会長
菅谷知己	株式会社大阪電気商会 大阪暖房商会	取締役 名古屋支店長
松居修造	株式会社オリエンタル中村百貨店	取締役社長
多湖実夫	株式会社観光ホテル丸栄	取締役副社長
鈴木謙三	株式会社鈴木謙三商店	取締役社長
青山房三	株式会社青雲堂商店	取締役社長
日々野襄	株式会社中央相互銀行	取締役社長
石田退三	株式会社豊田自動織機製作所	取締役社長
井上行平	株式会社名古屋観光ホテル	取締役社長
加藤広治	株式会社名古屋相互銀行	取締役社長
丹羽吉輔	株式会社丹羽幸商店	代表取締役
本荘栄	株式会社本荘化学研究所	取締役社長
佐々部晩穂	株式会社松坂屋	取締役会長
伊藤次郎左衛門	株式会社松坂屋	取締役社長
川崎音三	株式会社丸栄	取締役社長
水野鎌二	合資会社U・C・G・Cジャパン	代表社員
斉藤常太郎	合資会社名古屋商会	代表社員
林鐐蔵	合名会社林紙店	代表社員
三輪常次郎	興和株式会社	取締役会長
三輪隆康	興和株式会社	取締役社長
林要	財団法人日本陶磁器検査協会	専務理事
鈴木達次郎	材摠木材株式会社	取締役社長
野地紀一	清水建設株式会社	名古屋支店長
舟橋金造	シャチハタ製缶株式会社	取締役社長
永井精一郎	ジャパントレーディング株式会社	取締役社長
永井嘉吉	新東工業株式会社	取締役社長
村岡嘉六	生産性中部地方本部	会長
水野保一	瀬栄合資会社	業務担当社員
里村伸二	大同製鋼株式会社	取締役会長
朝岡行雄	太洋株式会社	取締役社長
滝潤次郎	滝定株式会社	取締役社長
田中恒一	田中転写株式会社	取締役社長
加藤鉱次郎	中外陶業株式会社	取締役社長
近藤豊	中部衣料株式会社	取締役社長
山田泰吉	中部観光株式会社	取締役社長
小島長作	中部鋼鈑株式会社	代表取締役
井上五郎	中部電力株式会社	取締役社長
横山通夫	中部電力株式会社	取締役副社長
加藤乙三郎	中部電力株式会社	常務取締役
佐藤義夫	中部日本放送株式会社	取締役社長
塚田実則	東邦瓦斯株式会社	取締役社長
石黒英一	東邦瓦斯株式会社	取締役副社長
青木清	東邦瓦斯株式会社	専務取締役
植村真太郎	東邦理化工業株式会社	専務取締役
加藤謙二	東陽倉庫株式会社	取締役社長
阿部広三郎	東洋プライウッド株式会社	取締役社長
渡辺健之助	東和毛織有限会社	取締役社長
林主郎	東和興業株式会社	取締役社長
杉浦義次	東和交通株式会社	取締役社長
豊島半七	豊島株式会社	取締役社長
神谷正太郎	トヨタ自動車販売株式会社	取締役社長
岡本藤次郎	豊田通商株式会社	取締役社長
野崎誠一	豊和工業株式会社	取締役会長
横井栄一郎	中栄株式会社	取締役社長
水野鐘一	名古屋競馬株式会社	取締役社長
高橋彦二郎	名古屋穀物商品取引所	理事長
村瀬庸二郎	名古屋証券取引所	理事長
六鹿貞一	名古屋精糖株式会社	常務取締役
遠山静一	名古屋繊維取引所	副理事長
神田純一	名古屋地下鉄振興株式会社	取締役社長
神野金之助	名古屋鉄道株式会社	取締役会長
千田憲三	名古屋鉄道株式会社	取締役社長
佐藤英雄	名古屋鉄道株式会社	取締役副社長
土川元夫	名古屋鉄道株式会社	取締役副社長
竹田直	名古屋鉄道株式会社	常務取締役
西野新兵衛	名古屋中重自動車株式会社	取締役社長
河口百合彦	名古屋埠頭株式会社	取締役社長
斉藤常太郎	名古屋輸出陶磁器協同組合	理事長
中村徳兵衛	浪速金液株式会社	取締役社長
高橋儀三郎	名港海運株式会社	取締役社長
野淵三治	日本碍子株式会社	取締役社長
飯野逸平	日本窯工貿易株式会社	取締役社長
加藤隆市	日本窯工貿易株式会社	専務取締役
落合茂	日本金液株式会社	代表取締役
佐伯卯四郎	日本陶器株式会社	取締役社長
岩田蒼明	日本陶器株式会社	取締役副社長
伊藤清春	日本陶磁器工業協同組合連合会	理事長
永井精一郎	日本陶磁器輸出組合	理事長
伏原順四郎	伏原紡績株式会社	取締役社長
坂井美静	松風陶器株式会社	取締役社長
今瀬研助	丸織紡績有限会社	取締役社長
武田安	丸万証券株式会社	取締役会長
宮木成太郎	宮木織布株式会社	取締役社長
副田俊平	民成紡績株式会社	取締役社長
伊藤博之	明治生命保険相互会社	常務取締役 名古屋外務部長
藍川清英	名鉄百貨店	取締役社長
山口長男	山口陶器株式会社	取締役社長
川中実	【大有道路建設工業株式会社】	【社長】
神戸分左衛門	【犬山屋神戸家当主】	
古川為三郎	【ヘラルドグループ創業者】	

注：肩書きのうち、隅付き括弧は筆者注記。氏名は会社・団体名の五十音順に並び替えている。
出典：「加藤会々員芳名録」（名大加藤資料1305）。

関わりについては後述するが、陶磁器業界との関わりはより密接なものとなっていた。加藤会からの加藤への献金額は、日記を見る限り加藤個人を支える程度の額であり、一派閥を形成できるような額ではなかったが[16]、中京財界の有力者が集う後援会の結成は、加藤が愛知県自民党の重鎮として扱われていたことを示している[17]。

なお、昭和三二年七月の第一次岸信介内閣の改造を前に、加藤は「名古屋財界からの意見で大臣候補者を出すと云ふのも一案」として、桑原愛知県知事に相談したところ「地方的にも頗る有利なり」と賛意を得ている（昭和三二年六月二三日条）。加藤は緒方竹虎急逝後、その派閥を継いだ石井光次郎と政治行動を共にしていたが[18]、加藤は石井に対しての働きかけを桑原、三輪常次郎らに依頼している。桑原は、石井と会見し「名古屋市財界を代表して、加藤先生の入閣を希望す、余り財界人が来ては目立つ故、小生一人参上した、若し今度の選に漏れるような場合は議長を希望する」といった内容を伝えたことを加藤に報じている（六月二五日条）。また、加藤は石井側近の中垣国男に対して「名古屋財界も相当石井君に力を入れるとのことも申伝へて貰いたし」と伝えてもいる（六月二七日条）。さらに、昭和三三年の総選挙の後、加藤が星島二郎とともに衆議院議長候補に名前が挙がると、桑原知事が岸首相に対して「中京財界を代表して御願します」と伝え、桑原と佐々部晩穂名古屋商工会議所会頭が相談の上で、加藤の議長就任の件で岸首相と川島幹事長に打電している（昭和三三年六月三日・四日・五日条）。加藤は再入閣することはなく、議長就任も昭和三三年一二月のこととなるが、このような経緯も、加藤が愛知県自民党の重鎮として遇されていたことを示す一つの事例である。

（4）中央と地方の媒介者として

上記のような中京財界、あるいは桑原幹根愛知県知事からの支援の背景には何があったのだろうか。加藤の日記を見る限り、加藤が政治の力により産業都市名古屋の発展を期すという自らの主張に即して、中央と名古屋との媒介者として行動し続けていたことが背景の一つにあるだろう。

加藤は昭和三三年に衆議院在職二五年に達し、永年在職議員として院議を以て表彰を受けた。この際に『政治公論』なるタブロイド紙が、加藤の政治生活をまとめたものを発行している[19]。当然ながら加藤が記者と事前に内容を調整した上で出されたものであり、加藤の政治生活を顕彰するものとなっている（昭和三三年二月二〇・二一日条、三月二日条）。全四面のうち、一面は「政治は生活安定に直結」と大見出しの付いた加藤の政治的抱負、在職二五年に関わる衆議院議事録、法相当時の加藤の態度は絶賛を浴びたという趣旨の記事、四面は加藤の政治生活回顧録や、市会議員時代の活動、戦時中に加藤が玄米食に関して議会で批判を繰り広げたことなどが記されているが、注目すべきは見開き二・三面で「国会と『なごや』を語る」と題して、地元名古屋のために加藤がいかに尽力したかが書き連ねてあることである。名古屋市における高速度鉄道（地下鉄）、愛知用水事業、名四第二国道（名古屋港―四日市港間）、名古屋港へのサイロ建設に関わる記事が掲載されている。どこまでが加藤の尽力によるものかは測り難いが、以下、加藤の日記からその関与の程度をみておく。

名古屋港へのサイロ（穀物倉庫）建設にあたっては、昭和二八年に直接保利茂農相に働きかけている（九月三日条）。その後一〇月には加藤は農林省のサイロ係長に礼のため電話をしている（一〇月一四日条）。その後、予算は一旦削除されたが、昭和二九年一月五日に桑原県知事からの要請を受けて再度食糧庁に働きかけ、翌昭和三〇年にサイロは完成している。加藤は同年一二月「余が予算をとつたサイロ竣工」と日記に記している（昭和三〇年一二月一八日条）。なお、桑原は「名古屋港は食料輸入を相当やつて居るから、食糧貯蔵のためのサイロを設ける必要がある。それで神戸港と争つて、とうとうコチラへ持つて来ることにしてしまつた。三億円です。恐らく神戸は来年か来々年に廻されるだらうと思います」と経済記者に語っている[20]。

愛知用水事業は主立った河川がなく水源に乏しかった知多半島に木曽川水系の水を引こうとするものであり、発端は昭和二二年の大干ばつを機に立ち上がった知多の農家らを中心とした運動である[21]。桑原は公職追放されている頃から愛知用水の実現に関心を有しており[22]、県知事に就任して以来、用水の実現に取り組んだ。愛知県議会でも全会一致で愛知用水開発建議案が議決されていたほか、中経連も早期完成を支援していた[23]。また、用水は日本のＴＶＡとも称されるほどの大事業であり、世界銀行からの資金借り入れによって建設される等、加藤の関与できる余地は少なかったといえよう。ただし、加藤は『政治公論』の記事のなかで、昭和二九年の吉田首相外遊時に世界銀行の借款について依頼したこと、自民党内で用水事業は愛知県が自力でやるべきであるという意見が高まったとき、事業は世界銀行からの借款を受けることからすでに国際信義の問題でもあると強硬に主張したことを回想している。日記からは自民党時代ではなく、自由党下野後の昭和三〇年七月五日の党総務会で「愛知用水の件は、国際信義の上から之れは理屈以外にやらねばならぬ」と述べたことなどは確かである（昭和三〇年七月五日条）。

名古屋市営地下鉄についての加藤の動向は、地下鉄建設資金の起債に関して、自民党結成後に鳩山内閣の太田正孝自治庁長官や、名古屋市の鈴木脇蔵市議と会見している様子は窺えるが（昭和三一年一〇月三〇日条、一一月二一日条、昭和三二年四月二〇日条）、具体的な関与の程度は判然とはしない。ただし、加藤の地盤である名古屋市東区から選出されていた社会党所属の市議で、名古屋市会高速度鉄道建設促進委員会委員長だった貴田肇から[24]、市営地下鉄開業式の翌日に「昨地下鉄起債の件のこと忘れませぬ、全くあの起債は先生のお力です、昨夜は感慨無量でした」と伝えられ、加藤は「君がそれだけ記憶《ママ》ていて貰へば満足だ」（昭和三二年一一月一六日条）と返している。

名四国道（名古屋市南区―四日市港）は、「伊勢湾工業地帯建設期成同盟会」が建設目標の一つとして挙げていたものであり、中部経済連合会は関係自治体などと協力して「猛運動」によって建設実現を目指していた。昭和三一年には「木曽特定地域総合開発計画」のなかで「伊勢湾臨海道路建設事業」として閣議決定[25]、三三年には道路整備五ヶ年計画に編入された[26]。この事業も地元の官界・財界の強い要望があったといえよう。

名四国道建設に関わる加藤の動向は、佐伯卯四郎中部経済連合会会長（昭和二九年一〇月に会長就任）から要請を受けてのものである。昭和三二年二月三日、加藤は上京してきた佐伯を南条徳男建設相、小沢久太郎建設政務次官に引き合わせたほか、関係局長に交渉している（二月一五日条）。また、三月一九日に再度佐伯から依頼された加藤は、もう一度建設省の関係局長と会見し、名四国道の調査費四〇〇万円の計上を承諾させたほか、名古屋港の補助金一億二〇〇〇万円についても内定の返事を得て、加藤は早速佐伯に電話連絡している（三月一九日・二〇日条）。名四国道は、昭和三三年度予算で事業費が計上されることとなるが、直前の昭和三二年一〇月五日、佐伯中経連会長を先頭に、桑原愛知県知事、田中覚三重県知事、田淵寿郎名古屋市助役等の一行が名四国道の予算について陳情するため、建設省で石破二朗建設事務次官、富樫凱一道路局長を、大蔵省で森永貞一郎事務次官、石原周夫主計局長を訪ねている。加藤はこれにも同行している（昭和三二年一〇月五日条）。

このほかにも加藤は名古屋市や愛知県の依頼により、政府内に働きかけを行っている。その多くは直接所管省庁に働きかけるものであり、党政調会や総務会などを経たものは少ない。地元の要望を受けた加藤の政治手法は、戦前の陶磁器業界と同様、直接省庁などに働きかけるものであり変化がないことがわかる。ただし、加藤の手法は変化していないとしても、周辺状況が大きく変わっていることには留意が必要であろう。とりわけ、第二代愛知県公選知事である桑原幹根との協議は幾度も重ねられている。(27) 桑原は自民党結成以前は県議会自由党、県議会民主クラブの支援を受けており、自民党結成後は県議会で議席の八割前後を有した県議会自民党を与党として県政を運営していた。(28) 戦後復興から高度成長にかけて中部圏の産業・経済発展を目指す動きが高まるなかで、加藤は知事、地方議会、国会議員、地方財界という環の結節点として、そして中央政界への媒介者の機能を果たしていたといえよう。

3　支持基盤としての利益団体——陶磁器業界の場合

第三節と第四節では、加藤が支持基盤とした利益団体との関わりを比較検討する。本節ではまず加藤と陶磁器業界との関わりを検討する。

戦後復興期から高度成長初期にかけての陶磁器業界が、国際競争力を有する産業として速やかに復興したことは、前章でも述べた通りである。この間、業界団体の変遷は激しかったが、昭和二三年には日本陶業連盟（略称日陶連）が設立され、陶磁器製造業者の全国的な総合団体となった。また、輸出団体としては、昭和二七年に制定された輸出取引法に依拠して日本陶磁器輸出組合が結成された。大森一宏が明らかにしているように、両団体は同業者組織として陶磁器業界の国際競争力を強化する基盤となる(29)。両団体は連携して様々な陳情活動を行っているが、そのトップには戦前から陶磁器業界で影響力を保持していた業界人が君臨していた。日本陶業連盟では加藤の熱心な支援者でもある水野保一が、日本陶磁器輸出組合では永井精一郎がそれぞれ先頭に立って活動していた（水野は日本陶業連盟の常任理事、永井は日本陶磁器輸出組合理事長）。第六章でみたように、陶磁器業者を五月会へ入会させることで支持基盤に取り込んでいた加藤は、「業界のよい公僕となるよ」という言に違わず、陶磁器業界のために活動している。

(1)　金液問題

加藤が政界復帰後に関与した陶磁器業界からの陳情のなかでも、業界にとって影響が大きかったのは、陶磁器の装飾用資材である金液・含金絵具の原料である金をめぐる問題である。陶磁器の付加価値を高める金は、業界にとっての重要原料であり、金の価格は輸出用陶磁器の原価に直接影響することとなる。一方で金は対外決済手段であることから、金管理法によってその取引は厳しく制限されていた[30]。民間による金の輸出入は禁じられており、国内では産金を奨励し、増産を図るなどして価格維持を図っていた。金管理法では金を含んだ物資のうち、その価格中に占める金価格が七〇％以上のものは金とみなすこととなっていた。金液はこれに該当するものだとして輸入が禁じられていた。また、国内で生産される金は、政府が国際価格を以て強制的に買い上げて一定量を保留し、残りは民間に払い下げられていた。陶磁器業界では、輸入は不可能であることから、国際相場である金一オンス三五ドル（一グラム約四〇五円）で大蔵省から金液用の金の払い下げを受けていた。この後、払い下げ価格は二七年八月から一グラム五一五円とされている[31]。

金の輸出が制限されていた状況は、昭和二七年から二八年にかけて開かれていた第一五回国会（二七年一〇月二四日～二八年三月一四日）で金管理法の改正が俎上にあがり変化が生じた。政府は一括買上制を一部買上制に改め、残量は産金業者が市場で自由に販売してもよいことにしたのである。この背景には産金業者の働きかけがあったという[32]。

これに対して陶磁器業界では、金価格の維持のため早速各方面に陳情を開始した。業者の先頭に立ったのは、加藤の支持者でもある水野保一である。業界では水野を先頭に通産省工業局、資源庁鉱山局（昭和二七年八月資源庁廃止後は通産省鉱山局）、あるいは衆参両院の商工委員会、自由党、社会党へ幾度となく足を運んだという[33]。

加藤は昭和二八年一月一六日、朝から夜まで丸一日陶磁器業界、日陶連傘下の金液生産業者からの陳情に費やしている。翌日には水野保一と連絡をとったうえで、小笠原通産相ほか、中村辰五郎軽工業局長以下軽工業局員らに面会し、業界の要望を伝えている。加藤は「貿易振興上、金の値上げ反対説を述べ、此際五一五円の現価を維持するか、国際相場で安い金の輸入を許すかにある」と提案している。小笠原は「余り左様なことを考へず、向井さんの自由価格説に賛成した」と答え、中村局長らは加藤の主張に賛意を示している（昭和二八年一月一六日・一七日条）。

金管理法は可決され、八月一日から加工用金地金は自由販売となったが、輸出陶磁器については特別措置として五一五円の価格で取り引きするよう行政指導されることとなった[34]。

しかし、一〇月に入って産金業者側は五三〇円での取引を通知したため、陶磁器業者はこれに反発し、各方面に陳情を重ねた。昭和二九年に入ると、第五次吉田内閣の国務相となった加藤も業界からの求めに応じて運動することとなる。一月三〇日、加藤は首相官邸の自室に中山弘之窯業課長と倉八正輸入課長等を呼び金液に関して話を聞いたほか、古池信三通産政務次官と金液の件で会談し「貿易助長の具体的奨励をすべし」と要求している（昭和二九年一月三〇日条・二月二日条）。また、加藤は事態を打開するため、愛知揆一通産相に陶磁器輸出生産業者の懇談会開催を提案し了承を得て、水野にその旨を伝えている（二月二三日条）。懇談会実施に向けて、加藤は官邸の大臣室に通産省の中村軽工業局長、倉八正輸入課長の来訪を求めて「高所より見て、輸出の振興と品質の向上を計るべく」業者の懇談会を開くべきであることで意見の一致を見、この意見を再度水野に伝えたうえで会の準備をするよう希望している（三月三日条）。

協議の結果立ち上げられたのが陶磁器輸出振興総合対策委員会である。委員会は日本陶業連盟と日本陶磁器輸出組合合同で作られたもので、委員長に水野保一、副委員長に永井精一郎が選出されたほか、素地業者、加工完成業者、輸出業者の有力者が勢揃いした会合となった[35]。同会では、八項目にわたる陶磁器輸出振興総合対策要綱を樹立した。内容は、素地部門、加工部門、輸出部門それぞれの対策、及び三部門に共通する意匠対策、輸出振興資金の活用、団体協約の締結、検査機関の確立、法制措置の強化の八項目からなっている[36]。金については加工部門対策のなかで取り上げられており、五一五円という価格の維持ではなく、金の輸入を認めるか、政府保有の金地金を国際公定価格で金液業者に払い下げるかのいずれかを求めるなど、より強硬な態度を示している[37]。

さてこの運動には、加藤以外の愛知県・岐阜県選出代議士も関与していた。昭和二九年四月二四日には、衆議院通商産業委員会の中小企業に関する小委員会が開かれた[38]。この小委員会は、先述の総合対策委員会の面々を参考人として招致したもので、委員には早稲田柳右衛門（改進党、愛知県第二区）、春日一幸（右派社会党、愛知県第一区）、加藤清二（左派社会党、愛知県第二区）、加藤鐐造（右派社会党、岐阜県第二区）が出席している。委員会の場では、水野が加工部門の立場を代表し、金に関して公定価格での払い下げを求めている。この問題は加藤のみの力ではなく、愛知・岐阜県の与野党を超えた代議士達の力も加わっていたのである。

通産省では金の輸入案を持っていたようだが、大蔵省は輸入に反対していたらしく[39]、大蔵省理財局の吉田信邦課長が加藤を訪問している。大蔵省としては保有金を国際価格で払い下げる方向で調整したい旨を加藤に伝えている。加藤は早速水野に電話して連絡すると水野は「大に喜」んでいる（昭和二九年五月一一日条）。その後、加藤は水野達が一層の条件の上乗せを求めたときには、「通産大蔵両大臣に今少しく歩寄りを依頼」している（七月一三日条）。詳細は明らかではないが、両省での妥協が図られたらしく、金液の件で加藤を再訪してきた水野は喜びを伝えている。また通産省輸入課長の倉八正は、加藤に「真に大臣の政治的解決の結果」として礼を述べている（八月四日条）。翌日の閣議では、愛知揆一通産相が「金液の件は、私共でも八割希望が達せられた、業者各位は不満でもあろうが、此辺で御辛棒を願いたい」と加藤に話している（八月五日条）。

最終的には、輸出振興のための特別措置として昭和二九年一〇月から、日陶連と産金業者との間で特別契約が結ばれ、輸出用の金地金の共同購入事業が始まった。初年度（二九年一〇月―三〇年九月）の金地金の特別契約価格（特価金）は一グラム四一五円で、当時の国内市場価格五七〇円に対して格段に安くなっている。昭和四七年に金の民間輸入が自由化されるまで制度は続き、その間陶磁器業界は、国内市場価格を下回る価格で陶磁器用の特価金を購入することができたのである。また、この特価金と自由金価格の差額の一部は日陶連が一部留保しておき、金液等の使用量に応じて後に業者に交付する形をとった。この留保金は業界全体に関わる支出を容易にし、業界を支えた同業者組織の維持にも多大の効用をもたらすこととなった。

(2) 日本陶磁器検査協会理事長に就任

金液をめぐる一連の加藤の行動について、加藤は名古屋陶磁器会館ポッタリークラブで開かれた東区五月会の場で、陶磁器業者から「三年来の懸案が先生の御厚配で解決しましたことは、業者一同の喜びに堪へない所であります」と謝意を伝えられている（昭和二九年八月三〇日条）。加藤の尽力に対して水野保一は、加藤を組合の顧問に推薦し、月一〇万円くらいの報酬を受け取って欲しいと申し出ている。加藤は厚意は感謝するが、一〇万円は余りに多いなどと答えている（昭和三〇年九月一二日条）。

加藤の組合顧問就任についてはは日記上確認できないが、まもなく加藤は業界団体の作る組織の長に就任することとなった。加藤が就任したのは日本陶磁器検査株式会社の社長である。同社は輸出陶磁器の品質維持向上を図るため設立されたもので、同社が実施する製品の検査事業には食器・ノベルティを生産する業者のほとんどが参加していた。また、日本陶磁器輸出組合も同社の株式を引き受けるなど検査事業に全面的に協力している。検査会社及び後継組織である検査協会は、業界組織化、輸出振興に重要な役割を果たしていたのである(40)。

昭和三〇年一一月一二日、日本陶磁器検査株式会社社長だった永井長七が病死してから間もなく、水野保一が加藤に対して同社社長就任を打診してきた。一二月一七日、在京中の加藤は水野から電話で「検査会社々長を御願いたしたし、余り大物で遠慮しているが、一同上京御願に参上したい」と伝えられている。加藤は「厚意を表しワザ〳〵上京も恐縮」として月末に帰名した際の面会を約している。一二月二五日、水野は帰名した加藤を訪ね、「重々しく承諾して下さい、明日十時代表者、八名程顔を揃へて懇願に伺ふ、昨日も集合相談したところ、余りに大物で恐縮でないか、それでは加藤さんの顔を下すことになりはしまいかなぞ恐縮しているものがある」などと伝えられ、加藤は「いや私は御咏歌講の会長となつた位です」と返して承諾している（一二月一七日・二五日条）。

翌日には、水野保一はじめ業界人が加藤を訪ね、正式に会社社長就任を依頼している。加藤は「私は今日迄皆様の御厄介になつて、今日になつた、皆様の御命令であれば、何んでも致します、但し実務には当られないがそれでも可なりや」と確認の上で、「重々しくせずに素直に承諾」している。加藤の日記によれば業者からは「名義だけでも重きをなす、月一回も大事な時に御出席下されば結構、而して検査会社を通じて陶磁器業界は結束が出来ます」等と伝えられている（昭和三〇年一二月二六日条）。昭和三一年四月二四日に財団法人日本陶磁器検査協会へと衣替えした後も、加藤は引き続き日本陶磁器検査協会の理事長を務めることとなった。

陶磁器検査株式会社社長（検査協会理事長）としての加藤は、先述の発言どおり月に幾度かの会議に出席したほか、社長としての関係省庁挨拶回り、関係省庁官僚の招宴なども行っている（昭和三一年一月二〇日・二三日・一二月二一日条等）。なお、代議士としての加藤にとって重要であったのは、社長・理事長としての報酬、検査会社社長・理事長として業界の事情により通じるようになったこと以上に、通産省の陶磁器関係官僚らとの接点が増えたこともあるように思われるが、この点は史料上明らかではない。

この後、日本の陶磁器輸出において対外摩擦の原因ともなっていた意匠問題解決のため、日本陶磁器意匠センターが昭和三一年七月に設立されるが(41)、加藤は同センターのため桑原愛知県知事と会談して補助金獲得のために動くなど（昭和三一年九月一七日・二一日条）引き続き業界からの陳情に応じて各方面へと働きかけている。

金液問題でみたように、陶磁器業界は加藤だけを頼りにしたわけではないが、加藤は業界との関わりを深め、再び業界が組織する機関の長となった。加藤は業界のために奔走し、業界からの支援に報いようとした。その接点となったのは、戦前期から関係を有し、占領期に一層密接な関係となっていた水野保一であった。水野は昭和三二年一月五日の五月会賀新会で五月会会長に就任し、終生加藤を支え続けた。加藤と支持基盤である陶磁器業界との関係は、業界の最有力者である水野と加藤との密接な関係性の上で深まったともいえよう。なお、加藤の衆議院議員議長就任記念に五月会が作成した額皿には、加藤と水野の結びつきの強さを示すかのように、水野率いる瀬栄合資会社が作成したことを示す「FINE SEYEI CHINA」の裏印がある。(42)

水野は昭和三八年一月の五月会賀新会に病を押して参加するが、六月一日に七八歳でその生涯を終えた。加藤は水野が叙勲を受けられるよう五月三〇日には上京し、「大事とつて」岩倉規夫賞勲部長や徳安実蔵総務長官、倉八正通産省軽工業局長、福田一通産相らに直接面会の上で手続きを終え、水野は従五位勲四等瑞宝章を授与されることとなった（昭和三八年五月三〇日条）。最期まで自身を支えた水野に対して、加藤はこのような形で報いた。(43)

4　支持基盤としての利益団体――医師会の場合

（1）医系議員の重鎮として

加藤は昭和二七年から入閣が取りざたされて以来、厚相か通産相への就任を望んでいた。加藤が厚相を望んだのは加藤が医師出身議員として医師会と密接な関わりを有していたことによる。愛知県医師会長の絹川常二（昭和二九年～三〇年日本医師会副会長）は、昭和二七年の総選挙では、三輪常次郎が辞退した場合の加藤陣営の選挙責任者として名前が挙がってもいた（昭和二七年八月一五日条）。

政界復帰後の加藤は医師出身議員で医師会の利益を代表する「医系議員」のまとめ役として、元日本医師会長で参議院議員の中山寿彦らとともに、医師会の利益実現のため働きかけを行っていた。衆議院では加藤、参議院では中山を中心とする「医系議員」は、すでに奥健太郎氏の研究が明らかにしたように、昭和二六年に成立して施行前だったいわゆる医薬分業法（「医師法、歯科医師法、及び薬事法の一部を改正する法律」）を、昭和三〇年に骨抜きにする法改正を果たして医師の利益を実現した。[44] また、昭和二九年の医師優遇税制の制度化にあたっても、加藤は現職国務大臣として、あるいは自由党総務として、同制度実現のため活躍している。最終的には一二月四日に、自由党・改進党・左右両社会党共同提案の議員立法として「租税特別措置法の一部を改正する法律案」が大蔵省への通知もなく抜き打ち的に衆議院大蔵委員会に提出されて同日中には一気に衆議院本会議で可決された。また、七日には参議院本会議で可決成立している。加藤は一二月四日に大野伴睦総務会長と「医師の税問題で一寸立談」の上で、党総務会でこの問題について「力説」している（昭和二九年一二月四日条）。

一方、昭和三〇年九月一四日、抗生物質の薬価点数引き下げをめぐって、会員から開業医の減収につながるとして突き上げを受けた黒沢潤三日本医師会長、絹川副会長らが総辞職を余儀なくされた。加藤は会長不在中に会長代理の職務を務めた中山寿彦から「日医立直しのため」日本医師会長への就任を依頼された（昭和三〇年九月二八日条）。その後絹川愛知県医師会長らからも要請されたが加藤は固辞している（一〇月九日条）。しかし、日本医師会中国四国ブロックでは加藤に断りなく推薦し、一〇月一二日に加藤の手元に届いた医師会役員候補者の名簿には、医師会長候補者として加藤の名が印刷されるに至った（一〇月一三日条）。加藤の他は、東京都医師会長の小畑惟精、慶應義塾大学教授の阿部勝馬、そして元日本医師会副会長の武見太郎が会長候補となっている。東京都医師会では一〇月一三日に小畑推薦で一本化を図った。[45]

加藤は武見太郎から会見を申し込まれ、武見から加藤が会長候補に立つならば麾下に参加すると申し入れられたが、加藤は「本音でない」と判断し中山寿彦を通じて正式に候補を辞退した（一〇月一三・一五日条）。武見が加藤へ接近した理由は史料上明らかではないが、おそらくは武見が東京都医師会の推薦を得られなかった情勢のなかで、加藤を抱き込んで形勢を挽回しようとしたのであろう。結局小畑が八九票、武見が五四票で小畑が医師会長に当選した。この日、加藤は絹川から武見の「不評判」を聞いている（一〇月一八日条）。

(2) 武見太郎との対立

昭和三〇年の自由民主党結成後、衆議院議長に就任している間を除いて、加藤は衆議院常任委員会の社会労働委員会に引退までほぼ継続して属していた[46]。昭和三〇年末から自民党では常任委員を政務調査会各部の部会員に充てることとなったため、加藤は自民党政務調査会社会部会に属し続けている[47]。

加藤は医系議員の長老として医師会・厚生省両者との間に立って医師会側の利益実現を図っていた。とはいえ、自民党が福祉国家実現を「党の性格」に掲げ社会保障制度の確立を目指すなかで、加藤ら医系議員は、医師の要望と、社会保障制度とのバランスを図る必要があった。そのなかで医系議員は医師会側の強硬な要求に圧倒される場面も現れつつあった。田口富久治が指摘しているように、昭和三二年四月に武見太郎が日本医師会長に就任するとこの傾向に拍車が掛かった[48]。従来、日本医師会は加藤はじめ医系議員を通じた経路を主要な圧力経路としていたのに対して、武見は直接自民党の幹部と折衝するようになり、加藤らの存在感が低下することとなったのである。

医系議員の存在感低下の端的な表れは、昭和三二年から三三年にかけての保険診療の診療報酬をめぐる一件である。診療報酬の単価引き上げを要求する日医、引き上げ反対の保険者・被保険者、若干の引き上げは容認するが医療費支払い方式を変えようとする厚生省との三者で対立が生じていたのである[49]。昭和三二年末、加藤と参議院医系議員で元日本医師会長の谷口弥三郎は日医からの一任を取った上で（一二月五日条）、堀木鎌三厚相と会談して一点あたりの単価引き上げ、診療費合理化のための日医・厚生省の協議会設置で妥協することとした[50]。しかし、これに対して武見はじめ日医執行部は合理化の問題は依頼していないとして加藤・谷口の妥協案を文書で拒絶した。日医執行部の態度に反発した加藤ら自民党医系議員が、二月に入り日医に反省を求める要望書を公然と出したことで事態は一層紛糾することとなる。日医の機関誌『日本医師会雑誌』には「医系議員に対する各地の憤激」と題して、東京都医師会ほかいくつかの地区医師会、医師会有志の医系議員批判決議が掲載されたほか（なかには日医の反省も求めるものも交じっているが)、「一会員」名で武見支持、医系議員批難を表明する「飽く迄武見日医を支持しよう！！」という記事が掲載されるに至った[51]。日医の猛烈な反発から、加藤ら自民党医系議員は川島正次郎幹事長から「余り刺戟を与へるな」と忠告されてすらいる（昭和三三年二月一四日条)。

自民党、そして社会党の医系議員は、四月一日に日医の会長選挙が迫っていたことから、中山寿彦が昭和三二年末に死去した後、代わりに参議院医系議員の代表格となっていた元日医会長谷口弥三郎を会長候補に擁立し、公然と武見に挑戦することとなった。加藤は大野伴睦副総裁、川島幹事長、佐藤栄作総務会長と会談し、「日医を吾党の手に収む」べしと論じ、大野、川島からは賛同を得たが、佐藤からは「圧力団体に谷口君が出てはどんなものだろうか」と賛意を得られてはいない（三月一八日条)。結局この争いは、会長選挙で武見が一一六票、谷口が四〇票となり、大差で武見が勝利している[52]。選挙後、武見は就任挨拶で「過去のいきさつは水に流し」、「医系議員の先生方と（そこだと叫ぶ者あり）国民のために吾々の道を切り拓いていきたいと存じます」と述べ[53]、医系議員との関係修復を示唆した。衆議院議員総選挙を控えた四月二四日、武見以下日医執行部と医系議員との会見が行われ、加藤は「戦は終つた」と告げ、武見は「従来のことは一切水に流して」と日本医師会定例代議員会の速記に書いてあると応えた（四月二四日条)。これで加藤ら医系議員と武見ら日医執行部との間で一応の手打ちがなされた。

この直後に行われる衆議院議員総選挙で加藤は「第一等待遇」を受け、医師会側から公認料を受け取っている（五月一五日条)。なお、衆議院議員選挙が行われた三五年に日本医師連盟（日本医師会の政治団体）が自治省に提出した収支報告書によると、四二〇〇万円の政治献金のうち、自民党本部一〇〇〇万円、河野一郎派四〇〇万円、池田勇人派三〇〇万円、社会党二〇〇万円、民社党一〇〇万円、加藤、船田中、渡辺良夫（第二次岸内閣厚相）に二〇〇万円、医師出身候補者に三〇万から五〇万円、東京都の自民・社会・民社の三党候補者に三～五万円が寄付されたという[54]。年代は異なるが、確かに加藤は「第一等待遇」を受けていたことが窺える。

以上見たように、加藤ら医系議員は武見との争いに敗れ、政治的影響力を減じることとなった。しかし、加藤はなぜここまで強気に武見と争うことができたのであろうか。武見と医系議員の激突が明らかになった頃、『朝日新聞』に掲載された観測記事は、「加藤氏の選挙区である愛知県の医師会は、武見日本医師会長のやり方を批判する〝反武見派〟といわれる勢力が強く、加藤氏としては、日本医師会を攻撃しても、地元の医師会の支持を失うことにはならない」と伝えている。

実際、武見との対立のきっかけとなった診療報酬に関わる加藤の妥協案について、加藤は愛知県医師会長の絹川から賛意を得ていた。また、日医の反武見派である榊原亨（元日本医師会副会長・参議院議員）、勝俣稔（日本公衆衛生協会理事長・参議院議員）らも同様に加藤へ礼を述べに来ていた（一月五日条）。加藤は愛知県医師会で健康保険に関する経過報告を行うなかで「武見会長を相手にせず全医界のために微力を尽すこと」を説明し、了解を得ている（一月一七日条）。武見から批判を浴びようと、自身こそが医界のために動いているという意識を加藤は持っていたのであろう。地元医師会からの支援が得られていればなおさらである。また、日医の臨時代議員会が一月二五日に開かれた折り、東海ブロック代表の立場で愛知県医師会の森義明が厚生省、医系議員との連携を密にすべきであるなどと質問し、同じく愛知県医師会の平松忠雄が質問の形を取りながら個人の立場で暗に武見を批判している(55)。これも前日の二四日には、愛知県医師会側から質問骨子が加藤に伝えられている（一月二四日条）。谷口を武見の対抗馬として擁立するにあたっては、加藤は絹川、勝俣のほか、北海道医師会長らとも会見している（三月五日条）。加藤が愛知県医師会の代議員会に出席したところ「一人武見説あるも、他は一致反対」（三月二二日条）であった。

愛知県医師会が反武見である以上、加藤も反武見である方が自身の支持基盤を維持する上で合理的であったといえよう。しかし、それゆえに中央団体である日医と衝突する局面が生まれ、加藤は政治的影響力を減じることとなったのである。一方、武見が昭和五七年まで日本医師会長として君臨し、医療行政へ強力な発言力を有し続けたことは周知のことである。

5　五月会の拡大とその限界

(1)　保守合同以前の五月会

加藤の日記によれば、昭和二七年末の段階で、五月会の入会者は一万三千人程度であった（昭和二七年一一月二七日条）。加藤は会員の組織化を図るため、まず有力者からなる懇談会を開催している。加藤は戦前、五月会の中心的人物の結束力を高めるため「五三会」なる団体を組織していたが、これと発想は同様である。(56) 翌年一月には五月会有志懇談会が開かれ、各区から世話人二、三名ずつを出した上で、隔月での開催、三百円位の会費を取ることなどを申し合わせた（昭和二八年一月一四日条）。以後、数度懇談会が開催された後は、区毎に懇談会を開催していることがわかる。そして五月会の支部組織の結成も並行して行われた（表7-2）。加藤の日記以外には、五月会の組織化の過程を示す史料が現在のところないため、会の全体像は必ずしも判然としないが、昭和二九年一一月九日の日記には「今日で名古屋市各区共、五月会の支部は出来上つた、此上は本部の組織を作り上ぐ可し」とあり、およそ二年をかけて各区の支部が設立されたことがわかる。このほか昭和区の五月会では、連区もしくは町内ごとに幹部を設け、一学区三〇名位で会合を開くことなどを申し合わせており（一二月一三日条）、区によってはより細かな単位で組織化がなされていたことがわかる。

また、加藤は昭和六年頃から覚信講という講の講長を務めていた。(57) 講は戦時中に中断していたが、二九年に入り再結成され、会員約一八〇〇人を集めている（昭和二九年九月一三日条）。同会は単に宗教的な団体にとどまるものではなかった。世話人会は五月会の事務所で行われるなど、五月会と一体となって加藤の選挙を支えていたのである。

表７−２　五月会支部結成年月日

区名	支部結成年月日	備考（加藤日記より）
千種区	昭和28年９月13日	130名参加、「お茶一杯も出ず」
東区	結成日不明	「支部準備会」昭和28年９月27日、100名参加
北区	昭和28年９月15日	200名参加、支部長副支部長決定
西区	昭和29年３月27日	
中村区	昭和29年10月31日	300名参加
中区	結成日不明	「総会」昭和28年９月５日、150名参加
昭和区	昭和29年９月19日	300名参加、医師会長らも役員
瑞穂区	結成日不明	
熱田区	結成日不明	「準備会」昭和28年11月22日
中川区	昭和29年８月15日	200名参加
港区	昭和28年８月23日	50名参加、支部役員決定
南区	昭和29年８月１日	130名、植谷南区医師会副会長が支部長

注：「支部発会式」と加藤日記に明記されていた日付を結成日とした。結成日が明記されていないものは準備会や総会など支部結成に関わる日付を備考に記した。会参加者は概数である。

婦人団体である正和婦人会は昭和二八年中は目立った活動がないが、二九年には一三〇名を集めた集会が開かれ（昭和二九年七月一七日条）、三一年以降は五月会との合同賀新会が開かれている（昭和三一年一月五日条）。また、五月会と同様に、区ごとに責任者を設置することとなった（一月七日条）。

(2)　市会議員の入会

昭和三〇年段階で、五月会員だった公職者は愛知県議会議員の高木英男、熊沢国一、名古屋市会議員では浅井釙次、梅村忠雄、谷田育彦、馬場いよ、平岩作次ら少数であった。しかし、保守合同後の昭和三二年に、従来五月会とは関わりのなかった名古屋市会議員が五月会へと入会の意向を示し始めた。これは横井太郎陣営の市会議員の多くが横井から加藤へと鞍替えしたことによる[58]。昭和三二年六月には五月会に入会した県議、市議を集めた会が行われている（六月一七日条）。先に見た『政治公論』には五月会員の市議一八人が名を連ねた（**表7−3**）。市議の五月会への加入は、第四項で述べるように、加藤の選挙を支えることとなる。

なお、市議のうち加藤の日記、もしくは『時事公論』により戦前から五月会員であることが確認できるのは、佐藤太十郎、浅井釙次のみであり、加藤の要請により昭和一二年に政友会から市会議員に立候補したという鈴木脇蔵を加えても[59]、戦前から加藤を支えた市議はわずか三人である。この間の政治変動の激しさを窺わせるものがあろう。

（3）五月会の変質と疲弊

加藤は五月会を維持・拡大するための活動を続けた。青年部（昭和二九年七月一七日条）、弁論部（昭和三〇年一月一六日条）での活動など、戦前と同様の活動も行われている。また、昭和三〇年から開かれるようになった五月会の賀新会では、一二五〇名が集まり、会員で市会県会議員立候補者の五分間演説、加藤の演説、水野保一の万歳、絹川常二の閉会の辞で終わっている（昭和三〇年一月五日条）。翌三一年からは戦前と同様に金杯で酒が振る舞われた（昭和三一年一月五日条）。三二年には金杯に加え、能芝居、漫才、歌、曲などの余興が行われるようにもなっている（昭和三二年一月五日条）。

加藤は就職、入学、人の紹介、褒章・叙勲の仲立ちといった後援者への個別的なサービスも提供している。一つ一つの

表7－3　名古屋市会議員の五月会会員（昭和33年）

氏名	選出区	党派※1	得票数※1
平岩作次	千種区	自由党	4,400
梅村忠雄	東区	自由党	4,879
馬場いよ	東区	自由党	4,214
中杉徳兵衛	北区	民主党	5,174
岩田公義	西区	民主党	2,908
筧清九郎	中村区	民主党	3,786
近藤政寿	中村区	民主党	3,670
井潟春市	中村区	無所属	3,496
古橋鍈一郎	中村区	民主党	3,339
谷田育彦	中区	自由党	4,222
鈴木脇蔵	昭和区	民主党	2,971
近藤良吉	瑞穂区	民主党	3,782
佐藤太十郎	熱田区	民主党	3,433
浅井釙次	中川区	自由党	7,234
武山準一	中川区	民主党	5,096
伊藤弥十郎	港区	民主党	7,275
大西泰助	港区	民主党	5,822
伊勢弦八郎	南区	民主党	4,127

注（1）：党派、得票数は昭和30年４月市会選挙時のもの。

注（2）：名古屋市会の定数は64。中村区の定数９、西区、昭和区、瑞穂区の定数６、千種区、東区、北区、中区、中川区、南区の定数５、熱田区の定数４、港区の定数３。

出典：『政治公論』第1481号、昭和33年３月８日付、『名古屋の選挙――40年の記録』名古屋市選挙管理委員会、1988年。得票数の小数点以下は省略した。

紹介は避けるが、昭和三二年の年末、一年間を振り返った加藤は日記に「五月会のためにも、会員のためにも中々骨折つた」と記している（一二月三一日条）。

しかし、加藤はあくまで「清廉潔白」であることを政治的資源とした。加藤は昭和二九年一月、雑誌『政界往来』に「代議士の悲鳴――寄付金と陳情団」という随筆を寄せている[60]。随筆は戦後の政界の変化として、第一に選挙区の見知らぬ人から寄付金を申し込まれること、第二に議員に対する陳情団が多くなったことなどを記している。随筆の結論は、第一に議員と選挙民の反省で選挙粛正をしていくべきであるということ、第二に中央政府の補助金政策が陳情を増加させているのであり、「砂糖を東京に沢山撒布して、蟻の行列を止めろと云うのは野暮の骨頂」であるとして、中央集権を批判するものであった。これまでみてきた加藤の行動からすれば、やや自己矛盾を含んでいるようにも聞こえるが、加藤が選挙区民から寄付金を求められるたびに、それを断っている様子は日記からも窺える。また、加藤は選挙区民に対する饗応を嫌っていた。例えば、五月会幹事会で出席者約一〇名に「大に御馳走する」予定だった会合を中止させている（昭和二九年一二月一九日条等）。一方で、港区支部の五月会懇談会が「番茶一杯出たゞけ」であることに感じ入りながら、懇談会のなかで「事前の御馳走運動で二百万位は準備している」市会議員候補の噂が話されていることについて嘆じている（昭和二九年九月四日条）。昭和三七年に公職選挙法が改正されて、公示九〇日前から選挙日までの期間での後援会による会員への寄付、物品供与、饗応接待（通常用いられる程度の食事の提供を除く）が禁じられるまで、これらの行為は公職選挙法違反ではなかった[61]。にもかかわらず加藤だけがこれを行わなければ、加藤の支持基盤が他候補の侵食を受けるのは当然である。

そうした危機感もあって、古くからの支援者である長屋弘、水野保一も参加した五月会の支部長会議では、年末の役員会で「粛正選挙の意義が俗習に追はれて、幾分の援助馳走をせねばならぬとの結論」となった（昭和三二年一一月二八日条）。加藤は「あゝ五月会伝統の主張は破れた、不快なり」と日記に記したが中止させた様子はない

（一一月三〇日条）。昭和三二年の時点で、意に染まない手法を採らざるを得なくなっていたのである。ただし、その後も加藤は、五月会の会合で弁当が出る予定であることを知ると、夕食時にもかかわらず弁当を捨てさせるなど潔癖さを示している（昭和三三年四月二九日条）。清廉潔白を貫き通すことと、饗応で支持者をつなぎとめることと、いずれが結果として加藤にとって得票を最大化できたかは測り難いところがある。

また、昭和三二年以降の加藤の日記には、五月会の活動が停滞気味になっているという記述が目立つようになる。陶磁器業界誌の記者からは、北区の五月会は活動が停滞しており、辻寛一・田島好文といった他の保守系候補に圧されていると伝えられているほか、中村区五月会の幹部会では民衆・青年に触れるべきであるとの声が上がっている（昭和三二年九月一三日条）。

加藤は同じ頃、敬老の日にあわせて六千余のはがきを市内の高齢者宛に送っている。はがきの文面は、長寿の祝いとともに、社会保障政策の一環として老齢年金制度を実現したいといったものである。加藤は高齢層を支持層として掘り起こそうとしていたともいえようが、五月会の会員が高齢化しつつあった様子が窺える。加藤は、日記のなかに「四囲の政情は五月会に非也、（活動せぬからと）」と記している（昭和三二年九月一四日条・一五日条）。加藤の日記を見る限り、加藤は各区、各学校区ごとの五月会にほぼ毎週のように出席しているが、それでも活動は他の保守系政治家に比べて不足であったようである。

（4）加藤の選挙戦

①戦後名古屋市における保革得票動向

加藤は支持基盤の維持拡大につとめたが、その活動が限界を持っていたことも指摘した。それではこうした支持基盤が加藤の選挙戦でどのように反映したかを最後に確認する。まず、巻末付表で示したように、加藤は昭和二七

表7－4　戦後名古屋市における保革得票動向（昭和22年～38年）

選挙年	自由党系得票数（A）	民主党系得票数	保守系得票数（B）	革新系得票数	総投票数（C）
昭和22年	32,311	101,257	133,568	99,692	264,446
昭和24年	128,657	52,111	180,768	136,487	359,089
昭和27年	157,334	53,952	211,286	159,590	379,381
昭和28年	126,923	29,664	184,954	182,995	372,754
昭和30年	106,153	108,147	214,300	203,093	427,231
昭和33年			276,954	295,795	575,667
昭和35年			253,194	301,051	555,139
昭和38年			229,093	379,990	631,780

注（1）：自由党系は日本自由党→民主自由党→自由党。

注（2）：民主党系は民主党→改進党→日本民主党（昭和28年鳩山自由党もこちらに含んだ）。

注（3）：保守系は自由党系・民主党系の合計。

注（4）：革新系は日本社会党・左右社会党・共産党の合計。

出典：前掲『名古屋の選挙』より作成。得票数の小数点以下は切り捨てた。


年の総選挙以降、二八年、三〇年と五〇〇〇票ずつ得票を減らしていた。三三年には一挙に得票を増しているが、三五年には次点の田島好文（自民党）とわずか五〇〇〇票の僅差で当選している。加藤は落選することはなかったが、他候補を圧するまでの支持基盤を作りあげるには至らなかったといえよう。日記を見る限り、いずれの選挙でも加藤は選挙期間中、選挙区にほぼ張り付いていることからもその点は窺える。

表7－4は昭和二二年から三八年の愛知県第一区の選挙結果を、自由党系・民主党系、及び両党系を合算した「保守系」、左右社会党と共産党を合算した「革新系」として集計したものである。昭和二八年に保守・革新が伯仲し、三三年以降は革新系が保守系を上回る票を得るようになっている。また、保守系候補へ投じられた票が二〇万票前後で増減しているのに対して、革新系候補へ投じられた票は一貫して増え続けている。戦後復興期から高度成長期にかけての名古屋市では、革新系候補への支持が拡大していたのである。保守系候補者は革新系候補が支持を拡大し攻勢を強める一方で、守勢に回らざるを得なくなっていたことが窺える。

加藤の日記には、後に民社党委員長となる春日一幸（昭和二七年初当選）の名前が現れるようになっている。昭和二九年には名古屋市歯科医師会の会合で春日と同席し、春日が医師課税免除説を唱えて喝采を得たのに対して、加藤は「実際論」を唱えるとともに、「無責任の放言」は重大な結果を招くとして警告している（昭和二九年一二月一九日条）。

加藤が有力な支持基盤とした医師会についても、春日が手を伸ばしつつあったことが加藤の日記から窺える。昭和三〇年の東区医師会賀新会には春日が参加しており、加藤は「沙汰の限り」と憤慨している（昭和三〇年一月一日条）。また、昭和三〇年の総選挙では、春日が医師会に接触していたようであり、加藤は日本医師会から公認料を受け取った際、「春日と一所に推薦されては迷惑至極」と申し込んでいる（昭和三〇年一月二四日条）。しかし、春日の医師会に対する接触は激しかったようで、絹川、平松といった愛知県医師会の役員からは「春日に推薦状を医師会が出すか出さぬかとの件」で相談を持ちかけられている（昭和三〇年二月一六日条）。

また、昭和三一年に入り加藤は絹川らから計一〇万円の献金を受けているが、その際には「春日が強要したので我党に済まぬと云ふ次第」で渡すものであるとも伝えられている（昭和三一年九月一五日条）。さらに三三年の総選挙に至っては、春日が医師会員に対して、絹川らの名前での推薦状を出している。平松らが電話で取り消しているが、そもそもの原因は長く加藤を支えてきた絹川が「署名を承諾した」ことにあったようである（昭和三三年五月一五日条）。昭和三六年とやや後のこととなるが、愛知県医師会の保守派は「医政連盟」なる団体を組織し（のち「愛知県医師自民クラブ」に改称）、絹川は会長になっている[62]。その絹川ですら、医師会長としては春日も推薦せざるを得なくなっていたことは、春日の攻勢の激しさを物語っている。

なお、加藤は理容師界・食肉業界・洗張業界からの支援も受けていたこともあって、いわゆる環境衛生法（環境衛生関係営業の運営の適正化に関する法律）成立についても陳情を受けていた。加藤は自民党政務調査会の社会労働委員会で「環境衛生営業は中小企業団体法とは重〔複〕複の嫌はあるが、業者が熱望しているし、且つ衛生営業であるから別箇に提出可なりと述べて其通り」になるよう党で発言していた（昭和三二年二月二七日条）。しかし、愛知県の環境衛生同業組合創立会の場でも春日と同席しているほか（一〇月二一日条）、中小企業政治連盟主催の当選祝賀会でもやはり春日と同席している（昭和三三年六月二三日条）。

②保守系候補同士の争い

表7-5は、愛知県第一区の保守党系候補者で、昭和二二年から三八年の期間に議席を獲得したことのある主要四候補者の得票動向をまとめたものである。表7-4とあわせてわかることは昭和二七年の加藤の立候補によって、辻寛一、田島好文ら他の自由党系候補が得票を大幅に減らしたこと、昭和三〇年の選挙は「鳩山ブーム」の影響で民主党公認の横井太郎が他候補を圧倒していること、三三年以降、辻寛一が一挙に得票を伸ばしていることである。横井は愛知県出身、農林省水産講習所漁撈科卒業後、名古屋市議、愛知県議を経て、三〇年の総選挙で初当選を果たした。

辻寛一は明治三八年（一九〇五）生まれで名古屋高等商業学校（現名古屋大学経済学部）卒業後、名古屋新聞記者を務めたのち、昭和八年に名古屋市議（民政党）となり、県議にもなった。辻は現職市議である一方、随筆を執筆して著作も多数あるほか、おでんやを経営し文士や芸者とも交流するなど、宴会も好まなかった加藤とは毛色の違った政治家である。[63] 敗戦直後、鳩山一郎等が日

の得票動向

x/A	x/B	x/C	横井太郎	x/A	x/B	x/C
	9％	5％				
34%	23%	12%				
19%	14%	8％	19,901	13%	9％	5％
34%	23%	11%	28,367	—	15%	8％
29%	14%	7％	53,325	—	25%	12%
	24%	12%	37,914	—	14%	7％
	25%	11%				

得票数、A、B、Cは表7-4に対応している。

表7－5　愛知県保守系主要候補者

選挙年	加藤鐐五郎	x/A	x/B	x/C	辻寛一	x/A	x/B	x/C	田島好文
昭和22年									13,847
昭和24年					55,458	43%	29%	15%	43,353
昭和27年	50,894	32%	24%	13%	37,677	24%	18%	10%	30,254
昭和28年	45,565	36%	25%	12%	38,505	30%	21%	10%	42,853
昭和30年	40,784	38%	19%	10%	34,859	33%	16%	8%	30,509
昭和33年	88,661		32%	15%	83,503		30%	15%	66,876
昭和35年	68,207		27%	12%	122,193		48%	22%	62,794
昭和38年					93,274		41%	15%	

注（1）：名前の列が得票数。得票数の網掛けは当選者、空白は未立候補を示している。xは各議員の獲
注（2）：辻は初立候補以来自由党系。
注（3）：田島は昭和22年のみ国民協同党から立候補、以後は自由党系から立候補。
注（4）：横井は昭和28年鳩山自由党から立候補、30年は民主党から立候補。
出典：前掲『名古屋の選挙』。得票数の小数点以下を切り捨て、得票率は四捨五入した。

本自由党を結成した際、岐阜県の牧野良三から誘われ結党式に参加し、愛知県支部長に就任した。辻は昭和二〇年の暮れに甘藷、大根等を仕入れて、現職県議でありながら闇市でそれらを大々的に売り出して反響を起こし、翌年の総選挙では初当選を果たした。

辻は加藤の出馬もあって得票減を余儀なくされるが、地盤の拡大に努めていた。昭和二八年になると、加藤の日記にも「辻かんクラブ、矢の如く盛んなりと報告あり、他は他、自分は自分、而し余り楽観に過ぎる可からず」（昭和二八年一一月二八日条）といった記述が現れ、辻を意識し始めている様子が窺える。

昭和三〇年の選挙で一旦落選した辻は、三三年の総選挙で当選を果たしたが、辻の勝因と加藤の票の伸び悩みについて、『名古屋タイムス』の座談会は次のように振り返っている。(64)

B　辻の台頭は保守政治家で青年層をねらった作戦が成功したとみる向が多く自、社をとわずその人気を認めているようだね。

B　「五月会」の支持は根強いが、かりょうの場合は票の伸びが気になるね。……

C　つじかんの新風クラブと加鐐の五月会との性格の違いは

争えない時代の波を感じさせるね。やはりこれからは自民党でも若い世代を目標とせねばなるまい。

「つじかんの新風クラブと加鐐の五月会との性格の違い」については座談会のなかで具体的には触れられていないが、一つには組織化できた年齢層の違いがあったのであろう。辻が青年層を新たな支持層として切り拓く一方で、加藤の支持層が高齢化していた様子は先にみた通りである。

田島好文は明治四二年生まれで、中央大学法学部卒業後、弁護士として活動し、昭和二四年の総選挙で初当選した。昭和三〇年以降、五月会に入会した市会議員が多くいる一方で、反加藤派の市議一三人が田島に付いていた(65)。昭和三三年の総選挙について、加藤は次のように概観している。

今度の選挙は、最初非常に世間一般に悲観されていた。事実出足遅く各方面、特に新名古屋部は田島に殆んど食はれていることを認めた。

悲観説で本部（東京）が、頗る危険区域にあるものと考へ打電してくれたのだ。

而して今度の選挙は蓋し空前の緊張振りで、五月会以外、覚信講、文化婦人会、遺族会（コレハエライ勢力だ）、海外引揚連合会、環境衛生営業、理髪会（市内半分）、生長の家、小売市場、土地周旋業、奥村（鉄三―第二五回総選挙出馬）君一派、それに県市公職者の参加は得票数が倍以上になつた理由だ。県市側も必死であつた（昭和三三年五月二二日条）

加藤が地盤を侵食されながらも、本論で中心的に扱ってきた五月会、陶磁器業界、医師会に加え、遺族会や環境衛生関係の組合などさらに多様な団体からの支持を得ることで再選を果たしたことが窺える。支持基盤を維持するための活動は引退まで続くこととなる。

6　加藤の政界引退――支持基盤の終焉

昭和三三年一二月一三日、加藤は警職法改正をめぐって国会が混乱した責任を取って辞任した星島二郎の後任として議長に就任した[66]。議長就任から約一年後の昭和三四年一一月二七日、安保改定阻止中央大会のデモ隊が国会内に乱入したことをきっかけに国会が空転し、翌三五年二月一日に加藤は不本意ながら辞職を余儀なくされた。とはいえ、加藤は三権の長にまで上り詰めたのである。

加藤は昭和三五年の総選挙で辛うじて最下位で当選した。この選挙の前後は、加藤の日記にはめずらしく一ヶ月にわたり記述がなくなっている。一ヶ月ぶりにペンを執った加藤は「体ももう次ぎの選挙には堪へぬであろう」と自身の肉体的な限界を吐露している（昭和三五年一一月二五日条）。また、五月会・正和婦人会・覚信講の各世話人会では、「五月会の如く自然放任では今后の活動はならぬ、各区各学区本位に組織網を張るべし」といった議論もなされていた（一一月二七日条）。選挙期間中の日記の記述がないため詳細は不明だが、五月会の組織が弛緩しつつあったことを窺わせる。加藤は政界進出から五〇年、八〇歳という節目を迎えた昭和三八年の衆議院選挙に立候補せず政界引退を決意した。決意を最初に伝えたのは、桑原幹根愛知県知事であった（昭和三八年八月二六日条）。五月会では加藤の娘長女みち子の擁立論があったが、本人にその意志がなく、これは断念されたという[67]。加藤は後継者を明確に定めなかったため、加藤の地盤をまとめて承け継いだ政治家はいなかった。

さて、最後に本章で明らかにしたことをまとめておく。

第一に、政界に復帰した加藤は、地方利益の実現を一つの梃子にして政治的再上昇を目指そうとしていたことである。しかし、それは加藤個人が企図するだけでは実現しない。中央政府の財政的援助により地方の発展を望む中京財界、県知事、そしてその要望を受け止めることで政治資金を得るとともに、党勢の拡張を図ろうとする自由党のそれぞれの思惑が一致しなければ実現される性質のものではなかった。自由民主党と社会党による二大政党制を「五十五年体制」と命名した升味準之輔は、この政治体制を「大きな政治ダム」と表現したが、「政治ダム」に「水」が流れ込むには、本章でみたような三者の思惑の一致が必要だったのであろう。入閣を実現した加藤は県政界において重鎮として遇され、自民党結成後は愛知県県連会長に就任した。加藤は戦後復興期から高度成長期に高まった地域の産業・経済振興を求める声を受け止め、中央と地方との媒介者としての役割を果たし続け、遂には衆議院議長へと上り詰めた。

第二に、利益団体との関わりでいえば、陶磁器業界と医師会とで政界復帰後の関係性は異なっていたということである。陶磁器業界と加藤とでいえば、業界頂上団体が名古屋に所在したこともあって良好な関係を構築し続けた。特に業界の最有力者である水野との強い結びつきは業界からの後押しという面でも重要であった。また、加藤は戦前期同様、業界からの要請でミクロな政策過程へ関与し続けてもいた。一方で、医師会と加藤との間では、武見太郎が日医の会長に就任した後に、中央と地方とで関係のねじれが生じていた。武見との関係は、大臣への就官を目指していた加藤へ武見が献金を試みたり、加藤を医師会長として推薦しようとするなど、当初から関係が悪かったわけではない。しかし、武見の会長就任後、武見が加藤はじめ医系議員をバイパスして自民党幹部へと要求を伝えるようになると、武見と加藤の関係は悪化した。加藤の支持基盤である愛知県医師会が反武見であったことは両者の関係悪化に拍車を掛け、三三年には両者の対立は頂点に達した。加藤ら医系議員は医師会長選挙で武見の追い落としを図ったが失敗に終わり、加藤ら医系議員は武見との手打ちを余儀なくされ、武見率いる日医と加藤らの関係性は武見優位となった。しかし、加藤に対する愛知県医師会からの支持は、同県医師会が反武見であったこともあってその後も継続し続けることとなった。両団体と加藤との関係は上記のような違いを生じていたが、加藤は戦前同様、両団体を自らの支持基盤とし続けたのである。

第三に後援会「五月会」と加藤との関わりである。加藤は政界復帰後、五月会の区支部を設置するなど組織化を進めた。しかし、加藤の地盤は革新系のみならず、保守系候補からも侵食を受けていた。加藤は五月会の維持・拡大のため、各区、各学校区支部への会合出席などを繰り返しているが、「清廉潔白」であろうとした加藤の後援会活動は、加藤の年齢も相まって他候補に比べて停滞するようになっていたようである。そのなかで加藤は、市会議員を五月会に入会させて系列化するとともに、遺族会や環境衛生組合など、戦後に設立された団体からも支持を得ることで、その地盤を再編成し連続当選を続けた。加藤が昭和四五年に没した後、翌年に執り行われた加藤家と関係二二団体の合同葬の広告には、自民党愛知県連はじめ、陶磁器業界から日本陶業連盟、日本陶磁器検査協会、日本陶磁器意匠センター、日本陶磁器輸出組合、全国産地陶商連盟の五団体、愛知淑徳学園はじめ私学五校、愛知県医師会、愛知県歯科医師会、愛知県薬剤師会のほか、加藤会、五月会、正和婦人会、覚信講等が名を連ねている(68)。加藤と支持基盤との関わりは終生続いたのである。

終　章　「憲政常道」から「五十五年体制」へ——戦前期二大政党の模索と遺産

1　戦前・戦後の政党と政党支持基盤の変容

論を終えるにあたり、まずは本書の内容を章ごとに概括しておく。

第Ⅰ部では、戦前期の二大政党が、恐慌及び恐慌克服過程でもたらされた社会の変化にいかに対応しようとしたのか、そしてそのなかでどのように変容していったのかを論じた。

第一章では「政治の国民生活化」、「政治の経済化」を主張するなど、経済政策を最優先した山本条太郎政調会長を中心に立案された、犬養毅総裁期政友会の経済政策の分析を通じて、恐慌克服・国民生活安定という政治課題に対して、反対党からの批判に応え、多くの国民から支持を得るため政策立案に取り組む政友会像を示した。立案された「産業五ヶ年計画」を中心とする政策は、財政支出・関税政策等による産業振興を行うことで恐慌克服を目指すものであった。それは「積極政策」に明確な目標値を設定し、「積極放漫」政策という批判に応えようとするものであるとともに、修正資本主義的文脈からも読み替えることのできる性格を有していた。男子普通選挙導入をはじめとする時代の変化とともに党の政策を更新するさまが明らかになったといえよう。一方、政党がより多くの国民から支持を得ることを重視したことは、政党内閣崩壊後における政党のあり方にも影響を与えた。五・一五事件後、政友会は世論の農村救済要求を背景に、恐慌克服のための農村救済を行うことが政府の役割であると訴えて政策決定過程へ介入を図るようになる。五・一五事件は政党主導による長期的視野に立った政策の変容をもたらし、政党の政策をより世論の動向に依拠したものへと変化させるという政策面での影響を与えることとなったのである。

第二章では、こうした政党の政策面での変化について農村政策を中心に論じた。政党内閣崩壊後の政友会、なかでも鈴木総裁派が、農会・町村長会・耕地協会という農村団体を中心とする利益団体の支持を梃子に政権復帰を目指したことを、従来単なる政治的陰謀として評価されてきた第六六帝国議会における「爆弾動議」を題材に明らかにした。

第三章では、昭和恐慌、そして恐慌対策がもたらした利益団体の諸要求とその対立のなかで、政友会・民政党がいかなる役割を果たし、またいかに変化しつつあったのかを検討した。政友会総裁派が農村団体の主張を背景に政策過程に介入しようとしたことは第一・二章で見た通りだが、そもそも政友会・民政党の二大政党は、党内に農会・産業組合などと関係の深い農村関係議員、商権擁護運動に参加する諸団体と関わりを有する商業関係議員及び都市選出議員、あるいは産業組合に反発する医師会関係議員がそれぞれ所属していたのであり、いずれかの要望に偏することは難しかった。恐慌克服過程において団体間の対立が激化すると、団体間の対立は党内に波及し、両党は党内の意見集約すら困難となったのである。衝突が繰り広げられるなか政民両党は、利益団体の主張が対立する法案については妥協案を作成し、その成立を優先させるようになる。そして政党内では、恐慌以後多様化する「国民生活」の結節点としての政党の存在意義をあらためて強調し、その再生を目指そうとする模索が始まりつつあった。しかし、その一方で、特定の利益団体との関わりを有する議員集団も結束を強め、新団体も結成されるようになっていた。

政党内閣崩壊後の二大政党内では、結節点としての政党を再生しようとする動きと、代議士が党とは別に個々に支持基盤との結節点たらんとする動きが同時並行的に進みつつあったといえる。こうした団体間の対立のなかで再認識された「民意」の結節点としての政党像と、利益団体を背景とした議員集団の結束力の高まりとが、日中戦争期における政界再編、近衛新体制運動における政党解消に向けた既成政党の動向を規定する下地を作ることとなったのである。

第Ⅱ部では、加藤鐐五郎という一代議士とその支持基盤との関係を戦前から戦後にかけて検討することで、加藤が戦前期に築いた支持基盤を更新しながら、戦時期を乗り越え、戦後には自民党へ流れ込む過程を示した。

第四章では、加藤が大正初期に政界に進出し昭和戦前期にかけて自らの支持基盤を築いていく過程を、特に加藤の後援会五月会の形成・展開過程を中心に、加藤の政治的主張も踏まえながら検討した。明らかとなったことは、政治家としての加藤と加藤を支援する五月会が相互に作用し変化していたという点である。清廉潔白と雄弁を売りとした加藤は、それに加えて「政治は生活」であると説きながら、大都市名古屋にふさわしい商工政策に造詣の深い政治家へと自己のイメージを更新した。「政治道徳の向上」を旗印として結成された五月会は、会員数の増大とともに会員からの具体的な要望を聞き、会員の結束を高めるための様々な行事を行うようになった。政党が自党の政策を変化させるのと軌を一にするように、個々の代議士も支持基盤とともに自らを変化させていたのである。

第五章では、戦時期において加藤が自身の支持基盤との関わりをいかに維持・更新していたかを、陶磁器業界との関わりを中心に明らかにした。加藤は政友会の経済政策「産業五ヶ年計画」を「商工都市名古屋の発展」という文脈に位置づけることで支持基盤の拡大を図っていた。なかでも陶磁器輸出業者の事業と、政友会の経済政策との親和性を強調することなどによって、戦前期から日中戦争期にかけて、加藤は陶磁器業界を自らの支持基盤とするようになっていた。また、翼賛政治会が成立した太平洋戦争期においては、加藤は戦前以来の関係性を有する陶磁器輸出業者、戦時に加わった商業者からの要請（「高等談判」）等によって、陶磁器業に関するミクロな政策過程へ関与していた。戦前期以来の陶磁器業界と官庁との間を結ぶ媒介者としての役割を、日中戦争期～太平洋戦争期という危機の時代においてはその範囲を広げながら果たし、支持基盤との関わりを深めていたのであった。

第六章では占領期において、公職追放された加藤が自身の支持基盤との関わりをいかに維持・更新し、政界に復帰したのかについて、陶磁器業界と医師会という二つの業界との関わりを中心に明らかにした。陶磁器業界についていえば、加藤が戦前期に関係を有していた陶磁器輸出業者との関係は水野保一との交流という形で深まっていたが、陶磁器商業者との関わりは陶磁器商業団体の分立もあり薄くなっていた。医師会との関わりでは、名古屋大学総長選への関与、自身の経営する喜安病院の運営における名古屋大学からの援助、嫌煙薬「キンエン」の製造をはじめ、名古屋大学総長の田村春吉等名古屋大学教授陣との関わりが占領期にも続いていたことを示した。追放解除後、政界復帰を目指す加藤は、期待していた旧五月会系市会議員の応援が充分に得られなかったことから、陶磁器業界と医師会とを両輪に据え後援会五月会の再生を図った。以上のような、加藤が広範に自らの支持基盤を広げようとする過程を通じて、戦前派代議士の多くが、戦前から戦後にかけて不変不動の「強固な地盤」の上に乗って戦後政界に復帰したのではなく、変化する支持基盤との関わりを、本人の意図するところ、あるいは意図しないところで維持・更新し、地盤を再構築したことを示した。

第七章では、これまで検討してきた加藤の支持基盤との関わりが、政界復帰後においてどのように展開したのかを、加藤が衆議院議長に就任する昭和三三年を目途に明らかにした。第一に、加藤が地元名古屋の発展を旗印に中京財界からの後押しで国務大臣への就任を目指す過程を、中央政府の財政的援助による地域の発展を望む中京財界・県知事、要望を受け止めることで中京財界からの支持と政治資金を得ようとする自由党、政策の実現と政治的上昇を望む加藤の三者の関係から示した。そして、戦後復興期から高度成長期に高まった地元名古屋からの諸要求と中央との媒介者として、加藤が活動する姿を明らかにした。第二に、加藤が支持基盤とした陶磁器業界、医師会という二つの利益団体との関係性が、政界復帰後にどのように展開したかを比較検討した。陶磁器業界とは、業界最有力者の一人である水野保一との強い結びつきから良好な関係を維持し続けることができた。対して医師会では、武見太郎の日本医師会長就任後に武見との対立が生じていたこと、結果として武見優位で関係性が再編されたこと、一方愛知県医師会は反武見であったことから、県医師会との結びつきには変化がなかったことを論じ、陶磁器業界との相違を明らかにした。第三に、加藤と五月会を中心とする支持基盤との関係、及び加藤の選挙毎の得票を検討することで、加藤が五月会の更なる組織化を進めたものの、他の保守系候補や革新系候補からの侵食を受けていたことや、加藤が市会議員を五月会に入会させるなどして地盤を再構築し連続当選を続けたことを示した。

2　戦前期政党政治の模索と遺産

以上の内容を踏まえた上で、序章で示した問題提起に答えたい。

まず、普通選挙法施行後の二大政党が、新たな有権者から支持を調達するために政策を立案し、広く有権者（あるいは選挙権を持たない女性も含んだ国民一般）に訴えていたことは明らかである。第一章で中心的に検討したように、恐慌克服・国民生活安定という政治課題に対して、政友会は多くの有権者から支持を得るため政策立案にあたり、看板政策としての「産業五ヶ年計画」を掲げた。こうした政策形成は、いってみれば政党内閣期以降における「政党の質の改良」である。党の政策を受け止めた各代議士は、自分なりに政策を咀嚼し、自らの支持者はもちろん、選挙区内の有権者に訴え、支持を広げようとしたのである。本書で論じた政友会の経済政策は、「政治と生活」を結びつけることで、普通選挙後における新たな支持基盤を形成しようとする試みであったといえる(1)。

ただし、政友会の試みは、昭和七年の総選挙における大勝には寄与したが、五・一五事件後の農村救済を求める世論に直面するなか、より一層目前の世論を意識したものへと傾斜していく。政党内閣崩壊後の政友会では、総裁派が高まる農村救済の世論、農村関係利益団体の要望を背景として政策過程への介入を図ろうとしたのである。しかし、政友会総裁派が取った手法は、農村関係利益団体と、その伸長に反発する商工団体、医師会との対立が党内へと波及するなかで限界が露呈した。団体間の対立が党内へと持ち込まれ、党内に混乱を生じた政友会、そして民政党では多様な民意の結節点としての政党を再生するため、社会・国民との関係を再構築しようとする模索が始まることとなった。このような昭和戦前期政党の模索は、日中戦争期における政界再編、近衛新体制運動における政党解消に至る下地を準備することになったのである。

犬養総裁期政友会の政策は、新たな支持基盤を広げる上でどのような意味を持っていたのか。その点を戦前から戦後にかけて分析したのが、本書第Ⅱ部で取り上げた加藤鐐五郎の政治的な歩みである。大正初期に政界に進出して以来、「清廉潔白」と雄弁を政治資源としていた加藤は、昭和期に入ると「政治は生活」であると説きながら、大都市名古屋にふさわしい商工政策に造詣の深い政治家へと自己のイメージを更新した。その際に用いられたのが政友会の看板政策「産業五ヶ年計画」である。第五章でみた通り、輸入防遏・輸出増進による産業振興と恐慌克服を目標とする「産業五ヶ年計画」は、対外輸出に大きく依存する陶磁器業界にとって受け止めやすい政策であった。「産業五ヶ年計画」は、加藤が陶磁器業界との関わりを深めるなかでも有効に機能したのである。昭和戦前期に「吾党の応援者」といえるほどに深まった加藤と陶磁器業界との結びつきは、「吾党」——政友会が解党した後にも続き、業界は戦後まで加藤の支持基盤となり、加藤を媒介にして自民党の支持基盤を構成することとなる(2)。その過程は単純な連続ではなく、支持を得るため、広げるための不断の積み重ねによるものであったが、経済政策を掲げることで広く有権者からの支持を得ようとした政友会の試みが有した可能性を加藤の歩みは示している。本書は、党の政策を咀嚼して支持基盤を切り拓いた加藤という一代議士の軌跡を戦後に至るまで検討することによって、政友会の政策が持つ射程の長さを提示し得たといえよう。

なお、第Ⅱ部では大正期から高度成長初期までの加藤と加藤の支持基盤との関わりを、先に挙げた陶磁器業界をはじめ、医師会、後援会五月会を中心に検討した。詳細は繰り返さないが、加藤が支持基盤との関係を不断に更新しつづけていたことは明らかであろう。序章でも触れたように、升味準之輔は地方名望家層を地盤とする政友会・憲政会―民政党の既成政党が、地方名望家層が伝統名望家から役職名望家へと変化する状況に対応しようとはしなかったと論じている[3]。しかし、本書が論じてきた内容からすれば、このような政党評は、同時代の政党、及び代議士の取り組みを正確に捉えたものとは言い難い。複雑としかいいようのない過程のなかで、加藤は名望家のみならず広く有権者の支持を得るために、自身の支持基盤を維持・更新し続けていたのである。とりわけ加藤の姿から浮かび上がるのは、戦前期の政党が社会の変化とともに自らを変化させていくのと同様に、代議士も変化していたという事実である。戦前から戦後にかけての保守政治家の「強固な地盤」を、あたかも不変不動のものとして捉えるような評価についても、本書は再考を促すものである。「強固な地盤」が連続しているようにみえたとしても、そのことは「強固な地盤」が不変不動であったことを意味するものではないということを強調しておきたい。近現代日本における政党と政党支持基盤、すなわち政党と社会との関係性は、不断の変化を続けた政党及び政治家と支持基盤との間での、相互のやりとりのなかで形作られていたのである。

本書は政党内閣の成立と崩壊といった視角からあえて離れて、「政治と生活」を結びつけ政策立案に取り組んだ犬養総裁期の政友会の模索を出発点に、戦後に至るまでの政党及び政党政治家の支持基盤形成の取り組みを考察してきた。戦前期の政党の模索は、政党内閣を維持するためには直接寄与しなかったのかもしれない。しかし、本書で論じた通り、それはその後の政党に影響を与えなかったことを意味するものではない。憲政常道の慣行による政権交代がなされた、戦前日本の政党内閣期における政党の模索は、戦後日本における五十五年体制の出発点として捉え直すこともできるのである。

3 さらなる課題と展望

最後に本書が残している大きな課題と展望について論じておく。

第一には、戦前から戦後にかけての政党と利益団体、そして官僚との関わりである。本書は政党、代議士と利益団体との関わりを中心に分析したが、官僚を交えた関係性は必ずしも十分明らかになっているわけではない。戦前から戦後にかけて、政党・官僚・利益団体の関わりがどのように再編されたかは、あらためて分析する必要がある[4]。特に第五章で触れた通り、戦時期において旧既成政党の政治家が利益団体の長に就任していることが、官僚側にとってどのような意味を持っていたのかなど、多くの課題を積み残している。

第二には、都市政治における代議士の役割である。本論が対象とした名古屋は、都市史研究の蓄積がある大阪や東京に比べ研究が多くない[5]。加藤の事例を都市史のなかに位置づけ直すことによって、さらに重層的な政治史像を描くことが可能になるだろう。また、戦後の地方自治、あるいは戦後の中央―地方関係については政治学・行政学分野で近年研究が積み重ねられている[6]。第七章では県知事や地方議会との関わりについて触れたが、戦後の中央―地方政治についても、より踏み込んだ検討が必要である。

第三には、戦前日本の個人後援会の全貌である。本書は加藤と五月会についてその実態を明らかにしたが、加藤が選挙区としたのは大都市である名古屋である。より多くの事例を積み上げて類型化を行うことで、戦前日本の個人後援会の全体像をより具体的に明らかにできるだろう。

本書は、政友会の試み、加藤の支持基盤維持・拡大の努力が、戦後利益政治へと回収される過程を論じたものと位置づけることもできる。第七章でみた名古屋への利益誘導や、陶磁器業界、医師会との関係性からもその点が窺える。しかし、後援会については、やや留保が必要かもしれない。加藤没後一〇年を経た昭和五六年に刊行された中日新聞社会部『あいちの政治史』は、加藤と五月会について次のように記している。

加藤は、その潔ぺきな生活ぶりから名古屋市内の保守層を広範に引きつけ、後援会・五月会はいまだに生存者の交流が続いているほど。「五月会に入っとりゃぁしゃ、信用できる人だでなも」といわれた名古屋・保守の典型だった。(7)

この短文からは五月会に入会した人物がどのような意味で「信用できる人」なのかはわからない。入会していることがその人の信用に結びつくという後援会というものをどのように理解すべきだろうか。本論が明らかにした範囲で述べるならば、有権者を直接的に買収・饗応することを嫌った加藤の「清廉潔癖」さが要因として大きかったように思われるが、むしろこの「信用」の内実は、戦前日本の後援会のなかでの加藤と五月会、都市史のなかでの加藤と五月会の位置付けを考察したうえで論じることが有益であろう。

本書では立ち入らなかったが、現在の小選挙区比例代表並立制のもとでも、その機能と政治家にとっての重要性は変化しているとはいえ後援会は作られ続け、政治家の政治活動を支えている。戦前の個人後援会のありようを明らかにした上で、戦後の個人後援会までを通時的に分析することによって、現代に至る日本の政治社会全体の変容を捉えることも可能であろう。今後の課題としたい。

注

序章　支持基盤からみた政党の戦前と戦後

（1）村井良太『政党内閣制の成立――一九一八～二七年』有斐閣、二〇〇五年。

（2）三谷太一郎『日本政党政治の形成――原敬の政治指導の展開』東京大学出版会、一九六七年、増補版一九九五年、伊藤之雄『大正デモクラシーと政党政治』山川出版社、一九八七年。

（3）奈良岡聰智『加藤高明と政党政治――二大政党制への道』山川出版社、二〇〇六年、前掲『政党内閣制の成立』。このほか、政官関係の検討を通じて、官僚出身者の政党への参加による「政党の質の改良」と統治構造をめぐる二つの潮流の相克を論じた清水唯一朗『政党と官僚の近代――日本における立憲統治構造の相克』藤原書店、二〇〇七年も挙げておきたい。

（4）政党内閣崩壊の過程についても研究が積み重ねられているが、近年の研究として小山俊樹『憲政常道と政党政治――近代日本二大政党制の構想と挫折』思文閣出版、二〇一二年を挙げておく。なお、村井良太は近著で政党の腐敗・堕落・無能が政権からの政党の排除を招いたという理解を斥け、「政権からの排除が政党の劣化を招いた」としている（『政党内閣制の展開と崩壊――一九二七～三六年』有斐閣、二〇一四年、四二四頁）。

（5）若月剛史『戦前日本の政党内閣と官僚制』東京大学出版会、二〇一四年。

（6）小林道彦『政党内閣の崩壊と満州事変――一九一八～一九三二』ミネルヴァ書房、二〇一〇年。

（7）竹中治堅『戦前日本における民主化の挫折――民主化途上体制崩壊の分析』木鐸社、二〇〇二年参照。

（8）米山忠寛『昭和立憲制の再建――一九三二～一九四五年』千倉書房、二〇一五年でも同様の問題意識が示されている。同「戦時体制再考」『年報日本現代史』第二〇号（二〇一五年）も参照のこと。また、源川真希『近現代日本の地域政治構造――大正デモクラシーの崩壊と普選体制の確立』日本経済評論社、二〇〇一年は、一九二〇年代の政治社会が普通選挙導入による急激な政治参加の拡大に対応できる状況になかったにも関わらず、普通選挙に関わる法体系整備が先行するという、法体系整備と政治社会整備のズレが生じていたとする。その上で、政党と官僚がズレを解消するため政治社会の改編を試みたこと、そのズレは農村経済更生運動、選挙粛正運動、愛市運動などを経た政治的活性化により一九四〇年代に入りある程度克服され、普選が不可逆となったこと(「普選体制の確立」)を論じている。政治参加のあり方を通じて、戦前期政党政治から戦後政治を見通した研究であり、本書も示唆を得た。

(9) 前掲『昭和立憲制の再建』の研究史整理を参考とした。

(10) 伊藤隆『大正期「革新」派の成立』塙書房、一九七八年、伊藤隆『昭和初期政治史研究——ロンドン海軍軍縮問題をめぐる諸政治集団の対抗と提携』東京大学出版会、一九六九年。伊藤隆「『挙国一致』内閣期の政界再編成問題」(一・二・三)(『社会科学研究』二四—一、二五—四、二七—二、一九七二年、一九七四年、一九七五年)。

(11) 山之内靖ほか編『総力戦と現代化』柏書房、一九九五年、雨宮昭一『戦時戦後体制論』岩波書店、一九九七年、雨宮昭一『総力戦体制と地域自治』青木書店、一九九九年。

(12) アンドルー・ゴードン『日本の二〇〇年』上・下、森谷文昭訳、みすず書房、二〇〇六年。

(13) 粟屋憲太郎『昭和の政党』小学館、一九八八年、底本一九八三年。

(14) ゴードン・M・バーガー『大政翼賛会——国民動員をめぐる相剋』坂野潤治訳、山川出版社、二〇〇〇年、原著一九七七年。

(15) 古川隆久『戦時議会』吉川弘文館、二〇〇一年、古川隆久『昭和戦中期の議会と行政』吉川弘文館、二〇〇五年。

(16) 官田光史『戦時期日本の翼賛政治』吉川弘文館、二〇一六年。

(17) 前掲『昭和立憲制の再建』。

(18) 膨大な研究があるが、代表的なものを掲げるだけでも、福井治弘『自由民主党と政策決定』福村出版、一九六九年、升味準之輔「一九五五年の政治体制」『現代日本の政治体制』岩波書店、一九六九年(初出は一九六四年)、北岡伸一「包括政党の合理化」『国際化時代の政治指導』中央公論社、一九九〇年(初出一九八五年、執筆は一九八一年)、同『自民党——政権党の三八年』中央公論新社、二〇〇八年(初出は一九九五年)、升味準之輔『戦後政治』上・下、東京大学出版会、一九八三年、升味準之輔『現代政治』東京大学出版会、一九八五年、佐藤誠三郎・松崎哲久『自民党政

権』中央公論社、一九八六年、中北浩爾『一九五五年体制の成立』東京大学出版会、二〇〇二年がある。

(19) 武田知己『重光葵と戦後政治』吉川弘文館、二〇〇二年、河野康子『戦後と高度成長の終焉』講談社学術文庫、二〇一〇年、底本は二〇〇二年、引用部分は『戦後と高度成長の終焉』九〜一一頁による。

(20) 樋渡展洋『戦後日本の市場と政治』東京大学出版会、一九九一年。

(21) 小宮京『自由民主党の誕生――総裁公選と組織政党論』木鐸社、二〇一〇年。

(22) 村井哲也『戦後政治体制の起源――吉田茂の「官邸主導」』藤原書店、二〇〇八年。

(23) 吉田書店、二〇一五年。

(24) 前掲『自民党政治の源流』一〇九頁。

(25) 有馬学「『大正デモクラシー』論の現在」『日本歴史』七〇〇、二〇〇六年。川人貞史『日本の政党政治　一八九〇―一九三七年』東京大学出版会、一九九二年。

(26) 伊藤隆「『国是』と『国策』・『統制』・『計画』」中村隆英・尾高煌之助編『日本経済史　六　二重構造』岩波書店、一九八九年。

(27) 今村奈良臣「補助金と農業・農村」同『農政改革と補助金』所収、農山漁村文化協会、二〇〇三年、初出一九七八年、八六〜一〇六頁、森武麿「両大戦と日本農村社会の再編」『歴史と経済』四八―三、二〇〇六年。

(28) 江口圭一『都市小ブルジョア運動史の研究』未来社、一九七六年、第五章。商権擁護運動に関しては北野裕子「一九三〇年代の商権擁護運動」『ヒストリア』一六八、二〇〇〇年、ほか同氏による一連の研究。なお、戦前から戦後にかけての利益団体の設立動向については、辻中豊『利益集団』東京大学出版会、一九八八年が参考となる。

(29) 恐慌克服過程の政治史的分析の必要性については、酒井哲哉の先駆的な指摘がある（酒井哲哉「一九三〇年代の日本政治」『年報・近代日本研究一〇』山川出版社、一九八八年）。

(30) 前掲『自由民主党の誕生』第三章「第二保守党系の党組織と役職公選論の展開」。

(31) 『自由民主党史　資料編』自由民主党編、一九八七年、九七〜九九頁。

(32) 中北浩爾は近著で、自民党の歴史を個人後援会と派閥を基礎とする「利益誘導政治」からの脱却の模索として論じている（中北浩爾『自民党政治の変容』NHK出版、二〇一四年）。

(33) 前掲『自民党政治の変容』。

(34)『日本政党史論』第五巻、東京大学出版会、一九七九年、三一八頁、三四四～三五二頁。なお、御厨貴「升味史論体のコスモス」升味準之輔『日本政党史論』新装版第一巻、東京大学出版会、二〇一一年所収は、同書の書かれた背景などを含めて解説している。

(35) 前掲『総力戦体制と地域自治』。

(36) 前掲『大正デモクラシーと政党政治』三〇七―三〇八頁、三二三頁。

(37) 雨宮が論じる「既成勢力の自己革新」は小作層や中間層以下を含むものであった。そして、そうした自己革新名望家と結びついた代議士は、民政党から昭和六年段階で離れ、近衛文麿の側近として新体制運動に参画した風見章と、政友会系名望家の家柄出身ながら反既成政党色を強めていた赤城宗徳であった。本論が明らかにしていく加藤鐐五郎とその支持基盤のあり方とは様相が大きく異なる。

(38) 季武嘉也・武田知己『日本政党史』吉川弘文館、二〇一一年、第二章の季武執筆部分による。

(39)「中田儀直にみる昭和戦前期の地方政治」『創価大学人文論集』六―六 一九九四年。

(40) 前掲「一九五五年の政治体制」二二四頁、初出の『思想』四八〇、一九六四年と『現代日本の政治体制』収録原稿との相違点については牧原出『権力移行――何が政治を安定させるのか』NHK出版、二〇一三年所収の「自由民主党『長期政権』の確立」参照のこと。升味論文の位置づけについては大嶽秀夫『高度成長期の政治学』東京大学出版会、一九九九年も参考となった。なお、ナサニエル・セイヤーは自民党中央政治大学院の岡本雅生からのヒアリングをもとに、昭和二七年までには多くの議員が自分の後援会を作りあげたとしている（N・B・セイヤー、小林克己訳『自民党』雪華社、一九六八年、七五～七六頁）。

(41) 上山和雄『陣笠代議士の研究――日記にみる日本型政治家の源流』日本経済評論社、一九八九年、三一三頁、櫻井良樹『帝都東京の近代政治史――市政運営と地域政治』日本経済評論社、二〇〇三年。この他、内務官僚出身の藤沼庄平（栃木県第二区）が自らの後援会を築こうとした過程を論じた奥健太郎の研究がある（『昭和戦前期立憲政友会の研究

――党内派閥の分析を中心に』慶應義塾大学出版会、二〇〇四年）。
（42）本論の分析対象は衆議院議員であることから、特に衆議院議員であることを指す場合は主として「代議士」の語を用いる。
（43）石川真澄・広瀬道貞『自民党――長期支配の構造』岩波書店、一九八九年、六六～七三頁。
（44）加藤庄三著・加藤延夫監修『加藤鐐五郎伝』名古屋大学出版会、一九九五年、三〇四頁。
（45）一人の代議士のミクロな分析から同時代の政治状況を描いた研究としては、佐藤文生（大分県）の選挙運動に密着したジェラルド・カーチス『代議士の誕生』（サイマル出版会、一九七一年、復刻版は二〇〇九年）が最も著名であろう。またカーチス以後には、明治末から昭和初期に活動した山宮藤吉（神奈川県）について、彼の日記から支持調達・政治資金のありようを明らかにした前掲『陣笠代議士の研究』、小選挙区制移行後における平沢勝栄（東京都）の選挙を題材とした朴喆煕『代議士のつくられ方――小選挙区の選挙戦略』文春新書、二〇〇〇年などがあげられる。第Ⅱ部はこうした研究にも示唆を得ている。
（46）前掲『利益集団』六八～七九頁。また政治学における利益団体・利益集団研究の概略については辻中豊「はじめに」『年報政治学二〇一二―Ⅱ』二〇一二年参照のこと。

第一章　恐慌期における二大政党の経済政策論争――政友会の「産業五ヶ年計画」を中心に

（1）山本条太郎『経済国策の提唱――国民繁栄への道』日本評論社、昭和五年、二頁。
（2）季武嘉也「大正社会と改造の潮流」同編著『日本の時代史二四　大正社会と改造の潮流』吉川弘文館、二〇〇四年、有馬学「『大正デモクラシー』論の現在」『日本歴史』七〇〇、二〇〇六年。
（3）前掲『経済国策の提唱』三九二頁。
（4）有馬学「反復の構造――満洲事変期の『国民社会主義』」有馬学・三谷博編『近代日本の政治構造』吉川弘文館、一九九三年。
（5）時任英人『犬養毅――リベラリズムとナショナリズムの相剋』論創社、一九九一年、池井優ほか編『浜口雄幸日記・

随感録』みすず書房、一九九一年、四八六～四九一頁。

（6） 伊藤隆『昭和初期政治史研究――ロンドン海軍軍縮問題をめぐる諸政治集団の対抗と提携』東京大学出版会、一九六九年、二二二～二二五頁。

（7） 坂野潤治『近代日本の国家構想――一八七一―一九三六』岩波書店、一九九六年、同『昭和史の決定的瞬間』ちくま新書、二〇〇四年。

（8） 前掲『近代日本の国家構想』二〇八頁。

（9） 伊藤之雄『大正デモクラシーと政党政治』山川出版社、一九八七年。なお政友会を派閥の視角から論じた研究として、奥健太郎『昭和戦前期立憲政友会の研究――党内派閥の分析を中心に』慶應義塾大学出版会、二〇〇四年がある。

（10） 浜口雄幸「金解禁に処する基礎的用件」『民政』三―七、昭和四年七月、五頁、「昭和五年四月二六日　衆議院議事速記録第三号」二三頁。なお、政党機関誌引用の際は初出に刊行年月を記した。

（11） 「第五十七回帝国議会報告書」『政友』三五一、昭和五年二月、三頁。

（12） 周知の通り戦前日本において女性に選挙権は認められていなかった。よって「有権者」と「国民」には明らかな差がある。しかし、戦前期、特に普通選挙施行後において政党が政策を訴える際、その訴えが「有権者」（男性）だけを対象に行われたものなのか、女性を含む「国民」全般に対して行われたものなのかを線引きすることは困難である。例えば第四章で示すように、加藤鐐五郎は自身の政治的主張を女性に向かって訴えかけている。よって本章では選挙に関わる部分など明確に「有権者」を指す場合については「有権者」とし、その他については「国民」とした。

（13） 土川信男「政党内閣と産業政策」（一）、（二）、（三）『国家学会雑誌』一〇七―一一・一二、一〇八―三・四、一〇八―一一・一二、一九九四―一九九五年。田中総裁期における山本の政策構想を論じた源川真希『近現代日本の地域政治構造――大正デモクラシーの崩壊と普選体制の確立』日本経済評論社、二〇〇一年も参照のこと。

（14） 中村隆英『昭和恐慌と経済政策』講談社学術文庫、一九九四年、初出一九六七年、長幸男『昭和恐慌――日本ファシズム前夜』岩波現代文庫、二〇〇一年、初出一九七三年、中村政則『昭和の恐慌』小学館、一九八二年、三和良一『戦間期日本の経済政策史的研究』東京大学出版会、二〇〇三年、岩田規久男編著『昭和恐慌の研究』東洋経済新報社、二

〇〇四年、井手英策『高橋財政の研究――昭和恐慌からの脱出と財政再建への苦闘』有斐閣、二〇〇六年など多数。

(15) 前掲『戦間期日本の経済政策史的研究』一七〇～一七二頁。

(16) 通商産業省編『商工政策史』九巻、商工政策史刊行会、一九六一年、一七～一九頁。

(17) 前掲「政党内閣と産業政策」(二) 七四～七八頁。

(18) 「金解禁と財界救済」『政友』三五〇、昭和五年一月、三五頁、「我が党の政策」『政友』三五一、昭和五年二月、一五頁。

(19) 「官報号外　昭和五年四月二十六日　衆議院議事速記録第三号」二〇頁～二三頁。

(20) 「第五十八回帝国議会報告書」『政友』三五八、昭和五年七月、八～一〇頁。

(21) 太田正孝「経済決議案を携へて」『政友』三五七、昭和五年六月、二〇頁。

(22) 『中央新聞』昭和五年七月二日（以下新聞引用の際は夕刊のみ特記）。「立憲政友会会報」（以下「会報」と略記）『政友』三五九、昭和五年八月、六四～六五頁、「政友経済調査委員」『政友』三六〇、昭和五年九月、六六頁。調査報告は立憲政友会会報局編『浜口内閣の執れる不景気政策の実相』同局、一九三〇年として出版された。なお、プロレタリア作家徳永直は「最も興味を持って読んだ最近出版の本」に同書を挙げている（『国民新聞』昭和六年三月四日）。

(23) 前掲『浜口内閣の執れる不景気政策の実相』附録「経済調査報告書」七～八頁。

(24) 『国民新聞』昭和五年八月一四日夕刊。『時事新報』昭和五年八月一四日夕刊も同様。

(25) 『報知新聞』昭和五年八月一六日。

(26) 「会報」『政友』三六一、昭和五年一〇月、四八～四九頁。

(27) 前掲『昭和初期政治史研究』二五五頁。

(28) 「会報」『政友』三六〇、七〇頁、『中央新聞』昭和五年八月二日、『北海タイムス』昭和五年八月四日。

(29) 社説「枢府急転と政友会」『東京朝日新聞』昭和五年九月一八日。

(30) 原田熊雄述『西園寺公と政局』第一巻、岩波書店、一九五〇年、一七七頁～一七八頁。

(31) 望月圭介「大阪班経済調査報告」『政友』三六〇、二六頁。

(32) 犬養健「山本條《（ママ）》太郎と犬養毅・森恪」『新文明』一〇―七、昭和三五年、一八頁。

(33)季武嘉也『大正期の政治構造』吉川弘文館、一九九八年、三八七〜四〇三頁。
(34)「政友会の政務調査方針」『政友』三五八。
(35)前掲『昭和恐慌』Ⅶ章「政友会の積極政策」。前掲「政党内閣と産業政策」(三)二八〜二九頁。
(36)前掲『昭和恐慌』一一三〜一一六頁。松下幸之助『私の行き方考え方』、PHP文庫復刻版、昭和六一年、初出昭和三七年、二三七〜二三八頁。同書は昭和一七年頃松下が松下電器社内誌に連載していたものである。
(37)昭和四年内務省警保局が作成した「地方政情調」は、松下同様大阪の中小商工業者が緊縮・消費節約への不満を抱いていたと報告している(『昭和初期政党政治関係資料』第三巻、不二出版復刻版、一九八八年)。
(38)「会報」『政友』三五九、六六〜六七頁。
(39)『都新聞』昭和五年五月二六日。
(40)「会報」『政友』三五七、六一〜六二頁、『都新聞』昭和五年六月二三日。
(41)「山下界隈雑記」『政界往来』一―三、昭和五年一〇月。
(42)「会報」『政友』三六一、五一〜五三頁。
(43)昭和五年一〇月「経済国難応急策」。山本条太郎翁伝記編纂会『山本条太郎』論策一、同会、昭和一四年、五六五〜五七六頁(以下「論策一」と略記)。
(44)同右、五六九〜五七一頁。
(45)計画案は「産業五ヶ年計画案一覧表」昭和六年七月、「論策一」、七五〇〜七七六頁。一例をあげると、「鉄 輸入価格 九千三百六十万八千円/一、計画 全額内地生産 但し一千二百万円の礦石輸入を増加す/一、関税 個々の物品により保護関税改正の要を認む/一、施設 利益の保証又は利率補償の方法に依る、時宜に応じて官業を整理して一部政府の投資を為す」といった形で品目ごとの助成策があげられている。戦時・戦後の経済計画については岡崎哲二「長期経済計画と産業開発――「生産力拡充計画」から「経済自立五ヵ年計画」へ」末廣昭編『帝国日本の学知六 地域研究としてのアジア』岩波書店、二〇〇六年。
(46)「現下の財界に就いて」昭和五年一〇月、「論策一」、六七八頁。

(47)『東京朝日新聞』昭和五年九月一三日。
(48)田昌「政友会の新政策を評す」『民政』四―一〇、昭和五年一〇月。
(49)全国大衆党中央執行委員会「昭和五年十二月一・二・三日　全国大衆党第二回大会議案」国立国会図書館憲政資料室所蔵「林虎雄関係文書」一―八、三頁。
(50)犬養健「老父が聴く最初の演説」『新愛知』昭和五年一〇月二一日。
(51)後藤朝太郎『孤竹高山長幸』非売品、一九三八年、第三編一一〇～一一八頁。
(52)前掲『昭和恐慌と経済政策』一三五～一三八頁、中村政則「大正デモクラシーから『大転換』へ」南亮進ほか編『デモクラシーの崩壊と再生――学際的接近』日本経済評論社、一九九八年、五三～五五頁。
(53)「官報号外　昭和六年一月二十七日　衆議院議事速記録第六号」八九頁。ケインズの演説は「貯蓄と支出」宮崎義一訳『ケインズ全集九　説得論集』東洋経済新報社、一九八一年。
(54)「官報号外　昭和六年三月二十一日　衆議院議事速記録第三十一号」八四七～八四九頁。
(55)同右、八五八～八五九頁。該当記事は『東京朝日新聞』昭和六年三月二一日に掲載。
(56)堀切善兵衛「経済の道徳律」（『政界往来』二―八）。堀切は昭和七年になると「キンズ教授の言に従」い、デフレーションの弊害を論じている（堀切善兵衛「アンチ・デフレーション」『経済往来』昭和七年四月号）。
(57)重産法に関しては宮島英昭「産業合理化と重要産業統制法――日本的対独占政策の成立過程」『年報近代日本研究』六、山川出版社、一九八四年、平沢照雄『大恐慌期日本の経済統制』日本経済評論社、二〇〇一年、第一章を参照した。
(58)「昭和六年三月一日　衆議院議事速記録第二十号」五〇六頁、「第五十九回帝国議会衆議院　重要産業ノ統制ニ関スル法律案委員会議録　第二回　昭和六年三月四日」一～九頁、「第五十九回帝国議会衆議院　重要産業ノ統制ニ関スル法律案委員会議録　第四回　昭和六年三月九日」四～五頁。
(59)「第五十九回帝国議会衆議院　重要産業ノ統制ニ関スル法律案委員会議録　第三回　昭和六年三月六日」七、二一頁。
(60)農産物価格については安藤良雄編『近代日本経済史要覧　第二版』東京大学出版会、一九七九年、一一六頁。
(61)「官報号外　昭和六年三月十五日　衆議院議事速記録第二十七号」七三四頁。

(62)「心の日記」昭和六年四月一八・二〇日条（以下「守屋日記」と略記。国文学研究資料館所蔵「守屋栄夫文書」一―三一、番号は整理番号である）。

(63)「再び政務調査会長に就任するに方りて」昭和六年三月、「論策一」、七二八〜七二九頁。同書には三月二九日の政友会議員総会での演説とあるが、山本が演説した事実は『政友』ほか機関誌、新聞各紙から確認できない。演説で示している「山本案」に、守屋が追加を要望した「国民所得の増加及大衆生活の安定」等があること、四月二二日の政調役員幹部連合会において一旦削除され、直後の政調総会で復活した「大衆」の文言があること、政調総会で追加された「思想問題」の文言がないことからすると、「山本案」は理事会での議論を経た上で作成され、政調役員幹部連合会で提示されたものと考えられる（「守屋日記」昭和六年四月二二日条、『東京朝日新聞』昭和六年四月二三日）。

(64) 山本条太郎「政友会の十大政綱」、「九大特別委員会設置」『政友』三六九、昭和六年六月。

(65)「国策としての十大政綱」（昭和六年九月、「論策一」）、八二七〜八四六頁。

(66)『経済国策の提唱』第八章「教育制度の建直し」は「教育の実際化」として、公立中学校の実業学校への転換などを説いている。

(67) 注(63)参照。このほかにも修正点があるが、紙幅の関係から立ち入らない。

(68)「日記」昭和六年四月二一日条、「藤沼庄平関係文書」四九、憲政資料室寄託。

(69) 昭和六年六月七日、清水銀蔵宛犬養毅書翰、鷲尾義直編『犬養木堂書簡集』人文閣、一九四〇年。

(70) 前掲「政党内閣と産業政策」（三）四〇〜四一頁。

(71)「論策一」七七八〜七七九頁。

(72)『米専売座談会速記録』農政会本部、一九三二年、國學院大學図書館所蔵、四一〜四三頁。

(73) 前掲『昭和恐慌』一〇五〜一一〇頁。

(74) 安藤良雄編『昭和経済史への証言　上』毎日新聞社、一九六五年、九四頁。また「政務調査の基調、新経済国策」東京大学近代日本法政史料センター原資料部所蔵「岡田忠彦関係文書」V―1―六五には、「無準備の金解禁」を批判する箇所に「此の点説明の際特に御注意を乞ふ」という注意書きがある。

(75) 山本条太郎翁伝記編纂会『山本条太郎』伝記（同会、昭和一七年、以下「伝記」と略記）八一三頁。
(76) 原安三郎編『山本条太郎翁追憶録』非売品、昭和一一年、四一一頁。
(77) 浅井良夫「政策思想としてのケインズ主義の受容――日本の場合」、中村政則編『近現代日本の新視点――経済史からのアプローチ』吉川弘文館、二〇〇〇年。
(78) 前掲「現下の財界に就いて」六七八頁。
(79) 永廣顕「国債発行方法の転換過程」『証券経済』一七七、一九九一年。山本は金輸出再禁止による為替低落により産業五ヶ年計画は一億二〇〇〇万円の半分でできると述べているが、七年度追加予算の産業五ヶ年計画関連予算は半分に満たなかった。
(80) 前掲「山本條《ママ》太郎と犬養毅・森恪」。
(81) 「政友会政務調査総会」『政友』三七六、昭和七年一月。
(82) 「伝記」七九七〜七九八頁、八一八頁。
(83) 『政友』三七七、三四〜三五頁、昭和七年二月。
(84) 『中央新聞』、『北海タイムス』にも東の論じた詳細はみられない。
(85) 岡田温「産業五ヶ年計画につき」『帝国農会時報』昭和七年四月号。農会に関しては松田忍「帝国農会の政治社会史的研究」『史学雑誌』一一五―八、二〇〇六年、のち松田忍『系統農会と近代日本――一九〇〇〜一九四三年』勁草書房、二〇一二年所収。
(86) 西田美昭「農民生活からみた二〇世紀日本社会――『西山光一日記』をてがかりに」『歴史学研究』七五五、二〇〇一年、一三〜一四頁。
(87) 農村関係議員の多くは農会の議員団体農政研究会に属していた。
(88) 「関税調査委員会幹事会会議日誌（第一四〇回）」「昭和財政史資料第四号第一〇二冊」、国立公文書館所蔵。
(89) 白木沢旭児「一九三〇年代前半の統制経済論」『日本史研究』三一五、一九八八年、三九〜四〇頁。
(90) 同紙の求めるスローガンは、米穀専売・統制であったと推測される。

(91)『中外商業新報』昭和六年一二月一八日。
(92)小島精一『日本計画経済論』千倉書房、一九三二年、三二頁。小島に関しては中野泰雄『政治家中野正剛』上、新光閣書店、一九七一年、七五三頁。
(93)経済評論家山崎靖純は、山本が飼犬の餌を取り合う様子を指して、これは確かに資本主義だ、資本主義こそ生物の本能だと話したことに対して、人間は本能を調和する必要があると述べ、山本もそれに同意したと回想している。上記の挿話からは「国家的統制」による産業政策の実行という考えは窺えない(前掲『山本条太郎翁追悼録』三八三頁)。
(94)「立憲政友会大会」、「選挙スローガン」『政友』三七七。
(95)「鈴木内相と時局を語るの会」『政界往来』三―五、昭和七年五月。
(96)「総選挙斗争自己批判」「林虎雄関係文書」三―四。
(97)前掲『昭和初期政治史研究』二二二〜二二九頁。
(98)『読売新聞』昭和七年三月二六日。
(99)「会報」『政友』三七九、昭和七年四月、六七頁。
(100)『東京朝日新聞』昭和七年四月二日、六日。
(101)「昭和七年度一般会計追加予算決定並実行予算ヲ更正ス」「公文類従」第五十六編巻二十四、国立公文書館所蔵。
(102)『読売新聞』昭和七年四月一八日。
(103)深井英五『回顧七十年』岩波書店、昭和一六年、二六八頁。
(104)「伝記」八三五〜八三八頁。
(105)佐々木隆「挙国一致内閣期の政党」『史学雑誌』八六―九、一九七七年。
(106)後年山本は五・一五事件による政策の中断を「千秋の一大痛恨時」と悔いている(山本条太郎「考へさせられる事柄」『政友』三九六、昭和八年八月)。また犬養健に対しては、「君のオヤヂが死んでからもうつまらん」と述べていたという(前掲『山本条太郎翁追憶録』二頁)。
(107)「第六十二回帝国議会衆議院　予算委員会議録　第二回　昭和七年六月四日」二〜六頁。政友会の「第六十二回帝国議会報告書」も参照（『政友』三八三号、四〜五頁、二四〜二九頁）。
(108) 「第六十二回帝国議会衆議院　予算委員会議録　第三回　昭和七年六月六日」七頁。
(109) 「官報号外　昭和七年六月十四日　衆議院議事速記録第八号」一四〇〜一四一頁。
(110) 「会報」『政友』三八二、昭和七年七月、六三〜六三頁。
(111) 「政友会東北大会」『政友』三八四、昭和七年八月、三八〜三九頁。
(112) 安富邦雄『昭和恐慌期救農政策史論』八朔社、一九九四年、初出一九七二年、二六〜二八頁。
(113) 『都新聞』昭和七年五月一八日。
(114) 鈴木喜三郎「非常時の根本方策」『政友』三八四、四頁。
(115) 太田正孝「臨時議会を前にして」『経済往来』昭和七年九月号。
(116) 前掲『昭和恐慌と経済政策』一九七〜一九九頁。
(117) 「官報号外　昭和七年九月一日　衆議院議事速記録第八号」一〜二頁。
(118) 東武「統制か新平価か」『経済往来』昭和七年四月号、土井権大「農村救済に就いて」『政友』三八四、二〇〜二一頁。
(119) 『都新聞』昭和七年六月二八日。
(120) 山口義一「政治の動向と我等の信念」『政友』三八四、一三〜一四頁。
(121) 「政治の更生を目指して」『経済往来』昭和七年九月号。座談会の開催日時は記されていないが、会話の内容から六三議会前と推測できる。
(122) 前田米蔵「政友会の政策の基準」『政友』三九六、一〜六頁。手島仁『中島知久平と国政研究会』上・下、みやま文庫、二〇〇五・二〇〇七年。
(123) 山本条太郎翁伝記編纂会『山本条太郎』論策二、同会、一九三九年所収の各篇参照。
(124) 松浦正孝『財界の政治経済史——井上準之助・郷誠之助・池田成彬の時代』東京大学出版会、二〇〇二年、一三九〜一四三頁。
(125) 古川隆久『昭和戦中期の議会と行政』吉川弘文館、二〇〇五年、七二頁。

(126)「産業五ヶ年計画の意義と目的」「論策一」、七九三頁。
(127)川田稔編『浜口雄幸集　論述・講演篇』未來社、二〇〇〇年、一六七頁。
(128)有馬学「田所輝明と満洲事変期の社会大衆党――一九三〇年代における「運動」と「統合」二」『史淵』一二五、一九八八年。
(129)いわゆる「反産運動」はその典型例である。

第二章　農村利益の噴出と政友会――第六六議会の「爆弾動議」と「憲政常道」

(1)佐々木隆「挙国一致内閣期の政党――立憲政友会と斎藤内閣」『史学雑誌』八六―九、一九七七年。なお政友会の派閥については、奥健太郎『昭和戦前期立憲政友会の研究――党内派閥の分析を中心に』慶應義塾大学出版会、二〇〇四年を参照している。
(2)伊藤隆「『挙国一致』内閣期の政界再編成問題」『社会科学研究』二四巻一号、一九七二年、前掲「挙国一致内閣期の政党」、宮田光史「『挙国一致』内閣期における政党再編の展開」『日本歴史』六一九、一九九九年、松浦正孝『財界の政治経済史――井上準之助・郷誠之助・池田成彬の時代』東京大学出版会、二〇〇二年、第四章「財界進出の国内政治的背景」など。
(3)坂野潤治『近代日本の国家構想――一八七一～一九三六』(岩波書店、一九九六年)第四章「政党政治の成立と崩壊」。
(4)前掲『財界の政治経済史』一五七～一五九頁。松浦自身による坂野研究との関係の説明は同書の一三四頁注(7)参照。
(5)例外的な研究として宮田光史「国体明徴運動と政友会」『日本歴史』六七二、二〇〇四年がある。
(6)前掲「政党政治の成立と崩壊」二四〇頁。
(7)前掲『財界の政治経済史』一五四・一五五頁。
(8)宮崎隆次「大正デモクラシー期の農村と政党」(一・二・三完)『国家学会雑誌』九三―七・八、九・一〇、一一・一二、一九八〇年。
(9)古川隆久『昭和戦中期の議会と行政』吉川弘文館、二〇〇五年所収の「日中戦争期の議会勢力と政策過程」、「太平洋戦争期の議会勢力と政策過程」参照のこと。
(10) 後者は前掲『昭和戦中期の議会と行政』八八頁、前掲『財界の政治経済史』一五四頁でも指摘されている。
(11) 前掲「政党内閣の崩壊」三九〇～三九二頁。
(12) 須崎慎一『日本ファシズムとその時代――天皇制・軍部・戦争・民衆』大月書店、一九九八年、二五四～二五六頁、大島通義「日本財政の国際比較」林栄夫ほか編『現代財政学体系』二、有斐閣、一九七二年、二七八頁。
(13) 本章は、爆弾動議が政治的陰謀としての性格を持たなかったということを主張するものではない。
(14) 高橋亀吉『大正昭和財界変動史』下、東洋経済新報社、一九五五年、一四三六～四六頁。
(15) 経済更生運動には、森武麿『戦時日本農村社会の研究』東京大学出版会、一九九九年をはじめ多くの研究がある。米価政策は川東竫弘『戦前日本の米価政策史研究』ミネルヴァ書房、一九九〇年、大豆生田稔『近代日本の食糧政策――対外依存米穀供給構造の変容』ミネルヴァ書房、一九九三年、参照のこと。
(16) 安富邦雄『昭和恐慌期救農政策史論』八朔社、一九九四年所収「昭和初期・救農政策の形成＝消滅過程」、初出一九七二年。
(17) 「全国農会大会決議事項」『帝国農会時報』昭和七年一〇月号。帝国農会に関しては、栗原百寿「帝国農会を中心とした系統農会の農政運動史」『栗原百寿著作集Ⅴ　農業団体論』校倉書房、一九七九年所収が参考になった。
(18) 前掲『財界の政治経済史』一五五頁。
(19) 「道府県農会長協議会決議事項」『帝国農会報』二三―七、昭和八年七月。農会では農会における経済更生運動の担い手である農会技術員の給与国庫負担を要望していた。
(20) 帝国農会「国民負担の均衡を主張す」『帝国農会報』二三―七、昭和八年七月、八～九頁。
(21) 「道府県農会長協議会」『帝国農会報』二三―七、昭和八年七月、一三一～一三八頁。
(22) 月田藤三郎「農村の経済更生と刻下の農政問題」・「全国農会大会決議事項」『帝国農会報』二三―一〇、昭和八年一〇月。
(23) 「全国農会大会実行運動経過」『帝国農会報』二三―一〇、昭和八年一〇月、一九～二三頁。

(24)「国民負担不均衡是正問題の促進」『全国町村長会会報』昭和八年九月号、五八～五九頁。
(25)「本会主張事項並其経過要覧」『全国町村長会会報』昭和八年六月号、四三～四四頁。
(26)丸之内農人「農会の負担均衡運動」『帝国農会時報』昭和八年九月号。
(27)「全国町村長会大会」『全国町村長会会報』昭和八年一二月号、一・一九～二〇頁。
(28)『耕地』昭和八年七月号、一頁。
(29)「帝国耕地協会録事」『耕地』昭和八年七月号、八〇～八一頁。
(30)高島一郎「第六十五議会と農政問題」『帝国農会報』二四―四、昭和九年四月。
(31)「時報及雑録」『帝国農会報』二三―一二、昭和八年一二月。
(32)帝国農会史稿編纂会編『帝国農会史稿』記述編、農民教育協会、一九七二年、八一六頁。大日本農道会については、大谷正「大日本農道会についての覚書」梅溪昇教授退官記念論文集刊行会編『日本近代の成立と展開』思文閣出版、一九八四年。
(33)北内恵次郎編『山脇延吉翁遺風』山脇延吉翁事績編纂会、一九四三年、一三九～一四五頁。
(34)木戸日記研究会校訂『木戸幸一日記』上巻、東京大学出版会、一九六六年、昭和一〇年二月二三日条。
(35)前掲『山脇延吉翁遺風』一四五～一四八頁。
(36)前掲「第六十五議会と農政問題」。
(37)「第六十五回帝国議会衆議院　臨時米穀移入調節法案外二件委員会議録　第七回　昭和九年三月二十二日」。
(38)「官報号外　昭和九年三月十七日　衆議院議事速記録第二十七号」七七四～七八一頁。
(39)『中央新聞』昭和九年三月一七日。
(40)運動報告は『自治公論』昭和八年一二月号・昭和九年一二月号の「経過概要」、町村長会大会は『全国町村長会会報』(昭和八年一二月号)、『自治公論』(昭和九年一二月号)の大会記事参照のこと。
(41)「道府県農会長協議会決議」『帝国農会報』二四―九、昭和九年九月。
(42)「道府県町村長会長会」『自治公論』昭和九年九月号、「道府県町村長会長会決議」『自治公論』昭和九年一〇月号。

(43)「全国耕地協会大会の宣言及決議」『耕地』昭和九年七月号。
(44)「党情民情視察報告」『政友』四一一号、昭和九年一一月号、四七～六一頁。
(45)『政友』四一一号、八九～九四頁。
(46)『政友』四一一号、四一二号の地方大会欄参照のこと。
(47)『木戸幸一日記』上巻、昭和九年八月二四条。
(48)『読売新聞』昭和九年一一月一日。
(49)「道府県農会長協議会決議」『帝国農会報』二四―一〇、昭和九年一〇月、一一～一四頁。
(50)「農林予算の復活運動」『帝国農会時報』昭和九年一二月号、四～六頁。
(51)「全国町村長会大会」『自治公論』昭和九年一二月号、四一～四二頁。
(52) 前掲「党情民情視察報告」五〇～五一頁。
(53) 若宮貞夫「官僚内閣恃むに足らず」『政友』四一二号、昭和九年一二月。
(54) 前掲『財界の政治経済史』一一九頁。
(55)「官報号外　昭和九年十二月一日　衆議院議事速記録第三号」一三頁。
(56) 同右、一一八頁。
(57)『信濃毎日新聞』昭和九年一二月一日夕刊。
(58)「全国町村長会昭和九年中における会務の概要報告」『自治公論』昭和一〇年二月号、三七頁、「本会記事」『帝国農会時報』昭和一〇年一月号、六～七頁。
(59)『農会通信』一七六号、昭和九年一二月五日。
(60) 前掲『日本ファシズムとその時代』二四二～二六一頁。
(61)『中央新聞』昭和九年一二月三日夕刊、四日夕刊。
(62) 爆弾動議前後の経過については、特記のない限り中島知久平のシンクタンク国政研究会が新聞等によってまとめた「昭和十年二月　政友会爆弾動議日誌」（群馬県立図書館所蔵「中島文庫」N-06557）を参照している。

(63)「第六十六回帝国議会衆議院　予算委員会議録　第五回　昭和九年十二月五日」六六頁。
(64)『都新聞』昭和九年一二月七日。
(65)同右。
(66)「地方財政調整交付金制度をめぐりて」『自治公論』昭和一〇年二月号。
(67)山本条太郎翁伝記編纂会編『山本条太郎』伝記、原書房復刻版、一九八二年、八九〇～八九三頁。
(68)『中央新聞』昭和九年一二月七日夕刊。
(69)『中央新聞』昭和九年一二月七日。
(70)前掲『都新聞』。
(71)『東京朝日新聞』昭和一〇年二月五日。
(72)山水甫「六十七議会展望」『新愛知』昭和一〇年二月三日。「散弾片片」『政界往来』昭和一〇年三月号も参照のこと。
(73)前掲『山本条太郎』八九三～八九四頁。
(74)前掲『財界の政治経済史』一五九頁の床次の発言も参照のこと。なお、民政党については井上敬介「挙国一致内閣期における立憲民政党」『史学雑誌』一一七―六、二〇〇八年、のち井上敬介『立憲民政党と政党改良――戦前二大政党制の崩壊』北海道大学出版会、二〇一三年所収が詳しい。
(75)『東京朝日新聞』昭和一〇年二月一二日・一三日。
(76)帝国農会では府県会選挙を控えた八月二二日、全国の農会に「情実に陥らず、党派に偏せず、以て真に農村の味方たるの士を選挙すること」と檄を飛ばしている(「農会記事」『帝国農会時報』昭和一〇年九月号)。また全国町村長会は周知のように選挙粛正運動の一端を担う。
(77)玉置住定『明朗政治家山口義一君』非売品、一九三九年、一九七～一九八頁。
(78)安藤正純「臨時議会の三大理由」『政友』四〇八、昭和九年八月。
(79)政党内閣期における「憲政常道」という言葉の多義性を明らかにした研究として、小山俊樹『憲政常道と政党政治――近代日本二大政党制の構想と挫折』思文閣出版、二〇一二年がある。

第三章　政党内閣崩壊後の利益団体と二大政党——多様化する「民意」への対応

（1）伊藤隆「『国是』と『国策』・『統制』・『計画』」中村隆英・尾高煌之助編『日本経済史　六　二重構造』岩波書店、一九八九年。

（2）季武嘉也「大正社会と改造の潮流」同編著『日本の時代史二四　大正社会と改造の潮流』吉川弘文館、二〇〇四年、五四〜五八頁。また辻中豊『利益集団』東京大学出版会、一九八八年は、一九二〇年代から一九三一年を「未完の団体噴出期」と位置づけている。

（3）第二章では、農業者団体である系統農会のほか、町村長会、耕地協会を分析対象としたため「農村団体」の語を用いたが、本論では農業者団体である系統農会と産業組合（市街地信用組合を除く）を対象としているため、「農業団体」の語を用いる。

（4）今村奈良臣「補助金と農業・農村」（同『農政改革と補助金』所収、農山漁村文化協会、二〇〇三年、初出一九七八年、八六〜一〇六頁、森武麿「両大戦と日本農村社会の再編」『歴史と経済』四八—三、二〇〇六年。

（5）江口圭一『都市小ブルジョア運動史の研究』未來社、一九七六年、第五章。商権擁護運動に関しては北野裕子「一九三〇年代の商権擁護運動」『ヒストリア』一六八、二〇〇〇年ほか同氏による一連の研究。

（6）村井良太「政党内閣制とアジア太平洋戦争——政権交代をめぐる政治改革の行方」杉田米行編著『アジア太平洋戦争の意義——日米関係の基盤はいかにして成り立ったか』三和書籍、二〇〇五年。

（7）白木沢旭児「一九三〇年代前半の統制経済論」『大恐慌期日本の通商問題』御茶の水書房、一九九九年、初出一九八八年。

（8）議会勢力と利益団体との関係から同時代の政治史を検討する視角については、戦時議会期における議会勢力の政策的関与を明らかにした古川隆久『昭和戦中期の議会と行政』吉川弘文館、二〇〇五年に示唆を受けている。

（9）宮崎隆次「大正デモクラシー期の農村と政党」（一・二・三完）『国家学会雑誌』九三—七・八、九・一〇、一一・一二、一九八〇年。

（10）当初は貴族院議員も所属したが、貴族院議員によって農政懇話会が結成されるともっぱら衆議院議員が所属した（帝国農会史稿編纂会編『帝国農会史稿』記述編、農民教育協会、一九七二年、八三頁)。農政研究会の会員数は昭和三年は一六八人、五年は二八六名である(松山大学図書館所蔵「岡田文庫農政関係資料」に残されている農政研究会所属代議士の名簿から算出)。とはいえ昭和四年の農政研総会参加者は六〇名、六年の参加者は二七名に過ぎない。議員によって農会との関わりには濃淡があったことがわかる(『帝国農会報』一九―三、昭和四年三月、一三〇~一三一頁、『帝国農会報』二一―六、昭和六年六月、一四八頁)。

(11) 大豆生田稔『近代日本の食糧政策』ミネルヴァ書房、一九九三年、三一九頁。

(12) 加用信文監修・農政調査委員会編『日本農業基礎統計』農林統計協会、一九七七年改訂版、五四六頁。

(13) 「全国農会大会宣言決議」『帝国農会報』一九―三、一頁、「農会記事」(同上)一三三~一三四頁、「農会記事」『帝国農会報』一九―四、昭和四年四月、一五二~一五六頁。栗原百寿「帝国農会を中心とした系統農会の農政運動史」『栗原百寿著作集V 農業団体論』校倉書房、一九七九年、初出一九五三年、二一九~二二〇頁も参照のこと。

(14) 以下、米穀法に関する記述は増田昇一「米価維持と農会運動」(『帝国農会報』一九―四)による。

(15) 同右。

(16) 「農政会設立趣旨」(「岡田文庫農政関係資料(第一次・第二次受入分)」八―八―①―二九)。農政懇談会の設立日は管見の限り不明だが、S・M生〔増田昇一〕「総選挙の後始末」(『帝国農会時報』昭和五年三月号、三頁)に、「昨年あたりから民政党には農政懇談会、政友会には農政会が作られ」たとある。農会をめぐる政党間の争いについては、前掲「大正デモクラシー期の農村と政党(三・完)」一三五~一三七頁。

(17) 前掲『近代日本の食糧政策』二七二頁。

(18) 川東竫弘『戦前日本の米価政策史研究』ミネルヴァ書房、一九九〇年、一七六~一七九頁。なお、第六三議会で率勢米価の廃止が争点となった際、農政懇談会は廃止に反対している(『読売新聞』昭和七年八月三一日夕刊一面)。第五九議会の争いは後々まで尾を引いていたといえよう。

(19) 「日本農村救済連盟設立趣意・規約案」(「岡田文庫農政関係資料(第三次受入分)」二九―二―④―三八。

(20) 安富邦雄「昭和初期・救農政策の形成=消滅過程」『昭和恐慌期救農政策史論』八朔社、一九九四年、初出一九七二年、一五〜二〇頁。
(21)「道府県農会長協議会決議事項」、「農会記事」『帝国農会報』二二—七、昭和七年七月。
(22) S・M生「農政研究会の甦生」『帝国農会時報』昭和七年七月号、一五〜一六頁。
(23) 前掲『近代日本の食糧政策』二八六〜二八八頁。
(24) 松浦正孝『財界の政治経済史——井上準之助・郷誠之助・池田成彬の時代』東京大学出版会、二〇〇二年、一五五頁。
(25) 松田忍「二・二六事件と農政運動の組織化」『史学雑誌』一一九—七、二〇一〇年、七六頁。大日本農道会については大谷正「大日本農道会についての覚書」梅溪昇教授退官記念論文集刊行会編『日本近代の成立と展開』思文閣出版、一九八四年も参照のこと。
(26) 森武麿「日本ファシズムの形成と農村経済更生運動」『戦時日本農村社会の研究』東京大学出版会、一九九九年、初出一九七一年。
(27) 詳細は産業組合史編纂会編『産業組合発達史』第四巻、産業組合史刊行会、一九六六年、五〜二一頁。
(28) 楠本雅弘編『農山漁村経済更生運動史資料集成』第二集第六巻、柏書房、一九八八年には、産業組合中央会による「反産運動」調査が数多く所収されている。
(29) 北野裕子「一九三〇年代前半期の商権擁護運動」『歴史研究』三三、一九九五年、三四三〜三四八頁。
(30) 全日本商権擁護連盟「連盟結成以来最近に至る迄の商権擁護運動の経過概況」石見尚監修『産業組合運動資料集』一、日本経済評論社、一九八七年所収、原本一九三五年、二〜四頁。
(31) 同右、一六〜一八頁。請願は磯部尚（政友会）を紹介議員として衆議院請願委員会に提出されたが、田尻藤四郎（政友会、宮崎県信用組合連合会・販売購買利用組合連合会各理事）が採決延期を主張し、採決には至らなかった（「第六十五回帝国議会衆議院　請願委員会議録　第十回　昭和九年三月十四日」二一〜二五頁、「同第十三回　昭和九年三月二十三日」二二〜二三頁）。
(32) 前掲『財界の政治経済史』一四二〜一四三頁。「政民両党の政策協定」『政友』四〇六、昭和九年六月、三〇〜三三頁。
(33) 前掲『近代日本の食糧政策』二八九〜二九七頁、井手英策『高橋財政の研究』有斐閣、二〇〇六年、一二五頁。

（34）『全米商連史　前史』全米商連史刊行会、一九四三年、五三〜七六頁。このほかにも法案の論点はあるが、紙幅の関係から、詳細は引用した各参考文献、ならびに『議会制度七十年史』帝国議会史下巻、大蔵省印刷局、一九六二年に譲り、行論に必要な範囲に限って触れるにとどめた。以下扱う諸法案についても同様である。
（35）前掲『全米商連史』六一〜六九頁。
（36）『中外商業新報』昭和一〇年二月九日夕刊二面。
（37）「立憲民政党党報〔以下「党報」と略記〕」『民政』九―二、昭和一〇年二月、一一二頁。「党報」『民政』九―三、昭和一〇年三月、九六〜九七頁、『中外商業新報』昭和一〇年二月一五日二面。
（38）『中外商業新報』昭和一〇年二月二七日夕刊一〜二面。
（39）委員会の構成と選出選挙区は衆議院事務局編刊『第六十七回帝国議会衆議院報告』一九三五年、団体役職経歴は衆議院事務局編刊『衆議院要覧』一九三二年による。農業団体役職経験者は東武・助川啓四郎・後藤脩・島田七郎右衛門・服部岩吉（政友会）、猪股謙二郎（民政党）、中田正輔（国民同盟）、商工会議所出身議員は、寿原英太郎（政友会）、坂東幸太郎・中亥歳男・深水清（民政党）である。六大都市選出議員は本田義成・田中善立・上田孝吉・立川太郎・中井一夫・安藤正純（政友会）、川橋豊治郎・中島弥団次・中亥歳男・小山松寿・吉川吉郎兵衛・眞鍋儀十（民政党）、朴春琴（第一控室）である。なお、六大都市該当選挙区は東京市（東京一―六区）、京都市（京都一区）、大阪市（大阪一―四区）、横浜市（神奈川一区）、神戸市（兵庫一区）、名古屋市（愛知一区）である。
（40）委員会の構成と選出選挙区については衆議院事務局編刊『第六十五回帝国議会衆議院報告』（昭和九年）を、団体役職経歴については同編刊『衆議院要覧』（昭和七年）を参照した。
（41）「第六十七議会を繞る産業組合座談会」での千石興太郎の発言、『産業組合』三五五、昭和一〇年五月、四二〜四三頁。
（42）「産業組合情勢」『産業組合』三五四、昭和一〇年四月、八八〜九一頁、前掲『産業組合発達史』第四巻、四〇五〜四一〇頁。「農界情況」『帝国農会報』二五―四、昭和一〇年四月、一〇四〜一〇五頁。以下、各団体が開催した集会の参加者数はいずれも概数である。
（43）前掲『産業組合発達史』第四巻、三八二〜三頁。

(44) 前掲『全米商連史』八四頁～九〇頁。なお、同日には全商連大会も開催されている（『中外商業新報』昭和一〇年三月一一日七面）。
(45) 『中外商業新報』昭和一〇年二月二六日四面。
(46) 『大阪朝日新聞』昭和一〇年三月一三日一二面。
(47) 『中外商業新報』昭和一〇年三月一四日二面。
(48) 『東京朝日新聞』昭和一〇年三月一七日四面、二三日二面、『中外商業新報』昭和一〇年三月二一日二面、二三日二面。
(49) 『東京朝日新聞』昭和一〇年三月一六日二面。
(50) 同右、昭和一〇年三月二三日二面、二四日二面。
(51) 「官報号外　昭和十年三月二十五日　衆議院議事速記録第三十一号」七四一～七四九頁。『東京朝日新聞』昭和一〇年三月二六日夕刊一面。
(52) 「第六十七回帝国議会報告書」『政友』四一八、三四頁、六九～七〇頁。「第六十六・六十七議会報告書」『民政』臨時号、昭和一〇年五月、五六～五七頁。
(53) なお、政友会では昭和八年一二月の政調会調査結果報告が産業組合と商権擁護運動の対立緩和に触れている（「政友会の新政策」『政友』四〇一、昭和九年一月）。しかし、『政友』を見る限り、第六七議会以前に議員総会・地方党大会等における総裁演説でそれが取り上げられることはない。
(54) 「党報」『民政』九—七、昭和一〇年七月、九八頁、「党報」『民政』九—九、昭和一〇年九月、一〇四頁。「総選挙に臨む我党の十大政策」『民政』一〇—二、昭和一一年二月、三三頁。
(55) 「時代適応の政策樹立」『政友』四一九、昭和一〇年六月、四一～四三頁。
(56) 若宮貞夫「政友会の新政策」『政友』四二一、昭和一〇年九月、一二頁。
(57) 鈴木喜三郎「我党の主張政策」『政友』四二一、四～五頁、町田忠治「我党の提唱する当面の重大国策」『民政』九—一〇、昭和一〇年一〇月、七頁。
(58) 渡邊銕蔵「統制経済主義の反省を促す」『米穀』二六六、昭和一〇年五月、七～八頁。

(59)「昭和十年八月六日　昭和十年十二月二十一日　立憲政友会政務調査会総会議事速記録」立憲政友会、昭和一〇年、一四五頁。
(60)この政調総会で若宮会長は同委員会案をそのまま報告している。しかし若宮は同じ場で、あくまで政党中心の「立憲政治」を主張していた（若宮貞夫「政友会の政策大綱」『政友』四二六、昭和一一年一月、五頁）。
(61)坂野潤治『近代日本の国家構想――一八七一～一九三六』岩波書店、一九九六年、第四章「政党政治の成立と崩壊」、前掲『財界の政治経済史』第四章参照のこと。
(62)「農会記事」『帝国農会時報』昭和一〇年九月号。
(63)『帝国農会報』二六―二、昭和一一年二月、一～二頁、一三四～一三五頁。「農会記事」『帝国農会時報』昭和一一年二月号、二二一～二二三頁。
(64)川東竫弘「岡田温日記（一八）」『松山大学論集』二一―三、二〇〇九年、六～九頁。
(65)前掲『産業組合発達史』第四巻、四〇六～四〇九頁。
(66)「全国農村産業組合協会総会」『産業組合』三六五、昭和一一年三月、一三〇頁。『東京朝日新聞』昭和一一年二月一五日二面。
(67)内務省警保局『社会運動の状況』七、不二出版復刻版、一九七二年、一三〇四頁。
(68)『東京朝日新聞』昭和一〇年九月二七日四面。
(69)同右、昭和一一年二月一五日二面、『読売新聞』昭和一一年二月一四日四面。
(70)前掲『財界の政治経済史』一三三～一三四頁。
(71)前掲「二・二六事件と農政運動の組織化」八〇～八一頁。
(72)内務省警保局『社会運動の状況』八、不二出版復刻版、一九七二年、一二一九～一二二三頁。前掲『全米商連史』一八〇～一八一頁。
(73)河野道彦「米穀自治管理法」『産業組合』三六九、昭和一一年七月、三三九頁。前掲『全米商連史』一九〇～一九一頁。

(74)「官報号外　昭和十一年五月十七日　衆議院議事速記録第十号」、二五一～二五三頁。
(75) 大前信也『昭和戦前期の予算編成と政治』木鐸社、二〇〇六年、第三章。
(76)「重要国策トシテ要求ニ係ルモノニ付大蔵省ノ容認シタル事項調」昭和一一年八月一二日、「昭和財政史資料」第六号第二九冊、国立公文書館所蔵。
(77) 神野直彦「馬場税制改革案の形成過程」『ジュリスト』六九二、一九七九年、「馬場税制改革案（正・続）」『証券経済』一二七・一二八、一九七九年。
(78) 前掲「馬場税制改革案（続）」一一二頁。
(79) 大蔵省主税局「地方財政調整交付金制度ノ概要及之ニ対スル意見」昭和一〇年一月、前掲「昭和財政史資料」第六号第二九冊。また、「官報号外　昭和十年三月七日　衆議院議事速記録第二十三号」四八〇頁以降の議員提出による地方財政調整交付金制度に関する審議参照。
(80)「決議」『自治公論』昭和一一年一一月号。「声明書」『帝国農会報』二七―一二、昭和一二年二月、一～二頁。
(81)「諸会合」『産業組合』三七四、昭和一一年一二月、一九四～一九六頁。
(82) 前掲『社会運動の状況』八、一二二八～一二三二頁。
(83) 川崎克「税制改革に就いて」『民政』一〇―一一、昭和一一年一一月、鳩山一郎「官僚集権の悪傾向」、加藤久米四郎「税制改革と地方自治」『政友』四三五、昭和一一年一一月。
(84) 助川啓四郎「税制改革と農村及び自治」『政友』四三五。
(85)「立憲政友会宣言」『政友』四三八、昭和一二年三月、町田忠治「大局を達観して邁進！！」『民政』一一―二、昭和一二年二月。
(86) 政友会の土倉宗明は税制改革案を「都市と農村の対立を益々激化」させると予測している（「七十議会の諸問題」『政友』四三七、昭和一二年一月、二一頁）。
(87) 江口圭一「林内閣」林茂・辻清明編『日本内閣史録』第三巻、第一法規、一九八一年、四三三～四三五頁。
(88)『東京朝日新聞』昭和一二年二月三日夕刊二面、三日二面。

(89)『東京朝日新聞』昭和一二年二月三日四面、五日二面。
(90)『帝国農会報』二七―三、昭和一二年三月、一五一～一五二頁。「昭和一二年中に於ける会務の概要報告」『自治公論』昭和一三年三月。
(91)『東京朝日新聞』昭和一二年二月一三日二面、一九日二面、二〇日二面。高島一郎「第七十議会と農政問題」『帝国農会報』二七―五、昭和一二年五月。
(92)「第七十回帝国議会衆議院　予算委員会議録　第三回　昭和十二年二月十八日」七～八頁、「同第九回　昭和十二年二月二十五日」八～九頁、『東京朝日新聞』昭和一二年二月二六日夕刊一面。
(93)『東京朝日新聞』昭和一二年二月二七日二面、二八日二面。
(94)『東京朝日新聞』昭和一二年三月一日二面、二日二面。
(95)『中央新聞』昭和一二年三月四日一面。
(96)『東京朝日新聞』昭和一二年三月五日夕刊一面。
(97)同右、昭和一一年三月五日二面。「第七十回帝国議会衆議院　予算委員会議録　第十二回　昭和十二年三月四日」一～二頁。
(98)「第七十議会と地方交付金問題」『政友』四四〇、昭和一二年五月。政務調査館「地方交付金一億円に増額まで」『民政』一一―三、一〇四～一〇五頁。
(99)第七〇議会における河原田稼吉内相の同法趣旨説明による（『官報号外　昭和十二年三月十日　衆議院議事速記録十九号』四四四～四四五頁）。佐口卓『日本社会保険制度史』勁草書房、一九七七年、二四一～二四五頁。
(100)中静未知『医療保険の行政と政治――一八九五～一九五四』吉川弘文館、一九九八年、二〇一～二二八頁。
(101)「保険国策と医師」『東京朝日新聞』昭和一二年三月八日三面社説。
(102)前掲『医療保険の行政と政治』一四〇～一四三頁。
(103)同右、三三三頁。
(104)「雑報」『医政』一二―七、昭和一二年三月。

(105)「国民健康保険法案絶対支持大会」『産業組合』三七八、昭和一二年四月、一二九～一三三頁。

(106)委員会の構成については衆議院事務局編刊『第七十回帝国議会衆議院報告』一九三七年。二九（うち二名補欠）の委員のうち、医師会関係議員は、医師を職業とする青木亮貫、土屋清三郎、中崎俊秀（以上民政党）、加藤鐐五郎（政友会）、山口久吉（昭和会）、田中養達（東方会）、医学専門学校経営者の鏑木忠正（民政党）、北里柴三郎を後見人とした大野伴睦（政友会）がいる。産業組合役職経験者には、小笠原八十美、肥田琢司、沖蔵（以上政友会）、三宅正一（社会大衆党）、北勝太郎（無所属）がいる（松本通蔵編『粛正選挙代議士名鑑』日本図書センター復刻版、二〇〇三年、初出一九三六年、大野伴睦『大野伴睦回想録』弘文堂、一九六二年）。

(107)「第七十回帝国議会衆議院　国民健康保険法案外一件委員会議録　第四回　昭和十二年三月十六日」一〇～一三頁、「泥仕合」の表現については前掲『医療保険の行政と政治』二三六頁。

(108)『東京朝日新聞』昭和一二年三月一七日二面、「第七十回帝国議会衆議院　国民健康保険法案外一件委員会議録　第六回　昭和十二年三月十八日」四〇頁、『読売新聞』昭和一二年三月一九日二面。

(109)以下審議について特記のない箇所は「国保案上程日誌」『医事公論』一二八八、昭和一二年三月二七日、二一頁。

(110)『東京朝日新聞』昭和一二年三月二四日二面、『中央新聞』昭和一二年三月二五日夕刊一面。

(111)「第七十回帝国議会衆議院　国民健康保険法案外一件委員会議録　第十回　昭和十二年三月二十四日」一～三頁。

(112)以下議事録の引用は「官報号外　昭和十二年三月二十六日　衆議院議事速記録第三十一号」による。

(113)武知の著作をみる限り、武知は薬剤師会に近い立場にあったと推測される（『医薬分業読本』薬剤誌社、一九三六年、「国民健康保険法提案に際して」一九三六年、国文学研究資料館所蔵「守屋栄夫文書」五〇―一〇）。

(114)安藤正純「官僚独善と万機公論」『政友』四四〇、昭和一二年五月、一九頁。

(115)報知新聞社編輯局『国民に訴ふ』河出書房、一九三七年、五頁。

(116)「憲政史上希有の解散」『民政』一一―四、昭和一二年四月、七頁。

(117)「第七十回帝国議会報告書」『政友』四四一、昭和一二年六月、四八頁。

(118)須崎慎一『日本ファシズムとその時代』大月書店、一九九八年、三三一～三三四頁。

(119)『東京朝日新聞』昭和一二年二月一七日二面、三月二八日二面、『社会運動通信』昭和一二年三月三〇日六面。
(120) 前掲「昭和一二年中に於ける会務の概要報告」。また、第二〇回総選挙に際して日本医師会会長北島多一は、「保健衛生問題解決のため有力なる発言権を議会に確保する必要を痛感する」として、医師会関係議員に対する推薦状を送っている(「スクラップブック(昭和十二年四月衆議院総選挙)」、愛知県公文書館寄託「加藤鐐五郎関係資料」W一六―二六四六)。
(121) 前掲『昭和戦中期の議会と行政』七二頁。
(122) 内務省警保局『社会運動の状況』九、不二出版復刻版、一九七二年、五八三～五八四頁。また坂野潤治『昭和史の決定的瞬間』ちくま新書、二〇〇四年も参照のこと。
(123) 全国米穀商組合聯合会「米穀自治管理法の成文を通観し再び其蒙を指摘し之が撤回を主張す」非売品、一九三五年、國學院大學図書館所蔵、一～二頁。
(124) 黒川徳男「無産派代議士の職能的側面と戦時社会政策――三宅正一と農村医療」『日本歴史』五七九、一九九六年、八五～八六頁。岩塚源也「第七十一議会に於ける農村問題展望」『産業組合』三八三、昭和一二年九月、「国民健康保険法案に対する申し合わせ」神戸市文書館所蔵「山脇延吉文書」一七四一も参照のこと。
(125)「立憲政友会会報」『政友』四四二、昭和一二年七月、三一頁。『東京朝日新聞』昭和一二年七月一八日二面。
(126) 松野鶴平「政党本来の機能発揮」『政友』四四二、二頁。
(127)「党報」『民政』一一―七、昭和一二年七月、九五頁、「党報」『民政』一一―八、昭和一二年八月、一〇〇頁。
(128) 民政党町田忠治総裁期における同党政務調査会の活性化については井上敬介『立憲民政党と政党改良――戦前二大政党制の崩壊』北海道大学出版会、二〇一三年。
(129)「新体制準備会ニ於ケル近衛内閣総理大臣声明書」「公文雑纂・昭和十五年・第一巻・内閣一」、国立公文書館デジタルアーカイブ、五画像目、「新体制準備会記録」国立国会図書館憲政資料室所蔵「有馬頼寧関係文書」一〇九―一七。
(130) 今井清一・伊藤隆編『現代史資料・国家総動員二』みすず書房、一九七四年所収、「新政治体制研究資料(第二号)」昭和一五年八月一八日、三〇七～三〇八頁。

第四章　戦前期名古屋における個人後援会――支持基盤の形成と展開

（1）佐藤能丸『近代日本と早稲田大学』早稲田大学出版部、一九九一年所収の「大隈伯後援会に関する一考察」。
（2）時任英人『犬養毅――リベラリズムとナショナリズムの相剋』論創社、一九九一年、九頁。
（3）阪上順夫『尾崎行雄の選挙――世界に誇れる咢堂選挙を支えた人々』和泉書院、二〇〇〇年、「尾崎行雄の選挙を支えた人々」。
（4）渡邉宏明「普通選挙法成立後の政友本党の党基盤――「上杉博士の政友本党論」を中心に」『東京大学日本史学研究室紀要』第一六号、二〇一二年。床次会については、前山亮吉「政友本党の基礎研究――現存する「党報」を素材として」『国際関係・比較文化研究』五―一、二〇〇六年、同「中期政友本党の分析――新規公開された「党報」を手がかりに」『国際関係・比較文化研究』六―一、二〇〇七年も参照のこと。
（5）「後援会と日本の政治」『年報政治学』四五、一九九四年。
（6）以下の研究史整理は前掲「後援会と日本の政治」及び山田真裕「自民党代議士の集票システム――橋本登美三郎後援会、額賀福志郎後援会の事例研究」筑波大学提出博士学位論文、一九九三年。ただし、この評価は小選挙区比例代表並立制導入以前の後援会に対する評価である。選挙制度改革後における後援会は従前に比べて影響力・存在感を失いつつあるという指摘もある（建林正彦「政党研究における自民党というモデル」『法学論叢』一七九―四、二〇一六年）。
（7）サイマル出版会、一九七一年、復刻版は二〇〇九年。このほか中曽根康弘後援会を検討したN・B・セイヤー、小林克己訳『自民党』雪華社、一九六八年もある。
（8）前掲「自民党代議士の集票システム」。
（9）奥健太郎『昭和戦前期立憲政友会の研究――党内派閥の分析を中心に――』慶應義塾大学出版会、二〇〇四年の第七章「昭和初期政友会における代議士と地方組織――藤沼庄平を事例として」。ただし会の結成から間もなく、藤沼は東京府知事・警視総監を経て貴族院議員に転身する。
（10）平田の報告を用いた研究に季武嘉也『選挙違反の歴史――ウラからみた日本の一〇〇年』吉川弘文館、二〇〇七年。
（11）櫻井良樹『帝都東京の近代政治史――市政運営と地域政治』日本経済評論社、二〇〇三年、第二章「明治後期・大正

期における東京の政治状況と公民団体――市内における選挙状況の変化を中心に」初出一九九八年、第六章「一九二〇年代東京市における地域政治構造の変容――議員の地盤変化を中心にして」初出二〇〇二年。このほか、季武嘉也「中田儀直にみる昭和戦前期の地方政治」『創価大学人文論集』六―六、一九九四年など参照すべき研究もある。

(12) 本書の脱稿直前、車田忠継『戦前期中選挙区制度における選挙構造と地域政治秩序――千葉県第一区東葛飾郡と川島正次郎を中心に』専修大学提出博士学位申請論文、二〇一五年に接した。同書は川島正次郎を中心に、千葉県第一区の候補者達が後援会を築く過程を論じており、本章と同様に戦前期の後援会を詳述している。

(13) 内務省警保局保安課「政事関係議会資料」国立国会図書館憲政資料室所蔵「山岡萬之助関係文書」マイクロフィルムR二四、原蔵学習院大学法学部・経済学部図書センター。

(14) 上山和雄は都市化と大衆社会化とが後援会設立の理由としている(『陣笠代議士の研究――日記にみる日本型政治家の源流』日本経済評論社、一九八九年)。よって、大阪、愛知だけではなく、東京でも後援会が活発であってよいはずだが、東京は「被後援者数」のみで三位になっている。その理由は別に検討する必要があるだろう。

(15) 加藤在学中の明治三六年に愛知県立医学専門学校として新発足、愛知医専は愛知医科大学、名古屋医科大学、名古屋帝国大学医学部と変遷をたどる。

(16) 以下の記述は加藤庄三著・加藤延夫監修『加藤鐐五郎伝』名古屋大学出版会、一九九五年の年表を抜粋したものである。

(17) 前掲『加藤鐐五郎伝』四六頁。

(18) 『新修名古屋市史』第六巻、名古屋市、二〇〇〇年、一一八～一三〇頁。

(19) 「新聞スクラップ帳(コピー製本)」(愛知県公文書館寄託「加藤鐐五郎関係資料」明治三八年～昭和二年、W一六―一三六三、以下同資料群については、W一六からはじまる請求番号のみ記す)。スクラップには「大正二年十月　大朝」とある。

(20) 稲田学編『市野徳太郎氏伝』昭和一五年、手島益雄『名古屋百人物評論』日本電報通信社名古屋支局、一九一五年。

(21) 「新聞スクラップ帳」明治四一年～四二年、W一六―一四二七の記事「蔵内氏立候補演説会」、掲載紙・年月日は不明。

(22)「新聞スクラップ帳」大正二年～大正五年、W一六―一四三〇九頁添付の記事「市会議員三級候補者加藤鐐五郎君」より。

(23)前掲「新聞スクラップ帳」W一六―一四三〇。掲載紙・年月日は不明。

(24)有馬学『「国際化」の中の帝国日本』日本の近代4　中央公論新社、一九九九年、二六～二九頁。

(25)前掲「新聞スクラップ帳（コピー製本）」W一六―一三六三の選挙広告より。掲載紙、掲載日は不明だが、大正三年に新愛知主筆となった桐生政次の名前があること、広告内に「市会議員三級候補者」とあること、大正一〇年の市会選挙から三級にわかれていた等級選挙が二級となったことから、広告が大正六年の選挙時に出されたものであることが確実である。

(26)『愛知県医師会史』愛知県医師会、一九五五年、二三頁、二八頁。

(27)前掲『愛知県医師会史』三〇頁。

(28)『関西医界時報』は「関西」の名を冠しているが、発行地は名古屋の医界雑誌である（「『関西医界時報』概略」名古屋大学附属図書館研究開発室ウェブサイトより〈http://libst.nul.nagoya-u.ac.jp/report/others/img/ikai/outline.pdf〉、二〇一六年九月一二日閲覧）。

(29)『関西医界時報』大正六年一一月一五日、前掲「新聞スクラップ帳（コピー製本）」W一六―一三六三。

(30)ただし、大正一三年に市医師会会長松波寅吉名で加藤推薦状が出された際には、一部医師会員から反発も起きている（『名古屋新聞』大正一三年四月五日、「新聞スクラップ帳（コピー製本）」W一六―一三六三）。加藤が全面的に医師会の支援を受けていたわけではないことを窺わせる。

(31)『名古屋新聞』大正八年九月二七日、前掲「新聞スクラップ帳」W一六―一三六三。

(32)加藤鐐五郎「偉人大島老社長」『新愛知』昭和一六年一月五日。なお、当該期における名古屋市政界の動向については、真野素行「戦間期の市域拡張による都市経営と市政の変容――名古屋市の市電問題を中心として」『近現代史研究』創刊号、二〇〇九年を参照のこと。

(33)『名古屋時事』大正八年九月二四日。

(34) 前掲『加藤鐐五郎伝』六〇～八〇頁、及び前掲「新聞スクラップ帳」(W一六―一三六三)、掲載紙、掲載日は不明だが、記事の内容から大正六年市会選挙のものと推測できる。

(35) 大正九年の選挙、及び一三年の選挙は大正八年に改正された衆議院議員選挙法のもとで実施されているが、名古屋市は三人区である。

(36) 『名古屋時事』大正九年五月三一日、知山生「悽愴なりし露天演説」より(「名古屋時事(製本)」W一六―一四三二、以下『名古屋時事』はすべて同製本版からの引用である)。『名古屋時事』は名古屋市会議員でもあった市野徳太郎が経営する新聞であり、知山は市野の号である。

(37) 『名古屋時事』大正九年六月一五日の「加鐐氏後援者懇親会」より。

(38) 市野徳太郎「吾日誌」『名古屋時事』大正九年六月一五日。以上各人の略歴のうち、小林清作、辻欽太郎を除いて『名古屋時事』大正九年五月三一日の「加鐐君応援弁士批評」による。

(39) 前掲『愛知県医師会史』四四頁。

(40) 現代の議員の個人後援会規約のほとんどは、目的に「〇〇の政治活動を支援することを目的とする」といった定型文を用いている。

(41) 加藤日記昭和二八年四月二四日条に「多々羅君死去したと弔訪した、医学校時代からの旧友、五月会の書記主任、七十五歳であつた」とある。

(42) 『時事公論』第六三号、昭和四年一二月五日、三面、同第八八号、昭和八年一月二五日、二面。

(43) 加藤日記昭和二六年一二月一六日条には、同日没した水野について「四十年来余の秘書役をつとめた水野君、殊にこゝ十年間、自分のことのようにして病院につとめた水野君」と記されている。なお、病院は加藤が戦後に開院した喜安病院のことである。

(44) 前掲『加藤鐐五郎伝』九三頁。

(45) 加藤日記昭和一一年一〇月三〇日条。

(46) なお、同表に『時事公論』の刊号数、発行年月日、名大加藤資料における整理番号を記しているため、『時事公論』

の引用は刊号と発行年月を記し、整理番号は略す。
(47)『時事公論』第一〇一号の「五月欄」に掲載された東区一会員の「雑誌代をとれ」という投書は、もっと頻繁に五月会機関紙『時事公論』を出すために雑誌代を取った方がよいと主張している。裏を返せば雑誌代を取らずに『時事公論』が発送されていたということであろう。
(48)『時事公論』第九号、大正一一年一一月二七日、三面。
(49)『時事公論』第一三号、大正一二年四月九日、三面。名古屋市は隣接一六ケ町村を大正一〇年に合併したが、旧町村役場は区役所分所として存置された。しかし、一二年二月に川崎卓吉市長が分所廃止を市会に提案した。これをきっかけに市会政友系と非政友系の対立が激化し、市議会における乱闘騒ぎに至った。この乱闘騒ぎにより、政友系市議五名が騒擾罪により失格となっている（前掲『新修名古屋市史』第六巻、二六四〜二六六頁）。「流血市会」はこの一連の経緯を指している。
(50)『時事公論』第一八号、大正一二年九月一七日、二面。
(51)『時事公論』第一八号、大正一二年九月一七日、一面。
(52)なお、尾崎の主張は、『大阪朝日新聞』大正一二年九月一四日に「府県会議員候補者及其援助者に懇請す」と題して掲載されている。
(53)『時事公論』第一九号、大正一二年一一月五日、一面。
(54)遠山佳治「名古屋女学校・名古屋高等女学校時期における建学の精神および教育理念の一考察（2）――名古屋咢堂会を中心に」『総合科学研究』四、二〇〇九年。なお、加藤も名古屋咢堂会に参加している。
(55)尾佐竹猛監修『大島宇吉翁伝』新愛知新聞社、昭和一七年、二六九〜二七〇頁。
(56)『時事公論』第二三号、大正一三年四月一六日、三面。
(57)『新愛知』大正一三年四月二五日、五月五日。
(58)重陽会は大正一一年九月に名古屋市の振興を計るため結成された会で、「第二五月会とも称すべき団体」であったという（『時事公論』第一六号、三面）。

(59)『時事公論』第二七号、大正一三年九月一一日、一～三面。
(60)『時事公論』第三六号、大正一四年九月二一日、一面。
(61)『時事公論』第三四号、大正一四年六月二三日、一面。加藤の演説要旨は二面から三面にある。
(62)『時事公論』第三六号、大正一四年九月二一日、三面。
(63)『時事公論』第三八号、大正一四年一二月一五日、二面。
(64)『時事公論』第四〇号、大正一五年一月二七日、三面。『時事公論』第四三号、大正一五年七月二六日、二面、四面。
(65)『政友本党誌』政友本党誌編纂所、一九二七年、一六五～一六八頁。
(66) 前掲「普通選挙法成立後の政友本党の党基盤」。
(67) 前掲「政友本党の基礎研究」七九～八〇頁。
(68)「新聞スクラップ帳」、愛知県公文書館寄託「加藤鐐五郎関係資料」W一六―一三五九に葉書が添付されている。
(69) この間の経緯、三党首による妥協によって解散総選挙が避けられたことの政治史的意味については村井良太『政党内閣制の成立――一九一八～二七年』有斐閣、二〇〇五年、二六四～二七二頁。
(70) 前掲『大島宇吉翁伝』二七〇～二七一頁。
(71)『時事公論』第四九号、昭和二年六月八日。
(72)『時事公論』第七一号、昭和五年一二月一八日、二面。
(73)『時事公論』第九八号、昭和一一年一〇月三〇日、三面。
(74) 加藤鐐五郎「女性へ呼びかける」『時事公論』第七二号、昭和六年一月一日。
(75)『新愛知』昭和一〇年六月一三日・一四日、前掲「新聞スクラップ帳」W一六―一三六二。
(76) 加藤日記昭和一四年一一月一六日条、W一六―一二三六五をみると、「婦人正和会」で加藤が「欧州其他の外交関係」と題した講演を行っている。なお、加藤の支援者だった小林清作は婦人問題研究会という婦人教育のための研究会も運営していた（中山恵子「大正期の名古屋の婦人教育」名古屋女性史研究会編『母の時代』風媒社、一九六九年）。加藤夫人のまさえや、名古屋ミシン裁縫女学校長奥澤亀太郎夫人の登起も同研究会に参加しており、昭和三年には市川房枝を招いた茶話会も行っている（伊藤康子『草の根の婦人参政権運動史』吉川弘文館、二〇〇八年、第二章参照のこと）。
(77)『時事公論』第七一号、昭和五年一二月一八日、二面。なお、昭和六年の記事でも同様の自己認識が示されている（「五月会へ改造の声」『時事公論』第七二号、昭和六年一月一日、一面）。
(78)『時事公論』第八五号、昭和七年一〇月一日。
(79)『時事公論』第八九号、昭和八年二月二五日、三面。熊谷作太郎の作仙会、横井恒治郎の一心会、河村愛治（県議）の自由倶楽部が挙げられている。また、市野徳太郎は大正一一年に市友会を結成している（前掲『市野徳太郎氏伝』三九～四〇頁）。
(80)「新聞スクラップ帳」W一六―二六五二。掲載誌、年月日とも不明だが、記事中の「尾張内閣」の文言から大正一四年市会議員選挙時の記事であることがわかる。
(81)『時事公論』第六五号、二面及び『新愛知』昭和四年一〇月二八日、前掲「新聞スクラップ帳」W一六―一三六二。
(82)『新愛知』昭和八年一〇月二七日。
(83)『時事公論』第九三号、昭和八年一二月二六日。
(84)加藤日記昭和一四年二月一七日条。
(85)『時事公論』第七二号、一面。
(86)平田生「地方政戦往来一五　愛知県の巻　各党ともに同士打」「（スクラップブック、大正十四年市会議員総選挙・昭和四年市会議員総選挙、昭和六年県会議員総選挙）」W一六―二六五二。
(87)『時事公論』第八二号、昭和七年二月一六日、四面。
(88)加藤は昭和五年に政調会特別委員会で「国民負担の軽減及び其均衡」委員会委員、六年に政調会理事を務めた。加藤が議会で民政党内閣の減税案不徹底を批判する舞台を得たのは、昭和五年の政調会活動に起因しているように推測されるが、史料的には裏付けられない。
(89)普通選挙（あるいは中選挙区制）導入後、地方議会において二大政党系列化と並行して、代議士系列化が進展していたことについては、櫻井良樹の前掲『帝都東京の近代政治史』、及び玉井清『第一回普選と選挙ポスター』第五章「中選挙区制導入の影響について」の指摘がある。
(90) 第八八号、昭和八年一月二五日、二面。
(91) 『時事公論』第五四号、昭和三年二月一一日、一～二面。渡り合ったといっても、議事録を見る限りはそれぞれ三ページ程度のやりとりである。また、大正一五年の朴烈事件発覚後は若槻内閣を激しく批判し、田中外交の擁護もしている(『時事公論』第六三号)。
(92) 『時事公論』第八五号、昭和七年一〇月一日、一面。
(93) 『時事公論』第九五号、昭和九年八月一七日、一～三面。
(94) 通商擁護法に関する記述は秋谷紀男『戦前期日豪通商問題と日豪貿易』日本経済評論社、二〇一三年の第二章「一九三六年豪州貿易転換政策と日本の対応」による。
(95) 加藤日記昭和一四年一月二五日条。五月二二日条には「民政党の応援は相当也」と記されている。
(96) 『名古屋時事』第三三五号(昭和一四年一月一五日)の「新年諸家に聴く」では「興亜新春の五月会報発刊に先だって、昨年末会員各位より左記要項にて御寄稿を御依頼したるところ」とあり、市野徳太郎が刊行していた同紙が五月会機関紙になったようであるが、経緯等は明らかではない。
(97) 『新愛知』昭和一三年六月二日、「新聞スクラップ帳」。
(98) 五三会は「時事問題を研究討議し時局に関する認識を明確にするを以て目的」として設立された団体である(羅生「五三会の記」『名古屋時事』第三三五号、昭和一四年一月一五日)。太平洋戦争敗戦後、公職追放から復帰した加藤が五月会を再興するなかで、支援者から「五月会発展策に就て五三会の如きを組織したし」という申し入れを受けていることから、五三会が五月会の別働隊的組織だったことがわかる(加藤日記昭和二七年一一月一九日条)。
(99) 『名古屋新聞』昭和七年二月二日の選挙情勢記事のなかに、小山の支持組織として「松柏会」という団体の名が記されている。

第五章　戦時体制下の代議士と利益団体――支持基盤の維持と更新

（1）古川隆久『戦時議会』吉川弘文館、二〇〇一年、古川隆久『昭和戦中期の議会と行政』吉川弘文館、二〇〇五年。

（2）官田光史『戦時期日本の翼賛政治』吉川弘文館、二〇一六年。

（3）小栗勝也「翼賛選挙と旧政党人の地盤――熊本第一区の事例」大麻唯男伝記研究会編『大麻唯男・論文編』桜田会、一九九六年、波田永実「翼賛選挙の地方的展開」『明治大学大学院紀要』（政治経済編）、一九八六年など。このほか、奥健太郎「翼賛選挙と翼賛政治体制協議会」『戦前日本の政治と市民意識』慶應義塾大学出版会、二〇〇五年は、翼賛選挙で候補者推薦を行った翼賛政治体制協議会の役割について考察している。

（4）「中田儀直にみる昭和戦前期の地方政治」『創価大学人文論集』六―六、一九九四年。なお、源川真希『近現代日本の地域政治構造』日本経済評論社、二〇〇一年もあわせて参照のこと。

（5）白木沢旭児『大恐慌期日本の通商問題』御茶の水書房、一九九九年、第八章「陶磁器業の工業組合統制」。なお、白木沢氏は日本陶磁器工業組合連合会機関誌『統制』第五号（昭和八年一二月）の「統制座談会」における、次のようなやりとりからコーポラティズム的発想の存在を指摘している。

永井精一郎（日本陶磁器工業組合連合会主事）「現在のところ産業統制は益々ファシズム的傾向を帯びて行く気配ですね」

赤松要（日本陶磁器工業組合連合会顧問・名古屋高等商業学校教授）「そうですね、それに組合が全国的に組織されるとデモクラシーの政治が没落することになります、それは組合がその業者の利益を直接国家に代表して交渉を持つ様になり代議士の手を通ずる必要を認めなくなるからです」

浅井竹五郎（加工問屋「五人衆」の一人）「全くそうです、最近の市会議員選挙の時〝この候補者は県庁の方にも商工省の要路にも顔があるからきつと陶磁器業者の便利のために、力がありませうから〟と云ふ理由のもとに私に某候補者を推薦して来た人がありましたが、私はその時言ったのです、〝近ごろはそんな商人の議員さんより、私たちの方が我々産業のことに関しては日陶連とか輸出組合の用事で直接県庁でも商工省でも局長でも次官でもおめにか、つて、問題を解決して居るのですから市会議員のお顔なんかの必要を認めぬことになったのですよ〟と」しかし、このやりとりの直後には、永井の「然しですね、工業組合法の適用にはやはり或る程度まで代議士の援助を必要とすると思ひますが」という発言が続いている。組合の中でも業者が直接関係官庁に働きかければよい分野と、「代議士の援助」が必要とされる分野があることが認識されていたことを示唆している。

(6) 以下の記述は、宮地英敏『近代日本の陶磁器業』名古屋大学出版会、二〇〇八年の第二章、「近代日本陶磁器業の概観」に多くをよっている。

(7) なお、愛知県に続く岐阜県のシェアは一〇%から二〇%である。

(8) 以上の記述は大森一宏「両大戦間期における工業組合活動と陶磁器輸出の発展」(松本貴典編著『戦前期日本の貿易と組織間関係――情報・調整・協調』新評論、一九九六年、後に大森一宏『近現代日本の地場産業と組織化――輸出陶磁器業の事例を中心として』日本経済評論社、二〇一五年に所収)によっている。

(9) 前掲「両大戦間期における工業組合活動と陶磁器輸出の発展」。

(10) 前掲『近代日本の陶磁器業』第八章「両大戦間期における日本陶磁器業の変質」。

(11) 以下の記述は前掲「両大戦間期における工業組合活動と陶磁器輸出の発展」、前掲「陶磁器業の工業組合統制」。

(12) 前掲「陶磁器業の工業組合統制」、小出種彦『茶わんや水保』水野保一伝記編纂委員会、一九六四年、一一九～一二六頁。

(13) 水野保一(明治一九年〈一八八六〉―昭和三八年〈一九六三〉)。瀬栄合資会社経営。戦後は陶磁器界の「法皇」の異名を取った(伝記に前掲『茶わんや水保』がある。伝記の編纂委員長は加藤である)。

(14) 前掲「陶磁器業の工業組合統制」。

(15) 大森一宏「戦時期における窯業と同業者組織」『駿河台経済論集』一九―二、二〇一〇年、後に前掲『近現代日本の地場産業と組織化』に所収。

(16) 以下特記の無い限り白木沢旭児前掲『大恐慌期日本の通商問題』第九章「陶磁器業の輸出組合統制」を参照した。

(17) 三井弘三『概説近代陶業史』日本陶業連盟、一九七九年によれば、商工省貿易局の支援があったという（一六六頁）。

(18)『新愛知』昭和一六年五月一四日。

(19)「商業組合の現勢」『中外商業新報』昭和一四年一一月三〇日〜一二月二九日連載。

(20)『支那事変下に於ける名古屋地方商取引事情の変遷』名古屋商工会議所、昭和一七年、一八七〜一八八頁をもとに作成。

(21) 前掲「陶磁器業の工業組合統制」、及び大森一宏「戦間期日本の海外情報活動——陶磁器輸出を中心に」『社会経済史学』六九—四、二〇〇三年、後に前掲『近現代日本の地場産業と組織化』に所収。名古屋輸出陶磁器組合機関誌『輸出陶磁器』の庶務欄、日本陶磁器工業組合連合会『統制』の庶務欄には、組合が日常的に商工省・県庁とやり取りしている様子や、陳情などがなされていることがわかる（いずれも名古屋大学国際経済政策研究センター情報資料室所蔵）。

(22) 岐阜県の駄知陶磁器工業組合理事長だった籠橋産右衛門の回想によれば、一九三一年に生産者の全国団体である日本陶磁器工業組合連合会（日陶連）が設立された後、「山五〔伊藤嘉市〕さんと私のほか、当時日陶連事務局の責任者だった永井精一郎さん、水野元一さん、さらには代議士の加藤鐐五郎さん、日陶連顧問弁護士の長尾文治郎さんなどが大船町の料亭五月に集まり日陶連運営のカゲ武者として、定期的な会合をもったこと」があったという（籠橋産右衛門「天草旅行以来の友情」（小出種彦『伊藤嘉市伝』伊藤嘉市伝記編纂委員会、昭和四〇年、二六八頁）。しかし、この点については他の史料から裏付けることができなかったため、注記で紹介するにとどめる。

(23) 名古屋陶磁器輸出組合『最近六ケ年間に於ける諸外国の本邦輸出陶磁器に対する輸入防遏の跡』昭和一一年。

(24) 以下通商擁護法に関する記述は秋谷紀男『戦前期日豪通商問題と日豪貿易——一九三〇年代の日豪羊毛貿易を中心に』（日本経済評論社、二〇一三年）の第二章「一九三六年豪州貿易転換政策と日本の対応」による。

(25) 浜田徳太郎編『日本貿易協会五十年史』日本貿易協会、一九三六年、三五四〜三五七頁。

(26) 加藤は昭和一〇年の帝国議会本会議における代表質問でも、陶磁器輸出業者の対蘭印積み止めを引き合いに出しながら、同時期に進められていた日蘭会商における強硬姿勢を政府に求めている（「官報号外　昭和十年一月二十五日　衆議院議事速記録第五号　国務大臣ノ演説ニ対スル加藤君ノ質疑」五七〜六五頁）。

(27) 前掲『最近六ケ年間に於ける諸外国の本邦輸出陶磁器に対する輸入防遏の跡』一三～一四頁。

(28) 名古屋陶磁器輸出組合通報課「オッタワ協定に基く英帝国経済ブロックと各国の日貨排撃・防遏の問題に就て」(『輸出陶磁器』第四巻第一九号附録、一九三六年七月一一日、三頁)。

(29) 「昭和十一年五月十五日　衆議院議事速記録第九号　重要輸出品取締法案外二件　第一読会」二〇二～二〇四頁。

(30) 加藤日記昭和一六年三月二三日条。

(31) 陶磁器小売商は名古屋陶磁器商同業組合を組織しており、同組合は元民政党代議士で後離党して政友会に移った鬼丸義斎を顧問とし、昭和七年の選挙では組合一致で推薦している(『窯業新聞』一七〇、昭和七年二月、一一頁。名古屋大学国際経済政策研究センター情報資料室所蔵)。なお、同新聞を経営した高橋鉄五郎は名古屋市議で昭和一二年の選挙では加藤の推薦人に名を連ねている(表5―2参照)。

(32) ただし、各国との会商にまで加藤が関与している様子はない。名古屋陶磁器輸出組合の機関誌『輸出陶磁器』にも対蘭印問題などについて、組合の加藤隆市主任が直接商工省・外務省を訪問している様子がみられる。

(33) 選挙郵便は四種残されており、うち三つに鉛筆書きで区の名称が記されている。

(34) 『名古屋陶業の百年』名古屋陶磁器会館編集・発行、一九八七年。『二十年史』名古屋輸出陶磁器協同組合、一九六九年によれば、名古屋陶磁器輸出組合組合員数は一九三三年時点で二一〇人、東区に住む陶磁器工場従業職工数は、家庭職工が男七〇八人、女九六七人、上絵付工業組合員工場が男一二八九人、女六四六人、工業組合員工場が男一八七一人、女一二三四人である。上絵付工業組合職工は、昭和六年～七年の間、上絵付工場経営者に対する労働争議を行っているが、満洲事変後は業界の好況もあり収束した。

(35) 選挙前年である昭和一六年の加藤日記に見える「組合」としては、「名古屋玩具組合」、日本陶磁器商業組合連合会、「蒟蒻組合」、名古屋陶磁器輸出組合、「古着商組合」、「名仏組合」、「織物業組合」、「タンス組合」、「盲人組合」等がある。

(36) 『商工政策史』一三、鉱業下、商工政策史刊行会、一九八〇年、一七六～一九三頁。

(37) 前略『概説近代陶業史』一八〇～一八二頁。

(38)「立憲政友会の銃後地方状況調査報告」『政友』四六六、昭和一四年九月。
(39)木暮武太夫「東海地方の銃後状況」『政友』四六六。
(40)「立憲政友会会報」『政友』四六八、昭和一四年二月、三四頁。日記には「燃料動力等の問題の特別委員会を設け調査されたしと提唱した」とある（一〇月二六日条）。
(41)「立憲政友会会報」『政友』四七〇、昭和一五年一月、三六頁。
(42)「石炭増産に関する要望」『政友』四七〇、一〇頁。
(43)商工行政研究会『戦時下の商工行政』商工行政研究会、昭和一七年、二三四〜二三六頁。
(44)『新愛知』昭和一六年四月九日。
(45)『新愛知』昭和一六年四月九日、一七日。
(46)『新愛知』昭和一六年七月二一日。役員は理事長加藤鐐五郎、副理事長大島鎗一郎、同加藤宮蔵、専務理事上地万太良、常務理事加藤尽他、理事二二名、主任幹事遠藤純一、監事五名。
(47)前掲「戦時期における窯業と同業者組織」一一三〜一一五頁。
(48)前後の日記の記述から、商工属であることがわかるが職員録からは確認できなかった。
(49)木下青嶂『平野増吉翁伝』平野増吉翁伝刊行会、一九六〇年。
(50)一一月八日条にも前後の文脈は明らかではないが「統制会社の能率上が〔ら〕ざることも明白となつた」という記述がある。
(51)前掲『概説近代陶業史』二一八〜二二一頁。
(52)『毎日新聞』（大阪）昭和一八年七月一七日。
(53)六月二日条にも、陶磁器生産配給を「熱意を以て実現させたい」とある。
(54)加藤日記一〇月一五日条には「陶商連の問題もどうなるか、当分見送る外はあるまい、事ム官連は会社組織を主張してゐるらしい」とある。後にみるように、統制会社は日陶連の後継団体の傘下に入ることとなった。あくまで推測だが、商工省は日陶連を中心とする陶磁器生産・配給の一元的統制を目指したものと思われる。

(55)『毎日新聞』(大阪) 昭和一七年一二月九日。
(56)同年一二月の貿易業整備要綱による。商工経営研究会編『企業整備令の解説』大同書院、一九四二年。
(57)前掲『概説近代陶業史』二一〇~二一一頁。
(58)前掲『茶わんや水保』二〇九~二一三頁。
(59)山本有造は「一九四二年の大東亜建設審議会の設置と答申」が「貿易」から「交易」に語が変わった転機だとする。また、大東亜共栄圏における「交易」は、市場原理に基づいて取引され、国際通貨をもって決済される「貿易」と異なり、戦時経済が必要とする物資相互の計画的交換を意味するという(山本有造「『大東亜共栄圏』交易論」『人文学部研究論集』二〇、二〇〇八年)。
(60)『朝日新聞』(大阪) 昭和一八年六月二六日。
(61)小出種彦『永井精一郎伝』永井精一郎伝記編纂委員会、一九七四年、一五一~一五三頁。
(62)なお、椎名悦三郎の日記(国立国会図書館憲政資料室所蔵「椎名悦三郎関係文書」一三)には、加藤が椎名を訪ねたことは記されているが、内容に関わる記述はない。
(63)『産業経済新聞』昭和一八年一一月一一日、一二月二三日。陶磁器のほか民営統制が認められたのは毛皮、刷子、帽子、繊維屑物、硝子製品の各商品である。
(64)翌昭和一九年一月一六日にも再度飯野は加藤に「熱心に」礼をいったという(同日条)。
(65)日本輸出陶磁器史編纂委員会編『日本輸出陶磁器史』名古屋陶磁器会館、一九六七年。
(66)会社設立は三月だが、生活用陶磁器配給会社に対する統制会社設立命令は六月二七日付で出されている(『官報』五二三四号、昭和一九年六月二七日)。
(67)ただしこの案は「それでは余りに少なしとのことで政府が三十五六種に増して来」たことで修正を余儀なくされた(六月九日条)。
(68)朝日新聞社経済部編『朝日経済年史　昭和一九年版』(朝日新聞社、昭和一九年)一七七~一七九頁。
(69)運輸通信大臣は旧政友会領袖前田米蔵だが、前田に直接働きかけている様子は日記にはみられない。

(70) 震源は紀伊半島沖。死・不明者一二二三人、住家全壊一七五九九戸、半壊三六五二〇戸（国立天文台編『理科年表』第八五冊、丸善出版、二〇一一年、七四五頁）。なお、戦時下で発生した東南海地震及び翌年の三河地震では、被害状況に関する厳しい報道規制がなされた（木村玲欧『戦争に隠された「震度7」――一九四四東南海地震・一九四五三河地震』吉川弘文館、二〇一四年）。

(71)『翼賛政治会報』七四号、昭和一九年一二月一六日、『大政翼賛運動資料集成』第四巻、柏書房復刻版、一九八八年、以下同じ。

(72) 日記を見る限り、加藤と広瀬の関係は米内内閣以来である。また、広瀬は小磯国昭内閣厚相就任時に加藤を政務次官にするよう翼政側へ希望したという（八月二八日条）。

(73)『翼賛政治会報』七六号、昭和二〇年一月三日、七頁。

(74)「手竈（手窯）」とは問屋前貸金融を利用した特約取引のことを指すが（前掲宮地『近代日本の陶磁器業』、一四五～一四七頁）、この場合は統制会社が組合を介さず直接業者を傘下に収めることを指していると思われる。

(75) 二月二一日の会社総会では、会社監事の補欠選挙で水野保一を議長指名で選んでいる（二月二一日条）。

(76)「軍需会社法と議会」『翼賛政治』二―一二、昭和一八年一二月。なお、一〇月三一日条、一一月二日条には自分で文章を執筆し、家族に校正を依頼している様子が記されている。

第六章　公職追放された代議士の占領期と戦後――支持基盤の再生

(1) 福永文夫「指導者の交代――衆議院総選挙結果を手がかりに」天川晃・増田弘編『地域から見直す占領改革――戦後地方政治の連続と非連続』山川出版社、二〇〇一年。

(2) 増田弘『公職追放』東京大学出版会、一九九六年、『公職追放論』岩波書店、一九九八年、『政治家追放』中央公論新社、二〇〇一年。

(3) 戦前期反主流派のなかでも、同交会グループについては楠精一郎『大政翼賛会に抗した四〇人――自民党源流の代議士たち――』朝日新聞社、二〇〇六年。清瀬については黒澤良『清瀬一郎――ある法曹政治家の生涯』駿河台出版社、一九九四年、大麻については桜田会編『大麻唯男』伝記編・談話編・論文編、一九九六年、太田については矢野信幸「戦後政界への復帰――翼賛政治家太田正孝の場合」鳥海靖ほか編『日本立憲政治の形成と変質』吉川弘文館、二〇〇五年。鶴見については前山亮吉「鶴見祐輔と『成城だより』――公職追放期における「政治」の模索」『国際関係・比較文化研究』一一―一、二〇一二年。

（4）市野徳太郎「吾日誌」『名古屋時事』大正九年六月一五日、「名古屋時事（製本）」愛知県公文書館寄託「加藤鐐五郎関係資料」W一六―一四三二より。

（5）青木鎌太郎『中京財界五十年』中部経済新聞創刊五周年記念、昭和二六年、一五六～一五八頁で青木は加藤との関係について次のように語っている。

この政争の激しかつた頃〔「流血市会」後のこと〕のある日政友会の闘将だつた加藤鐐五郎氏が私を訪ねて来られた。同派の長老大島宇吉翁の意を伝えるためである。それによると大島翁もこの頃の政争を非常に憂慮せられて、民政派との間に泥試合をやめるように斡旋されたいとのことであつた。私もかね〴〵、このまゝでは名古屋市の発展を阻害する、何とかせねばならぬと心痛していたところであつたのだから、早速河文の用々亭に一席設けて大島翁に加藤氏を加えて三名が胸襟を開いて語り合つた。大島翁は主義、政策では別としても地元の発展のためには両派の泥試合は水に流して、共に協力して行きたい、というお話だ。私も全く同感で、民政派の首脳部の人々にもこれを伝えて同意して貰つた……それからは名古屋の発展について屢々大島翁と語り合つたが、その後加藤氏が商工政務次官に就任された時も、商工大臣は前からの知り合いの藤原銀次郎氏だつたので、同氏のこともいろいろお願いし、加藤氏もまた政党政派を超越して地元のことには尽力されたので常に有利に運ぶことが出来た。

（6）愛知県医師会編『愛知県医師会史』一九六三年、二二一～二二三頁。

（7）加藤庄三著・加藤延夫監修『加藤鐐五郎伝』名古屋大学出版会、一九九五年、三二九～三三三頁。

（8）『名古屋陶業の百年』名古屋陶磁器会館編集・発行、一九八七年。

(9) 昭和一一年の医師会に所属する名古屋市の医師は八三九名である。これは愛知県医師会所属医師数の四五%を占めており（前掲『愛知県医師会史』二一六～二一七頁）、日本の全医師数のうち約一・五%にあたる。
(10) 『昭和陶業史余聞』中部経済新聞社、一九八〇年。
(11) 三井弘三『概説近代陶業史』日本陶業連盟、一九七九年、四七二～四七三頁。
(12) なお、『陶磁展望』昭和二一年一二月（国立国会図書館憲政資料室プランゲ文庫）の広告面には、日本陶磁器工業協議会（工業者団体）、日本陶磁器交易株式会社（輸出業者団体）、日本陶磁器卸商業協議会（商業者団体）の三団体が並ぶ名刺広告が掲載されている。
(13) 加藤宮蔵は陶商連で副理事長、上地万太良は専務理事をそれぞれ務めた（『新愛知』昭和一七年七月二一日）。
(14) 『朝日新聞』昭和二二年六月一七日。
(15) 「商工協同組合法の一部を改正する法律案」昭和二二年八月八日、国立公文書館本館–8E–036–00・平14内閣00002100、「片山内閣閣議書類（その3）」、国立公文書館デジタルアーカイブより。
(16) 前掲『概説近代陶業史』二五一～二三三頁。
(17) 「ニュース」『窯業タイムス』第三巻一号、昭和二三年二月一日、国立国会図書館プランゲ文庫、二六頁。
(18) 「丸公撤廃を頼む」『窯業タイムス』第三巻第六号、昭和二三年五月、六頁。
(19) 「新価格体系の確立について（閣議決定案）（経済安定本部）」昭和二二年七月八日、国立公文書館本館–8E–036–00・平14内閣00021100、「片山内閣閣議書類（その2）」、国立公文書館デジタルアーカイブより。
(20) 「価格差益金徴集に関する質問に対する質問主意書及び答弁書」参議院議員中西功提出、参議院ウェブサイトより、http://www.sangiin.go.jp/japanese/joho1/kousei/syuisyo/001/meisai/m001075.htm、二〇一六年九月二二日閲覧。
(21) 『五十年史』瀬戸陶磁器卸商業協同組合、一九八四年。
(22) 『陶業タイムス』第九号、昭和二三年九月一六日、国立国会図書館プランゲ文庫、五～六頁。
(23) 前掲『陶業タイムス』第九号、五～六頁。
(24) 昭和三五年になり全日本陶磁器商組合連合会が結成され、現在はTOZIXジャパンとして継続している（全日本陶磁器商組合連合会『二十年譜』一九八〇年、二五頁)。また、昭和三九年に全国主要陶磁器産地の卸商によって全国産地陶商連盟が結成され、現在は日本陶磁器卸商業協同組合連合会として継続している(九一頁)。

(25) 加藤の日記以外に陶商会の事業に関わる史料がほとんど存在しないため詳細は不明だが、藁工品は陶磁器の包装材として用いられていたことから、陶商会の事業として藁工品の販売事業を開始したと考えられる(宮木慧子「日本における陶磁器用ワラ包装の造形的特質」九州大学提出博士論文、二〇〇六年)。

(26) 昭和二三年一二月二日条には、「見本市は寂しかつた」とある。

(27) おそらくは岐阜県東部陶磁器商業団体の理事長でもあった加藤宮蔵であろう。

(28) 会社社長は辞任せず、陶商会への関与も若干ながら続いていた。昭和二五年一月二〇日には陶商会の主立った人物と会食の上で、「組合は一時形式的に解散し、セトを加へて新しく発足然るべし」と述べている。三月一八日には加藤宮蔵と新たな陶磁器商の連合会の件について相談した上で「既に委員長はやめたが、会其物は何んとか発展」させねばならないと述べている。

(29) 前掲『加藤鐐五郎伝』三三〇頁。

(30) 前掲『加藤鐐五郎伝』三三一頁。

(31) 『ラッテ』胸腺の組織学的研究」により昭和一九年一月二四日学位授与、名古屋帝国大学による。

(32) 加藤鐐五郎「序に代えて」『田村春吉』春光同門会、昭和二九年。

(33) 名古屋大学大学文書資料室寄託「加藤鐐五郎関係資料」(以下「名大加藤資料」と略記)五五九―八。

(34) 水野の伝記『茶わんや水保』には、二人の絆が「むしろこの間〔追放期間〕に一層強められた感さえある」と記されているが、なぜ追放期間中に両者の関わりが深まったかは触れられていない(小出種彦『茶わんや水保』水野保一伝記編纂委員会、一九六四年、三一〇~三一一頁)。

(35) 大森一宏『近現代日本の地場産業と組織化』、日本経済評論社、二〇一五年の第八章「戦後日本の陶磁器業の国際競争力」。

(36) 前掲「戦後日本の陶磁器業の国際競争力」二五〇頁。

(37) 前掲『茶わんや水保』二五一～二五二頁。
(38) 一一月三日条によれば二万円の報酬を受けている。
(39) 前掲『加藤鐐五郎伝』三三四～三三五頁。なお「名大加藤資料」二六九六には、「キンエン」の宣伝関係文書が一括されている。
(40) 昭和二五年一月一五日条には、「水野保一君訪問、キンエンの二十三、四年に於ける収支の概要を報告」とあり、前年度も収支報告を行っている。このほか、昭和二二年五月五日には、水野保一三女文子と、元海軍主計中尉中井正男の媒酌人を依頼されている。
(41) 前掲『茶わんや水保』二六〇～二六一頁。
(42) 昭和二四年には、椙山女学園の大学昇格の件で椙山正弌と長屋弘が加藤を訪ねており、加藤は市長と知事に電話で連絡をしている（二月二二日条）。詳細は史料上明確ではないが、大学昇格に加藤が関与していることがわかる。
(43) 公職追放に関する記述は、竹前栄治監修・増田弘ほか訳『GHQ日本占領史6　公職追放』日本図書センター、一九九六年、九六～一〇三頁。
(44) 昭和二四年三月二三日には前田米蔵と面会し、二五日には羽田武嗣郎宅で打合せを行っている。八月八日には水野保一と協議の上で陳情書を修正している。八月二三日条では、日本陶器東京支所で大正一四年の衆議院速記録の取り寄せを依頼し早速入手しているほか、有田八郎に加藤が日独伊三国同盟に反対だった事などを証明してくれるよう依頼している（「医師日記」昭和二四年三月二三日・二五日、八月八日・二三日条）。
(45) 九月二九日、一〇月七日、一一月一四日条にも同様の記述がある。
(46) 前掲『中京財界五十年』二二八～二三一頁
(47) 昭和二三年一月一八日・三月八日条。なお公職追放中であったため実現しなかった。
(48) 岡谷家は名古屋藩の御用商人を務めた家柄で、代々総助、惣助などと名乗った。日本経済新聞社編『中部経済人国記――トップ群像の素顔と実力』日本経済新聞社、一九八二年、七四～七九頁。中日新聞社経済部編『時流の先へ――中部財界ものがたり』中日新聞社、二〇一四年、一九一～一九七頁。

(49) 前掲『公職追放論』第五章「公職追放令の終結と追放解除」。
(50) 名古屋市学校歯科医会編『名古屋市学校歯科医会　八〇年のあゆみ』二〇一二年、http://meigakushi.com/80ayumi.pdf、二〇一五年八月二〇日閲覧。
(51) 昭和二七年一月一四日条には「立候補は尽く一家反対なれどもやる」とある。
(52) 『愛知県医師会史』四一二～四一三頁。
(53) 前田の自由党入党後の日記には、「これで自分も名古屋市の民主党公職者を一挙自由党に入れねばならぬ、問題は容易でない」とある（昭和二六年八月一七日条）。
(54) 「横亀」は旧五月会員の横井亀吉市会議員のことである。横井については後述する。
(55) 浅井釙治前市会議員は「皆なが加藤さんは自由党へ入党されるであろうと言っている、其方が常識でしよう、当選が目的でなく当選后が目的でしょう、三木輩の下に頤使されるならば立候補はやめて貰いたし」と加藤に話している（九月五日条）。
(56) 手島博章名古屋市助役（昭和二六年九月三日条）。
(57) 佐藤太十郎市会議員（昭和二六年九月三日条）。
(58) 浅井釙治〔三〇一九票〕、横井亀吉〔四〇六五票〕、高橋某、平岩作次〔三九〇七票〕、坪井研精、服部鋭太郎〔三八三三票〕、田中恒一〔二五四〇票〕（以上市会議員〔元職含む〕）、成田伝之助（元愛知県議会議員・市会議員）の八名。亀甲括弧内の数値は各自が昭和二六年八月名古屋市会選挙に出馬した際の得票数である（名古屋市選挙管理委員会『名古屋の選挙　四〇年の記録』一九八八年）。
(59) 九月一六日に入党届を提出し、一〇月一日に入党が正式に決まった。
(60) 『名古屋タイムス』昭和二六年一〇月一三日。
(61) 『名古屋タイムス』昭和二七年六月一一日。
(62) 昭和二七年七月五日の加藤日記には「戦局計画を樹てる、六万票は確実也」として、以下の票読みが記されている。「公職関係一万」という記述から、数人の市議の支援が見込めるようになっていたことが分かる。

医師関係　□□　公職関係一万　陶器五千、自分其他、千種五、〇〇〇、東区四、〇〇〇、中区二、五〇〇、西区三、〇〇〇、中村区五〇〇、中川区二、六〇〇、熱田一、五〇〇、瑞穂区二、〇〇〇、南区五〇〇、北区三、〇〇〇、昭和区一、〇〇〇、港区一、〇〇〇　計□□□□

（63）『ナゴヤジャーナル』第二二一号、昭和二九年八月八日、「名大加藤資料」八二掲載の加藤インタビュー記事に、「昔の五月会の名簿は焼け」たとある。

（64）会合自体は昭和二六年の追放解除後から開かれている。

（65）加藤日記には「五月会、正和会の正式結成届を午前中に東区役所に提出した、五月会は友田君、正和会は奥沢さん也」（一月一六日条）とだけ記されており、友田・奥沢の両名が政治資金規正法が選任するよう定めている会の「代表者」か「主幹者」か「会計責任者」のいずれに選任されているかの区別が付かない。よって、仮に責任者と表記した。

（66）伊藤康子『草の根の婦人参政権運動史』吉川弘文館、二〇〇八年、第二章「婦選獲得愛知県支部小史」参照のこと。

（67）「五月会趣意書」「名大加藤資料」五八五。

（68）「正和婦人会趣意書」「名大加藤資料」二四四五。

（69）前掲「五月会趣意書」と「正和婦人会趣意書」に記された加藤の肩書きは「椙山大学教授・中京短期大学教授・淑徳女学園理事・財団法人喜安病院長」とある。「中京短期大学」は中京女子短期大学の略記であろう。

（70）趣意書には、内木玉枝と椙山正弌の名前が入会先として押印されている（「名大加藤資料」二四四五）。

（71）「名大加藤資料」二四四五、二四五九。追って書きには「待合室に五月会趣意書、是非一枚御はり置を願います」とも記されている。

（72）このほか愛知県小川衛生部長も激励の辞を述べている。会合の講演者などは前掲『愛知県医師会史』四三四〜四三五頁による。

（73）以下の記述は加藤日記昭和二七年七月三〇日条、八月二日条、及び『陶磁界』第七三号（「名大加藤資料」二二三、史料に年代が記されていないが、他の記事から昭和二七年九月頃に刊行されたものと推測される）。

（74）松村は以前から加藤の応援者でもあった（昭和二六年一一月二九日条には「一生懸命に五月会員を募集してくれる」

と松村の名を挙げている）。

（75）名古屋市長選は革新統一候補として立候補した元名古屋新聞記者小林橘川と手島の争いとなり、小林が勝利した。

（76）前掲『愛知県医師会史』四三五頁。

（77）昭和二七年の総選挙で加藤は三二九二八票を得ていたので、約二万票を上積みしたことになる。なお、加藤の得票推移については【巻末付表】を参照のこと。

（78）『陶業タイムス』第一九二号、昭和二七年一〇月六日、「名大加藤資料」二二四。

（79）前掲『茶わんや水保』二七一～二七三頁。加藤も日記のなかで「水野保一君の今度の事務長は同君の一失態也、山本勝つてあたり前、敗ければ水野君の恥で台なし」（昭和二五年六月六日条）と評している。

（80）そもそも名古屋市には名古屋大学出身医師が多いと推測され、そのことも加藤にとって有利に働いたと思われるが、統計上のデータがないため推測の範囲を出ない。

（81）辻中豊『利益集団』東京大学出版会、一九八八年、六二～六七頁。

第七章　戦前派代議士からみた戦後復興と高度成長——支持基盤の再構築と終焉

（1）「放送原稿」愛知県公文書館寄託「加藤鐐五郎関係文書」W一六—五七九。本史料は加藤が昭和二七年の総選挙の際行った、選挙公報ラジオ放送の草稿である。

（2）当該期における外国資本導入問題については、浅井良夫「一九五〇年代前半における外資導入問題」（上・中・下）、『成城大学経済研究』一五三・一五四・一五六（二〇〇一年七月、一〇月、二〇〇二年三月）。浅井によれば、一九五〇年代前半までを外資導入に即して時期区分した場合、二国間の政府経済援助が中心の一九四八年～五〇年、「日米経済協力」構想のなかで外資導入への期待が高まった一九五一～五二年、世界銀行の借款を主体とする外資導入ルートが形成された一九五三～五四年の三つに区分できるという。政界復帰時の加藤が産業都市名古屋の産業・貿易振興のために外資導入を唱えたのも、こうした期待の高まりの一つとして考えることができるだろう。

（3）奥健太郎「独立回復期の利益団体と政党政治——医薬分業「骨抜き」の政治過程」『年報政治学二〇一二—Ⅱ』二〇

一二年。

（4）同時期の前田については、古川隆久「戦後政治史の中の前田米蔵」『横浜市立大学論叢　人文科学系列』五六（一）、二〇〇四年。

（5）昭和二八年の佐藤栄作日記は三月以降記述がないため、この間の経緯を佐藤日記から明らかにすることはできない（佐藤栄作著・伊藤隆監修『佐藤栄作日記』第一巻、朝日新聞社、平成一〇年）。

（6）『読売新聞』（昭和二八年五月二一日）は、第五次吉田内閣予想顔触れとして、厚生大臣に加藤の名を記し、加藤の名前の脇に「又は参議院より」と付記している。

（7）中部経済連合会編『中部経済連合会五十年史』平成一三年、三頁。

（8）前掲『中部経済連合会五十年史』七頁。

（9）『中部経済新聞』昭和二八年八月一六日。

（10）人形を送ったのは八月九日のことである。戦後の陶磁器業界ではノベルティと呼ばれる玩具・装飾品の生産が特に瀬戸を中心に発展した（大森一宏『近現代日本の地場産業と組織化――輸出陶磁器業の事例を中心として』日本経済評論社、二〇一五年の第九章「瀬戸ノベルティの成長と衰退」）。陶磁器製人形を送られた吉田の「皆が独乙か仏かと申します」という礼は、陶磁器業界と深く関わりを持つ加藤、そして業界を大いに喜ばせたと思われる。なお、吉田は昭和二八年一〇月にも人形を注文しており、加藤は山城柳平（瀬戸におけるノベルティ生産を牽引した丸山陶器社長）、水野保一と相談の上で人形を選んでいる（昭和二八年一一月二九日条）。

（11）なお、一二月には再び三輪から「五〇〇」を受け取り、やはり吉田に面会の上で党に寄付した。加藤は吉田が「度々加藤さんにはすみませぬ」と愛嬌をまく様子を日記に記している（昭和二八年一二月五日・八日・一二日条）。

（12）加藤が自由党に対して献金するにあたって、キーパーソンとなっていたのは三輪常次郎である。加藤が党へ献金した一〇〇〇万円のうち、三輪が負担した部分が大きかったと推測される。加藤は三輪の事業そのものについて政治的に働きかけることはなかったが、三輪を中央の各種審議会委員につけようとするなど、三輪に対して名誉で報いた。

（13）日本経済評論社編『私の履歴書』第一六集、日本経済新聞社、一九六二年、二一四頁。「政治に乗り出す中京財界

――近頃とみに清新の気高まる」『財界』昭和三〇年一二月一日号。
(14) 岸と吉本の関わりについては、吉本熊夫「僕は友情に生きる――岸信介と私」渡部茂『一九五〇年代の人物風景』第三部、人物展望社、昭和三一年、及び『窯業タイムス』第三八五号、昭和三一年四月二〇日。
(15) 飯野逸平については小出種彦『中部財界人の系譜I――飯野逸平』昭和三五年、永井精一郎については小出種彦『永井精一郎伝――昭和陶磁器貿易史を築く』昭和四九年。
(16) 加藤日記昭和三二年五月二五日条には「加藤会から二〇入った」という記述がある。昭和三二年七月一六日条には、会員総数が件数で記入されているほか、会費残高なども記されている。
(17) 加藤の衆議院議長就任後、党籍を離脱した加藤に代わって愛知県連会長となったのは瀬戸市出身の早稲田柳右衛門である。早稲田は長く県連会長を務めるが、中京財界人を中心に早稲田を支える「名柳会」が組織されたのは、加藤が政界引退した後の昭和四一年のことである(小出種彦『早稲田柳右衛門伝』貿易之日本社、昭和五六年、二七七～二七八頁)。
(18) 自民党の党内派閥については渡辺恒雄『派閥』弘文堂、二〇一四年、原著は一九五八年。
(19) 『政治公論』第一四八一号、昭和三三年三月八日、名古屋大学大学文書資料室寄託「加藤鐐五郎関係資料」一三一七。
(20) 渡部茂『一九五〇年代の人物風景』第二部、人物展望社、昭和二九年、一五三～一五四頁。
(21) 以下愛知用水に関わる記述のうち特記のない箇所は、愛知用水公団・愛知県編『愛知用水史』昭和四三年の第三章「用水の胎動」・第四章「愛知用水事業と世銀交渉・第五章「愛知用水公団の発足と世銀協定」による。
(22) 日本経済新聞社編『私の履歴書』第三六集、日本経済新聞社、昭和四四年、一三三～一三四頁。
(23) 前掲『中部経済連合会五十年史』一一頁。
(24) 名古屋市交通局『名古屋市高速度鉄道建設史』昭和三四年、四五頁。
(25) 前掲『中部経済連合会五十年史』七～八頁。
(26) 調査及び事業の経緯については、建設省中部地方建設局名四国道工事事務所『二十年のあゆみ』昭和五五年、七～一一頁。

(27) 桑原幹根については前掲『私の履歴書』第三六集、及び『桑原幹根回顧録――知事二十五年』毎日新聞社、昭和五四年。なお、桑原は内務官僚出身、敗戦直後に官選愛知県知事兼東海北陸行政事務局長官に就任したのち、公職追放を挟んで、昭和二六年から六期二四年にわたり民選愛知県知事を務め、中部経済圏の重工業化等を担った知事である。桑原の回顧録や『私の履歴書』等をみても、加藤の名前はない。日記を見る限り、加藤と桑原は昭和二七年の加藤の政界復帰以来ほぼ毎月のように接触しているが、桑原にとって加藤の存在がどのようなものであったかは、当時の県政界、そして昭和二七年から三六年まで社会党の推薦を得ていた小林橘川が市長となっていた名古屋市の市政界に関わる分析を行った上で稿を改めて論じる必要があろう。

(28) 辻陽『戦後日本地方政治史論――二元代表制の立体的分析』木鐸社、二〇一五年、一六〇～一六一頁、三二三～三二四頁。

(29) 以下、同業者組織としての両団体に関する記述は、前掲『近現代日本の地場産業と組織化』の第八章「戦後日本の陶磁器業の国際競争力」によっている。

(30) 金液に関して特記のない箇所は三井弘三『概説近代陶業史』日本陶業連盟、一九七九年、四七六～四八〇頁によっている。ただし金液問題については誤記があるのでその点は修正している。

(31) 『陶磁器戦後十年史』総合通信社、一九五七年、一〇〇～一〇五頁（『総合通信陶業版』一五八号、昭和二七年一月一四日、一六一号、昭和二七年二月一一日、一六六号、昭和二七年三月一七日、一八二号、昭和二七年七月二一日、一八二号、昭和二七年七月二一日）。同書は業界紙『総合通信陶業版』の記事を抜粋掲載したものであることから、引用したページ数とあわせて、『総合通信陶業版』の号数と発行年月日も記す。

(32) 小出種彦『茶わんや水保』水野保一伝記編纂委員会、昭和三九年、三一三頁。

(33) 前掲『茶わんや水保』三三五頁。

(34) 前掲『茶わんや水保』三一九頁。

(35) 『戦後陶磁器十年史』一三八頁（『総合通信陶業版』二五二号、昭和二九年三月一八日）。

(36) 『窯業タイムス』二九九号速報版、昭和二九年三月二六日。

(37) 前掲『茶わんや水保』三二一〜三二二頁。
(38)「衆議院通商産業委員会中小企業に関する小委員会議録　第六号　昭和二九年四月一四日」、国立国会図書館「国会会議録検索システム」より。
(39)『窯業タイムス』二〇三号速報版、昭和二九年五月一四日。
(40) 同社については名古屋陶磁器会館編『日本輸出陶磁器史』一七六〜一七九頁。なお、陶磁器検査株式会社・陶磁器検査協会の業界での位置づけについては、前掲『近現代日本の地場産業と組織化』二五四〜二五六頁の記述に全面的に依拠している。
(41) 意匠センターの果たした役割については前掲『近現代日本の地場産業と組織化』二五六〜二五七頁。
(42) 名大加藤資料二〇四四。
(43) 前掲『茶わんや水保』四〇四〜四〇五頁。
(44) 前掲「独立回復期の利益団体と政党政治」。
(45)『日本医事新報』一六四二、昭和三〇年一〇月一五日。
(46) 加藤の日記、そして国立国会図書館「国会会議録検索システム」から確認できる。
(47) 奥健太郎「事前審査制の起点と定着に関する一考察——自民党結党前後の政務調査会」『法学研究』八七—一。五五〜五七頁による。なお、戦後の国会で採用された常任委員会制度は、各省と常任委員との繋がりを強めたとされるが、加藤と厚生省との関係については、十分明らかにすることができなかった（川人貞史『日本の国会制度と政党政治』（東京大学出版会、二〇〇五年）所収、第六章「一九五〇年代議員立法と国会法改正」）。今後の課題としたい。
(48) 田口富久治「『圧力団体』としての日本医師会」同『社会集団の政治機能』一九六九年、初出は一九五九年、水野肇『誰も書かなかった日本医師会』筑摩書房、二〇〇八年、原著は二〇〇三年。
(49)『朝日新聞』昭和三三年二月九日。
(50) 荒木精之『谷口弥三郎伝』谷口弥三郎顕彰会、一九六四年、三八七〜三八八頁。
(51)『日本医師会雑誌』第三九巻第五号、昭和三三年三月一日。

(52)『日本医師会創立記念誌――戦後五十年のあゆみ』日本医師会、一九九七年、六〇頁。
(53)「第三一回日本医師会定例代議員会議事速記録」『日本医師会雑誌』第三九巻第八号、昭和三三年四月一五日。
(54)前掲「『圧力団体』としての日本医師会」一九九頁。なお、市川房枝が代表を務める理想選挙普及会が編集した『衆議院議員総選挙の選挙費用総決算』理想選挙普及会、昭和三六年にも詳細が記されている。
(55)「第三〇回日本医師会臨時代議員会議事速記録」『日本医師会雑誌』第三九巻第五号、昭和三三年三月一日。
(56)加藤の日記によれば、一一月一八日に長屋弘・友田久米治といった戦前来の支持者と会談し、五月会発展の為には五三会の拡大強化しかないという意見で一致を見ている（昭和二七年一一月一八日条）。
(57)『時事公論』第八一号、昭和六年一一月三〇日。
(58)横井は昭和三〇年の総選挙で公職選挙法に違反していた。名古屋市の民政党衆議院議員だった今堀辰三郎は、横井系の市議に対して「横井太郎の選挙で味噌をつけた、この儘ではダメだ、其所で先日加藤君につけ、それで再生する以外途なし」と力説したことを加藤に伝えている。加藤はこれについて、「余によつてクリニングして貰ふ積り」と記している（昭和三二年六月一六日条）。
(59)中日新聞社会部編『あいちの政治史』中日新聞本社、昭和五六年、三四～三五頁。
(60)『政界往来』第二〇巻第一号、昭和二九年一月。
(61)季武嘉也『選挙違反の歴史』吉川弘文館、二〇〇七年、一九〇～一九一頁。なお、昭和三七年に付け加えられた第百九十九条の五項がこれに当たる。
(62)『愛知県医師会史　続編』愛知県医師会、昭和四一年、二七四頁。
(63)辻の著作は多数あるが、上記の記述は辻寛一『つぎはぎ人生』中日新聞本社、昭和五五年による。
(64)『名古屋タイムス』昭和三三年五月一七日。
(65)『名古屋タイムス』昭和三三年五月一七日。
(66)加藤の議長就任経緯については、『朝日新聞』昭和三三年一二月一二日号の「正副議長問題の曲折」が岸内閣期の派閥対立を絡めて伝えている。

(67) 前掲『加藤鐐五郎伝』二四一〜二四二頁。
(68)『中部日本新聞』昭和四六年一月一四日、愛知県公文書館寄託「加藤鐐五郎関係文書」W一六―一四一。

終章 「憲政常道」から「五十五年体制」へ――戦前期二大政党の模索と遺産

(1) 井上敬介『立憲民政党と政党改良――戦前二大政党制の崩壊』北海道大学出版会、二〇一三年は民政党における模索を論じている。
(2) 加藤を長年支えた水野保一は、昭和三五年に自民党岸信介総裁から、党員の模範として表彰を受けている(小出種彦『茶わんや水保』水野保一伝記編纂委員会、昭和三九年、四六四頁)。
(3)『日本政党史論』第五巻、東京大学出版会、一九七九年、三一八頁、三四四〜三八四頁。
(4) 戦前においては政党・官僚・利益団体に加えて、軍部を交えた関係性も考案すべき課題として残っている。
(5) 真野素行「戦間期の市域拡張による都市経営と市政の変容――名古屋市の市電問題を中心として」(『年報近現代史研究』創刊号、二〇〇九年)五二頁の指摘による。
(6) 市川喜崇『日本の中央――地方関係――現代型集権体制の起源と福祉国家』法律文化社、二〇一二年、辻陽『戦後日本地方政治史論――二元代表制の立体的分析』木鐸社、二〇一五年、稲垣浩『戦後地方自治と組織編成――「不確実」な制度と地方の「自己制約」』吉田書店、二〇一五年。
(7) 中日新聞社会部編『あいちの政治史』中日新聞本社、昭和五六年。

付表　加藤鐐五郎の選挙結果一覧

回次	総選挙期日	順位	内閣	千種区	東区	北区	西区	中村区	中区	昭和区	瑞穂区	熱田区	中川区	港区	南区	計（A）	有権者数	有効投票数(B)	A/B
14	大正9.5.10	4	原													1,835	15,444	13,079	14%
15	大正13.5.10	3	清浦													4,392	29,074	24,479	18%
16	昭和3.2.20	3	田中		5,727		3,077		4,375						2,555	15,734	158,161	112,486	14%
17	昭和5.2.20	5	浜口		4,623		2,326		2,779						1,789	11,517	172,059	126,370	9%
18	昭和7.2.20	1	犬養		7,456		3,904		5,286						4,285	20,931	182,048	124,492	17%
19	昭和11.2.20	2	岡田		7,054		3,026		4,769						3,525	18,374	209,807	167,332	11%
20	昭和12.4.30	6	林		6,014		2,749		4,283						3,064	16,110	223,629	152,397	11%
20再	昭和14.5.24	1	平沼	3,279	8,836		5,768	3,508	5,574	4,731		2,468	2,214	650	2,071	39,099	231,005	80,976	48%
21	昭和17.4.30	1	東条	2,602	9,231		4,519	1,894	5,101	3,897		1,928	1,589	512	1,655	32,928	269,322	215,766	15%
25	昭和27.10.1	2	吉田	4,759	7,045	5,082	4,885	4,972	5,277	4,166	4,023	2,390	3,220	2,006	3,069	50,894	635,682	379,381	13%
26	昭和28.4.19	2	吉田	4,595	6,030	4,653	4,260	4,350	5,173	3,904	3,360	2,117	2,901	1,613	2,609	45,565	650,675	372,754	12%
27	昭和30.2.27	5	鳩山	3,893	4,848	3,886	3,896	4,157	4,794	3,571	2,954	2,009	2,780	1,432	2,565	40,785	695,395	427,232	10%
28	昭和33.5.22	3	岸	8,667	9,144	8,632	8,023	9,225	9,396	7,717	6,121	4,564	7,094	4,249	5,829	88,662	827,782	575,668	15%
29	昭和35.11.20	5	池田	7,557	7,158	7,173	5,593	6,715	6,861	6,113	5,094	3,534	4,887	3,050	4,473	68,207	921,067	555,140	12%

※すべて愛知県第１区（名古屋市）。定数は第14・15回は３、第16回以降は20再選挙を除いてすべて５。
※出典は各選挙ごとの『衆議院議員総選挙一覧』。同書に各区データが記されていない回のうち、他の史料から判明するものは以下の史料により補った。紙幅の都合から小数点以下は四捨五入した。
昭和３年：『名古屋新聞』昭和３年２月22日夕刊・22日、昭和７年：名古屋市編著『衆議院議員総選挙概況　昭和７年２月20日執行』（昭和７年）、昭和11年：『名古屋新聞』昭和11年２月22日、昭和12年：名古屋市編『昭和十二年四月卅日執行衆議院議員選挙概況』（昭和12年）、昭和14年：『名古屋新聞』昭和14年５月25日、26日夕刊、昭和17年：『名古屋新聞』昭和17年５月３日。

○市域・区域の再編について（名古屋市『区政概要』平成26年版より、http://www.city.nagoya.jp/shiminkeizai/cmsfiles/contents/0000011/11733/Chapter2601.pdf、2015年８月14日閲覧）

1　昭和12年名古屋市は旧来からの４区を10区に再編した。新区は次の通り。
千種区（東区から分離）、中村区（中区と西区の一部）、昭和区（中区旧御器所村ほか南区）、熱田区（南区の一部）、中川区（中区・南区の一部）、港区（南区の一部）
2　昭和19年に10区を13区に再編、新区は次の通り。このうち戦時中の疎開によって人口が減った栄区は昭和20年に中区へ編入された。
北区（東区・西区の一部）、瑞穂区（昭和区・熱田区の一部）、栄区（中区の一部）
3　名古屋市での大規模な市域拡張は以下の３つがある。①大正10年に隣接16か町村を編入、面積は37.28㎢（明治41年）から149.56㎢に拡大。②昭和30年に隣接６か町村を編入、164.35㎢（昭和25年）から250.81㎢に拡大。③昭和38年に守山市・鳴海町を編入、250.81㎢（昭和30年）から312.32㎢に拡大。
4　上記のうち、昭和30年の編入では、千種区が16.14㎢→36.02㎢、北区が11.50㎢→17.57㎢、西区が8.62㎢→17.57㎢、昭和区が11.10㎢→34.36㎢、中川区が19.61㎢→32.01㎢、港区が25.78㎢→39.41㎢となる形で新市域が拡大している（矢印左は昭和25年の数値、矢印右は昭和30年の数値）。
5　上記の他、細かな区域変更が行われているため、区ごとの票の変遷は一定領域での得票変化を厳密には現してはいない。

あとがき

本書は、二〇一五年九月に國學院大學に提出した博士論文『近現代日本の政党と社会――利益団体・後援会との関わりを中心に』に加筆修正を加えたものである。序章・第七章・終章は書き下ろし、その他の初出は以下のとおりである。

第Ⅰ部第一章　「昭和恐慌と政友会」『史学雑誌』第一二〇編六号、二〇一一年六月

第二章　「『挙国一致』内閣期の政党と利益団体――第六六議会の「爆弾動議」をめぐって」『日本歴史』第七三九号、二〇〇九年一二月

第三章　「政党内閣崩壊後における利益団体間の相克と二大政党」『国史学』第二〇五号、二〇一一年一二月

第Ⅱ部第四章　「戦前日本における個人後援会の形成と展開――愛知県選出代議士加藤鐐五郎を事例に」『国史学』第二二〇号、二〇一六年一一月

第五章　「戦時期における代議士と利益団体の相互関係――愛知県選出代議士加藤鐐五郎と陶磁器業界を事例として」片山慶隆編『アジア・太平洋戦争と日本の「危機」――満州事変から敗戦までの政治・社会・メディア』ミネルヴァ書房、二〇一七年七月刊行予定

第六章　「公職追放された代議士の占領と戦後――愛知県選出代議士加藤鐐五郎を事例として」日本選挙学

会二〇一五年度総会・研究会　分科会（歴史部会）「太平洋戦争前後の地方選挙」二〇一五年五月

博士論文の審査では、主査の上山和雄先生、副査の樋口秀実先生、有馬学先生、季武嘉也先生から多くの貴重なご指摘を頂戴した。審査をいただいた諸先生にあらためて御礼申し上げたい。しかしながら本書刊行にあたって、十分にご指摘を反映することはできず、多くの課題も残した。先生方にはお詫びも申し上げなければならない。

本書刊行に至るまでは、大学院進学から数えても一〇年を超える歳月がかかった。拙いながらも一書としてまとめることができたのは、多くの方々のお導きによるものである。ここでお世話になった皆様に感謝を申し上げたい。

國學院大學文学部史学科に進学後の学部三年生以来、一貫してご指導いただいているのは上山和雄先生である。先生には研究面はもちろん、立ち居振る舞いから社会人としての心構えに至るまで、まさに公私にわたるご指導をいただいた。お世辞にも優等生とはいえない私について、先生は不安に思うこと一再ではなかったと思う。現在曲がりなりにも一研究者として、また一社会人として生活できているのは、厳格でありながらも懐の深い先生のご指導と叱咤激励のおかげである。先生が定年で退職される年に本書の刊行が間に合ったことは、多くのご心配をおかけした不肖の弟子として安堵の想いがある。

大学院進学後の博士課程前期・後期の五年間は、國學院大學大学院に兼任講師として出講されていた季武嘉也先生にもご指導いただいた。修士論文（本書第一章の原形）を執筆するなかで、山本条太郎『経済国策の提唱』を通読してみるよう薦めていただいたのはほかならぬ先生であった。先生は、「産業五ヶ年計画」は経済計画のなかでどのような位置付けにあるのか、ということをたびたび問われた。そのなかで戦前の経済計画のみならず、戦後の経済計画も調べたことが、戦前から戦後までを貫いた政治史の叙述を試みようとするきっかけの一つであった。

二〇一一年からは、季武先生に代わって國學院大學に出講された有馬学先生にもご指導いただいた。東日本大震災の余震が収まらぬなか出講された先生からは、拝読していた先生のご著作以上に様々な刺激を受けた。また、思うように研究が進まなかった時期に、加藤鐐五郎の日記と腰を据えて付き合ってみることを後押ししていただいた。

坂本一登先生には、学部が異なるにもかかわらず、大学院法学研究科のゼミに参加させていただいた。先生には、私が報告のなかで適切に言語化できなかった問題意識を、たびたび引き出していただいた。栗田尚弥先生には、学部二年生からお世話になり、現職でも多大なご尽力を賜っている。柴田紳一先生には、先生が國學院大學日本文化研究所で主宰されていたプロジェクトに加えていただき、勉強の機会を頂戴した。樋口秀実先生からは、ある論考の草稿をお読みいただいたおりに、世に文章を出す以上、謙遜は蛇足であるとご助言いただいたことをよく覚えている。

また、本書で用いた守屋栄夫文書を閲覧したいと思い、ご遺族の守屋邦彦様にお手紙を差し上げたところ、守屋文書の寄贈先である国文学研究資料館の加藤聖文先生をご紹介いただいた。加藤先生には守屋文書の整理をきっかけに、同館のアルバイト・リサーチアシスタントとして多くの新史料に接する機会を与えていただいた。古川隆久先生には、学外者であるにもかかわらず、ゼミで報告する機会を与えていただいたほか、たびたび論文草稿もお読みいただいた。

大学院進学後はOBの諸先輩を含む上山ゼミの方々と共に学んだ。特に同時期に在学した中澤惠子氏、種稲秀司氏、坂口正彦氏、吉田律人氏の諸先輩からは、それぞれ異なる刺激を受けた。内山京子氏、安井淳氏、蓬田和弘氏の博士課程前期の同期生とは、「日曜会」と称して日曜日に集まり、くずし字を読んだり、研究について話し合ったことが思い出される。

大学院在学中には、國學院大學研究開発推進機構の「渋谷学」プロジェクトにも加えていただき、國學院大學の神道学・宗教学、民俗学、経済学等の先生方の研究を通じて、歴史学とは異なる、対象へのアプローチに学ぶ機会も得た。それまで中央政治を主に研究していた私にとって、「渋谷学」への参加は地域史に視野を広げる格好の機会でもあった。

鎌ケ谷市に奉職して以来、鎌ケ谷市郷土資料館の学芸員として務めている。立野晃館長には、地域博物館の先輩学芸員として多くのことを教えていただき、また未熟な私を導いていただいている。郷土資料館が主管課である鎌ケ谷市史編さん事業では、鎌ケ谷市史編さん事業団近・現代史部会の天下井恵部会長、白樫亨元部会長はじめ、団員の栗田先生、上山門下の大先輩でもある渡邉嘉之氏のほか、小野英夫、神山知徳、吉田和彦の各氏、市史編さん事業を下支えしていただいている調査員の小高洋子、松本由佳、山本あづさの各氏から、職務を通じて本当に多くのことを学び、また経験させていただいている。私が地域博物館の学芸員として、曲がりなりにも職務を果たすことができているのは、長年にわたる市史編さん事業の蓄積があったからにほかならない。このほかすべての方のお名前を挙げることは不可能ではあるが、本当に多くの方にお世話になった。

本書刊行までの間には、様々な学会・研究会で報告する機会もあった。特に大学や専門分野の垣根を越えて若手・中堅の研究者が集まる内務省研究会では、多くの刺激と出会いとがあった。また、首都圏形成史研究会では、大学教員のみならず、高等学校や小・中学校で教鞭を執られながら研究を続ける先生方、地域の資料と日々向き合う地域博物館の学芸員、自治体史編さん担当の職員の方など、多くの方と接する機会を得た。片山慶隆氏からお誘いいただいた日本政治社会史研究会（二〇一三・二〇一四年度はサントリー文化財団「人文科学、社会科学に関する学際的グループ研究助成」による）では博士論文報告もさせていただいた。国史学会、史学会、日本政治学会、日本選挙学会でも報告の機会を得、多くの有益なご指摘を頂戴した。

本書執筆にあたっては、国立国会図書館憲政資料室、国文学研究資料館、神戸市文書館、松山大学図書館、愛知県公文書館、名古屋大学大学文書資料室をはじめとする多くの史料所蔵機関にもお世話になった。史料所蔵機関の職員となってから、こうした機関の方々のご厚意とご尽力のなかで研究を進めていたことをあらためて痛感した。

末尾ながら、文学部史学科・文学研究科史学専攻に進学するという無茶な進路を選んだことについて、そんなに勉強してどうするのとは言いながらも、思うようにさせてくれた両親と叔父にも礼をいうべきであろう。歴史に興味を持ち、本を読むようになったきっかけは、中学生のころ家に置いてあった歴史小説であったように記憶している。人の記憶が都合良く再構成されるということは、回想録の類いに接する機会の多い歴史研究者であれば誰もが感じることだろうが、この点は「史料批判」にも耐えうるのではないかと思っている。なお、思うように研究生活を続けられたのは、日本学生支援機構の貸与奨学金、國學院大學の給費奨学金に支えられてのものでもある。

本書の刊行にあたっては、ミネルヴァ書房東京支社の東寿浩氏に大変お世話になり、ご迷惑をお掛けした。刊行にあたっては、博士学位申請論文を提出した國學院大學より「國學院大學課程博士論文出版助成金」を得ている。また校正にあたっては内山京子氏に多大なご助力をいただいた。記して感謝申し上げる。

二〇一六年一〇月　深秋の夕暮れに

手塚　雄太

《著者紹介》

手塚雄太（てづか・ゆうた）

1984年　生まれ。

2016年　國學院大學大学院文学研究科史学専攻博士課程後期修了。博士（歴史学）。

現　在　鎌ケ谷市郷土資料館学芸員。

主要論文　「昭和恐慌と政友会」『史学雑誌』第120編第６号，2011年６月。

「渋谷区の誕生」（上山和雄編著『歴史のなかの渋谷――渋谷から江戸・東京へ』雄山閣，2011年）。

「戦前日本における個人後援会の形成と展開――愛知県選出代議士加藤鐐五郎を事例に」『国史学』第220号，2016年11月。

「戦後渋谷区の総合計画――昭和四八年「渋谷区長期基本計画」を中心に」（上山和雄編著『渋谷，にぎわい空間を科学する』雄山閣，2017年）。

MINERVA 人文・社会科学叢書㉑④

近現代日本における政党支持基盤の形成と変容

――「憲政常道」から「五十五年体制」へ――

2017年３月30日　初版第１刷発行　〈検印省略〉

定価はカバーに
表示しています

著　者　手　塚　雄　太
発行者　杉　田　啓　三
印刷者　藤　森　英　夫

発行所　株式会社　ミネルヴァ書房

607-8494 京都市山科区日ノ岡堤谷町１
電話代表　(075)581-5191
振替口座　01020-0-8076

亜細亜印刷・新生製本

ISBN978-4-623-07906-3

Printed in Japan

人名索引

（人名のうち、利益団体役職者、国立・私立学校関係者、企業経営者については主な団体名・学校名・企業名を人名の後に補った）

あ行

か行

さ行

た行

な行

は行

わ行

事項索引

は行

ま行

や行

ら行

わ行